西安交通大学
人口与发展研究所·学术文库

乡城流动中的
中国男性婚姻挤压

靳小怡 刘利鸽 刘红升 等 / 著

CHINA'S MALE MARRIAGE SQUEEZE

IN THE PROCESS OF

RURAL-URBAN MIGRATION

社会科学文献出版社
SOCIAL SCIENCES ACADEMIC PRESS (CHINA)

总　序

　　西安交通大学人口与发展研究所一直致力于社会性别歧视与弱势群体问题的研究，在儿童、妇女、老年人、失地农民、城乡流动人口（农民工）和城镇企业困难职工等弱势群体的保护和发展领域进行了深入研究。研究所注重国内外的学术交流与合作，已承担并成功完成了多项国家级、省部级重大科研项目及国际合作项目，在弱势群体、人口与社会发展战略、公共政策研究等领域积累了丰富的理论与实践经验。

　　研究所拥有广泛的国际合作网络，与美国斯坦福大学人口与资源研究所、杜克大学、加州大学尔湾分校、南加州大学、加拿大维多利亚大学、圣塔菲研究所等国际知名大学和研究机构建立了长期的学术合作与交流关系，形成了研究人员互访和合作课题研究等机制；同时，研究所多次受联合国人口基金会、联合国儿童基金会、联合国粮农组织、世界卫生组织、国际计划、美国 NIH 基金会、美国福特基金会、麦克阿瑟基金会等国际组织的资助，合作研究了多项有关中国弱势群体问题的项目。国际合作使研究所拥有了相关学术领域的国际对话能力，扩大了国际影响力。

　　研究所注重与国内各级政府部门的密切合作，已形成了与国家、地方各级政府的合作研究网络，为研究的开展及研究成果的推广提供了有利条件和保障。研究所多次参与有关中国弱势群体、国家与省区人口与发展战略等重大社会问题的研究，在有关政府部门、国际机构的共同合作与支持下，在计划生育和生殖健康、女童生活环境等领域系统地开展了有关弱势群体问题的研究，并将研究结果应用于实践，进行了社区干预与传播扩散。1989 年以来，研究所建立了 6 个社会实验基地，包括"全国 39 个县建设新型婚育文化社区实验网络"（1998~2000 年，国家人口和计划生育委员会）、"巢湖改善女孩生活环境实验区"（2000～2003 年，美国福特基金会、国家人口和计划生育委员会）、"社会性别引入生殖健康的实验和推广"（2003 年至今，美国福特基金会、联合国人口基金会与国家人口与计划生育委员会）等。其中，"巢湖改善女孩生活环境实验区"在国内外产生了重要的影响，引起了国家和社会各界对男孩偏好问题的重视，直接推动了全国"关爱女孩行动"的开展。

近年来，研究所开始致力于人口与社会可持续发展的理论、方法、政策和实践的系统研究，尤其关注以社会性别和社会弱势人群的保护与发展为核心的交叉领域。作为国家"985 工程"研究基地的重要组成部分，研究所目前的主要研究领域包括：人口与社会复杂系统的一般理论、分析方法与应用研究——探索人口与社会复杂系统的理论和方法，分析人口与社会复杂系统的一般特征及结构，建立人口与社会复杂系统模型，深入分析社会发展过程中出现的重大人口与社会问题；人口与社会政策创新的一般理论、分析方法与应用研究——分析人口与社会政策创新的理论内涵与模式，人口与社会政策创新的政策环境、条件、机制、过程与应用，建立人口与社会政策创新评估体系；转型期面向弱势群体保护与发展的社会政策创新研究、评价与实践——以多学科交叉的研究方法，研究农村流动人口在城镇社会的融合过程，分析农民工观念与行为的演变及其影响机制，研究其人口与社会后果，探索促进农民工社会融合的途径，探讨适合中国国情的城镇化道路；国家人口与社会可持续发展决策支持系统的研究与应用——在人口与社会复杂系统和人口与社会政策创新研究的基础上，结合弱势群体研究得到的结果，面向国家战略需求，从应用角度建立人口与社会可持续发展决策支持系统，形成相应的数据库、模型库、知识库和方法库，解决人口与社会可持续发展过程中的重大战略问题。

中国社会正处于人口与社会的急剧转型期，性别歧视、城乡社会发展不平衡、弱势群体等问题日益凸显，社会潜在危机不断增大，影响并制约着人口与社会的可持续发展。西安交通大学人口与发展研究所的研究成果有利于解决中国社会面临的、以社会性别和弱势群体保护与发展为核心的人口与社会问题。本学术文库将陆续推出其学术研究成果，以飨读者。

序

　　从 1980 年开始，我国的出生人口性别比开始偏高。经过了 30 多年的累积，高出生人口性别比累积的"80 后""90 后"中的"过剩男孩"进入婚姻队列，导致近年来由偏高的出生人口性别比带来的整体人口性别结构失衡的后果开始初步显现，加之我国快速的经济发展与社会转型，使得人口转型开始步入新的阶段。人口的性别失衡将成为我国目前乃至未来很长一段时间的社会常态，它所带来的挑战不仅仅是人口问题，其后果给社会带来的影响将涉及文化、经济、制度各个方面，与整个社会的可持续发展息息相关。

　　在上述背景之下，为了应对性别失衡问题，我国政府采取了多种方式进行治理。同时，伴随社会转型而出现的社会问题呈现复杂化的特征，尤其是社会多元化和多样化的迅速发展，在新的人口转型背景下对目前的性别失衡治理提出了新的挑战。因此，我国政府所倡导的社会治理亟须有所创新和发展，性别失衡治理成了我国政府转型和人口发展的重中之重。

　　我国的性别失衡公共治理是社会管理问题当中，由公共部门主导的典型公共治理实践问题。2009 年，笔者所在课题组对陕西省的县区进行了性别失衡及其治理问题的综合调查，尝试从宏观政策公共治理的角度研究其对微观个体的影响，并第一次运用公共治理的理论对收集的数据进行了实证模型研究，尝试解释宏观的公共政策层面的治理对于微观个体的影响。

　　本书基于整体性治理理论提出性别失衡治理的绩效、结构和工具的分析框架，在人口社会管理问题中的管理理念和公共政策等方面突破了旧有的管理格局和机制，为政府治理性别失衡问题提供理论支持。本书在性别失衡问题的研究视角上也具有重大突破，并为促进这一领域的理论研究和实证研究的深化奠定了基础和提供了未来的研究方向，同时对其他公共治理问题的研究提供了分析框架与策略。本书提出的性别失衡治理及其影响因素分析框架是性别失衡治理与公共部门治理领域的有益学术尝试，具有较大的现实意义和学术价值。同时，本书的研究成果有利于解决人口方面我国社会面临的和即将出现的社会治理问题，为政府提供理论基础与政策建议。

摘　　要[*]

　　近年兴起的新公共管理研究强调治理的各要素对于绩效的影响。公共治理结构和治理工具是公共治理的重要组成要素，它们对于我国公共部门处理公共事务，调节治理主体之间的关系，配置公共资源和公共产品以及最终实现公共利益都具有影响。我国是世界人口大国，1980 年开始发现的性别失衡问题带来的女性缺失和男性婚姻挤压等社会后果严重影响了我国的社会公共安全。性别失衡问题不仅仅是人口问题，更是我国公共部门需要解决的重大社会管理问题之一。性别失衡的公共治理旨在扭转重男轻女的传统观念，消除性别歧视。它作为我国社会发展公共管理领域和实现公共利益的重大问题之一，体现了政府公共部门履行人口发展战略和对人口问题综合治理的政府职责。经过近 10 年的治理，性别失衡的治理已经初显成效，它不仅受到社会和经济发展等宏观因素的影响，而且公共治理也起到了重要的作用。越来越多的学者开始从公共治理的视角研究性别失衡问题，但是，近年的研究主要停留在定性分析、治理要素的分解、治理实践的分析和政策建议等方面，虽然已有研究从公共治理要素方面进行分析和比较，但具体影响机制仍然是一个需要探究的少而浅的论题。因此，在我国公共部门的性别失衡公共治理研究领域，亟须建立公共治理理论基础，同时无论是在研究对象还是在研究方法上，都有待扩展和深化。

　　基于上述背景，首先，本研究运用系统工程的分析方法和思路，通过理论分析提出了我国公共部门治理结构和治理工具对于治理绩效影响的概念模

---

　　[*]　本研究得到西安交通大学项目"社会转型期公共政策和公共管理学科建设"与美国福特基金项目"性与健康视角下中国性别失衡治理的探索与实践"的资助。

型并最终形成了整体性治理绩效框架。其次，结合我国性别失衡公共治理的具体问题，分别提出了性别失衡治理结构和工具对绩效影响的分析框架，并采用多元回归模型和多层线性模型的方法，运用 2009～2010 年西安交通大学人口与发展研究所以及陕西省人口与计划生育委员会合作进行的"陕西省综合治理出生人口性别比工作的态势、模式和战略"的专项调查数据，对宏观和微观绩效进行了系统的实证分析。最后，选取了陕西省武功县作为对象进行案例分析，采用质性分析方法归纳了性别失衡整体性治理绩效模型。

本研究的主要结论和创新点如下。

第一，通过对国内外公共治理理论、模型和研究的系统分析、归纳和总结，本研究分别提出了适用于公共部门的治理结构和治理工具对绩效影响的概念模型，最终形成了治理绩效、治理结构和治理工具的整体性治理绩效分析框架。该分析框架是公共部门为了达成共同治理目标，通过具体社会管理问题将公共治理的各要素进行了有机整合而形成的，可以从新的视角应用于我国性别失衡治理的研究和实践。

第二，基于公共部门治理结构对绩效影响的概念模型，针对中国性别失衡治理结构现状和实践，本研究提出了宏观治理结构因素和宏微观治理绩效相结合、宏观过程绩效影响结果绩效的性别失衡治理绩效分析框架，并利用调查数据的实证分析发现了性别失衡治理结构对治理绩效的影响。该分析框架在对性别失衡治理结构的指标量化的基础上，指出县区宏观治理结构的子维度——组织结构、制度结构和人力资源结构对于性别失衡的宏观治理绩效和微观治理绩效产生影响，宏观过程绩效对结果绩效产生影响。实证研究发现，在治理环境控制下，性别失衡宏观治理结构对于治理绩效的宏观绩效和微观绩效都具有影响，但是影响机制不同。在宏观层面，性别失衡治理结构的多元化主体参与治理、工作激励、资金保障以及参与治理工作人员的性别结构对治理绩效的影响显著；在微观层面，宏观县区治理结构的参与治理部门、工作约束以及参与治理工作人员的受教育程度对治理对象的性别偏好具有显著影响。此外，约束型工作绩效对于县区宏观绩效的影响要比引导型工作绩效显著。

第三，基于公共部门治理工具对绩效影响的概念模型，在对中国性别失衡治理工具进行系统的分类整理和指标量化的基础上，本研究提出了宏观县区层面的四类治理工具对于性别失衡的宏微观治理绩效影响机制、微观过程绩效影响结果绩效的性别失衡治理绩效分析框架，并利用调查数据的实证分析发现了性别失衡治理工具对治理绩效的影响。该分析框架在治理环境和治理理念的控制下，发现了公共治理工具对治理绩效存在显著影响，微观过程绩效对结果绩效具有影响。实证研究发现，四类治理工具对于治理绩效的宏观绩效和微观绩效都具有影响，其中，利益导向类治理工具对于宏观绩效和微观绩效都具有影响；行为约束类治理工具对宏观绩效的影响更加显著，而社会保障类治理工具和宣传倡导类治理工具对微观绩效的影响更加显著。此外，与宏观层面的影响机制不同，微观层面的整体性过程绩效对于治理对象的影响比较显著，而引导型的工作绩效也比较显著。

第四，本研究通过对陕西省武功县性别失衡治理绩效、治理结构和治理工具的案例分析，使用质性研究方法，归纳和提炼出性别失衡的整体性治理绩效模型。该模型系统地涵盖了公共治理的结构、工具、环境和理念四个要素，从社会管理问题的公共治理出发，通过化解社会风险、规范社会行为从而达到最终公共治理目标，并将公共治理的要素进行了系统的整合。该绩效模型验证了本研究提出的公共部门整体性治理框架，肯定了武功县性别失衡治理结构和治理工具对治理绩效影响的总体有效性，可以将其应用于完善我国公共部门的治理绩效分析。最终，本研究针对研究结果提出了政策建议。

关键词：性别失衡　出生人口性别比　公共治理　治理结构　治理工具
治理绩效

Abstract[*]

In recent years, the development of new public management research emphasizes the governance elements impact on the performance. Public governance structure and tools are important elements of public governance. They all have an significant impact on the public affairs in public sectors, including regulating the relationship between governance departments, the allocation of public resources and public goods, and the final realization of the public interests. China is one the world's most populous countries, so China's population issue plays an important role in the social management. From 1980, the issue of gender imbalance brings the consequences of missing women and male marriage squeeze, which seriously affected China's social and public safety. Public governance of gender imbalance aims at reversing the traditional patriarchal ideas and eliminating gender discrimination. As one of the major issues in the public administration, social development and the achievement of public interests, reflects the Chinese government's responsibility to fulfill population development strategy and the comprehensive governance of the population problem. After nearly 10 years of governance, the governance of gender imbalance have acquired some initial results. Gender imbalance is not only affect by social development, economic development and other macro factors, but public governance also play an important role. More and more scholars began to study gender imbalance from the perspective of public governance. However, recent studies mainly stay in the qualitative analysis, governance factors decomposition,

---

* This work is jointly supported by the Project of Xi'an Jiaotong University and the Ford Foundation .

and policy recommendations of other aspects of governance practices. Although there have been studies to analyze and compare the elements of public governance, the exact mechanism of governance elements is still lack of exploring. Thus, we need to establish the theoretical foundation in public governance research in terms of gender imbalance in our public sector, while both in the study objectives or in research methods needed to be extended and deepened.

Based on the background, firstly, we use the systems engineering analysis methods and strategy, putting forward the concept model of governance structure and governance tool influencing governance performance in public sector through the theoretical analysis. Secondly, combining with the specific research issues of China's public governance of gender imbalance, we put forward the governance performance framework of governance structure and tools and did the empirical analysis , and used multiple regression models and multi-linear model using the survey "Research Reports for Trends and Variation, Models and Strategies for the Comprehensive Governance of Abnormally High Sex Ratio at Birth at Shaanxi Province", which was conducted by the Population and Development Research Institute of Xi'an Jiaotong University from November 2009 to May 2010. Finally, we selected the Wugong County in Shaanxi Province as an object case analysis. Using the qualitative analysis, we verified the holistic governance framework of gender imbalance.

The main conclusions and innovation of this paper is as follows.

First, through theliterature review of governance theory, we proposed the governance performance conceptual models from the perspective of governance structure and tools of the public sector. And based on the holistic governance theory, we summarized the holistic governance framework which is constituted by the governance performance, governance structure and tools. It brings a new way of thinking for China's gender imbalance governance and practice researches.

Second, based on thegovernance structure theory, we present an analysis framework including the governance environment, governance structure and governance performance of China's gender imbalance. And we found that there is the causality between the governance structure and the performance. Empirical studies have shown that both at the macro and micro level. At the macro level, institutional structures and human resource structure is the major factors. In terms of institutional structure, good financial security and work incentives is a key factor to reduce SRB. In terms of human resource structure, the higher of the proportion of women participation in governance, the better of the SRB decline. At the micro level, organizational structure, institutional structure and human resource structure all have an impact on the governance performance. In terms of organizational structure, organization size and sector participation the major factors. In terms of institutional structure, financial guarantees and the veto system of the implementation for incentives have a significant impact on people's fertility desire. In terms of human resource structure, education for staff affected the performance. In addition, the cultural environment has a significant impact on governance performance, which means that the more serious of son-preference, the more difficult to carry out the governance of gender imbalance. Meanwhile, in this framework we also find that the process performance has an impact on the results performance at the macro level, the constraint governance performance has more significant effect than guided governance performance.

Third, based on the theory of policy tools, we present an analysis framework including the governance environment, concept of gender equality, governance tools and performance. And we found that there is the causality between the governance tools and the performance. Empirical studies have shown that both at the macro and micro level. At the macro level, social security tools and advocacy tool have a significant impact on the decline of SRB. At the micro level, the behavior of constraint tools and benefit-oriented tools have significant effects on people's fertility desires. In addition, through the control variable analysis, we found that staff's concept of gender equality also involved in the effect of governance performance, the more of concept of gender equality, the more conducive governance work. Meanwhile, in this framework we also found that the process performance has an impact on the results performance, but the mechanisms is different from the macro level. The overall process performance has more significant impact on people's fertility desires, and the guided governance performance is relatively significant.

Fourth, based on the theoretical analysis and empirical research, we also used the qualitative research methods to do a typical case study of public governance of gender imbalance. We chose Wugong County of Shaanxi Province in China's to do the descriptive and explanatory case study. Through the analysis of gender imbalance governance performance, governance structure and tool of Wugong County, we verified the holistic governance framework of gender imbalance, and affirmed the overall effectiveness of governance performance of Wugong County. Finally, we proposed some policy recommendations.

Keywords: Gender Imbalance; Governance; Sex Ratio at Birth; Governance Tool; Governance Structure; Governance Performance

前　言

中国持续 30 年的偏高出生性别比和女孩死亡水平造成了严重的人口性别结构失衡，主要表现为男性人口过剩和区域间分布失衡。中国的性别失衡与社会转型期同步，经济的地区差异与城乡差异产生的数以亿计的城乡流动人口进一步加剧了区域间的性别失衡态势变化和复杂性演变。性别失衡是性别歧视的人口与社会后果，不但损害了女性的生存和发展，还将对人口规模、人口老龄化、婚姻挤压等重要人口问题产生重大影响；女性缺失带来的男性婚姻挤压给个人、家庭、社区和整个社会稳定带来的影响将日益显现。"男高女低"的婚配模式导致大龄未婚男性群体主要集中在贫困农村地区，而大规模的农村劳动力的城乡流动，使得婚姻挤压的后果从农村扩散到城市，部分经济社会地位处于劣势的农村流动人口被迫保持未婚状态，成为婚姻挤压的承受者。对同时存在于乡村与城市社会的农村大龄未婚男性进行深入研究，对于提高城乡人口流动背景下这一弱势群体的生活福利、维护城乡社会稳定、推动中国人口社会可持续发展具有重要的现实意义。

本书利用西安交通大学人口与发展研究所的 2009 年厦门农村流动人口调查数据和 2009～2010 年全国百村系列调查数据，以性别、婚姻和流动三大视角，对婚姻挤压下农村流动人口的社会融合、婚姻、生育、养老和心理福利进行了系统的实证研究，并对婚姻挤压下的个体安全感和社区公共安全进行了探索性研究，得出如下重要观点。

在城市的农村流动人口中依然存在男性婚姻挤压现象，大龄未婚男性是婚姻挤压的主要承担者，流动因素对婚姻挤压具有双面影响；在农村流动人口中，大龄未婚男性获得的客观社会支持和感知的社会融合均显著差于已婚男性；男性婚姻挤压明显降低了农村流动人口的婚姻机会和婚姻质量，而流动有利于婚姻机会的增加和婚姻质量的提高；男性婚姻挤压对农村流动人口的生育偏好观念和生育行为的影响并不显著，但流动显著弱化了农村人口的性别偏好，并降低了生育水平；传统的养儿防老观念在农村流动人口中不断淡化，依靠自己养老逐渐成为主流，男性婚姻挤压对农村流动人口的养老产生了显著的负面影响；婚姻挤压削减了流动的大龄未婚男性的心理福利。男性婚姻挤压较严重地影响到农村各类群体的安全感，并对农村的婚姻市场秩序和社会治安产生负面影响。

本研究分析的大部分大龄未婚男性虽然并非 20 世纪 80 年代以来持续偏高出生性别比导致女性缺失的直接后果，但大龄未婚男性群体的存在已不容忽视，男性婚姻挤压现象在广大农村地区普遍出现，西部地区尤为严重。随着 1980 年后出生的"过剩"男性人口逐渐进入婚龄，性别失衡导致的婚姻挤压现象将日益凸显和加剧，大龄未婚男性的脆弱性及其对公共安全等方面的影响是对未来大规模出现"光棍"问题的重要警示。本研究结果和发现代表了乡城流动进程中性别失衡所带来的男性婚姻挤压问题的初期影响和后果，其影响范围还比较小、程度还比较轻，其内部机理也许还不够稳定，需要在后续研究中持续关注。

目　　录

第一章 绪论

第一节 研究背景

20世纪80年代以来，伴随着生育率的持续下降，中国出生性别比持续升高。目前中国已经是出生性别比最高的国家之一，男性过剩和男性婚姻挤压等问题已经出现。已有研究表明，中国自2000年以后存在严重的男性婚姻挤压，2013年之后每年的男性过剩人口在10%以上，2015～2045年将达到15%以上，平均每年大约有120万男性在婚姻市场上找不到初婚对象（李树茁等，2006a）。

根据婚姻择偶梯度理论，男性在自身阶层以外择偶时，通常是"下向婚"，女性则通常是"上向婚"（郭志刚、邓国胜，2000）。婚姻梯度的存在使处在梯度最高阶层的男性和最低阶层的女性有更大的选择空间，而处在最低阶层的男性和最高阶层的女性存在成婚困难（石人炳，2005）。因此，由于自身经济条件、受教育程度等方面的劣势，农村男性成为择偶市场中的"弱势群体"。已有研究表明，婚姻挤压的后果主要由农村男性承担，尤其是由经济贫困地区的农村男性承担（陈友华，2004）。目前关于中国婚姻挤压的研究也主要以留守在农村的男性为研究对象。

目前中国正处于经济社会转型的关键时期，大规模的农村劳动年龄人口不断向城市迁移，部分遭受婚姻挤压的农村未婚男性也加入城乡人口流动的队伍。因此农村劳动人口向城市流动，虽然不能改变总体人口性别结构和过剩男性的规模，但影响到性别结构和过剩男性的区域分布，使得婚姻挤压突破城乡的界限，表现为城乡同时失衡。与此同时，女性人口流动和女性婚姻迁移也加剧了性别结构和婚姻挤压后果的空间转移，使得婚姻挤压往往由贫困地区的农村男性承担（Das Gupta et al.，2010）。另外，受行业性别分工的影响，农村流动人口的男女两性在城市生活场域内处于相对隔离状态，使得城乡、区域与群落间的性别失衡态势更加复杂和严重。因此，在农村劳动人口进行大规模城乡流动的背景下，农村大龄未婚男性的分布可能会突破城乡的界限，同时存在于农村和城市中。我们可以推测，在城市生活的农村流动人口中也存在一定数量的大龄未婚男性，其规模也必将随农村流动人口规模的增加而增加。

男性婚姻挤压和大龄未婚男性群体引起了政府、学界和媒体的关注。不少学者认为，婚姻挤压不但直接导致部分男性无以婚配，还将给两性关系、婚姻家庭和社会稳定等各方面带来严重影响，导致婚姻市场中不良的婚配竞争、未婚者自身的生理与心理健康问题、非婚生育与私生子问题、独身者的养老问题、色情业和拐卖妇女问题等，并进一步刺激违法犯罪率的上升，扰乱正常的社会秩序，成为社会可持续发展的重大隐患（陈友华，2004；Das Gupta et al.，2010；Edlund et al.，2008；刘中一，2005a；莫丽霞，2005；李艳、李树苗，2008）。Hudson 和 Den Boer（2004）在《光棍：亚洲男性人口过剩的安全意义》一书中将中国人口性别结构失衡、男性光棍群体同地区和国际安全问题挂钩，指出因性别失衡而被动失婚的社会底层男性可能会联合起来，通过暴力或犯罪途径提升他们的社会地位，这可能给国内和国际社会安全造成威胁。虽然该观点仍有待进一步探讨，但确实反映出国际社会对我国男性婚姻挤压问题的忧虑。

当前农村大龄未婚男性正在引起政府和学术界的关注，但后者主要以留守在农村的男性为研究对象，研究思路以宏观分析和预测为主，多采用宏观数据对大龄未婚男性的分布、规模进行估计和预测（李树苗等，2006a；姜全保等，2010；Poston and Glover，2005）。微观层次上对农村大龄未婚男性的研究并不多，仅有少量研究采用质性访谈数据或案例研究的方法，对留守农村的大龄男性未婚、失婚的原因、生活状况及这一现象对家庭和社区的影响进行了初步探索（刘中一，2005a；张春汉、钟涨宝，2005）。总之，在研究方法上，少有研究采用定量数据，从微观层次上系统揭示大龄未婚男性的状况；在研究对象上，已有的微观研究多关注留守农村的大龄未婚男性，几乎没有关注流动到城市的大龄未婚男性。流动经历和在城市的就业、生活环境可能使农村流动人口的经济状况、行为和观念等发生较大改变。因此，研究农村大龄未婚男性，不仅需要关注留守农村的大龄未婚男性，同时也应该关注农村流动人口里的大龄未婚男性，这对拓展中国性别失衡的研究、全面认识中国的婚姻挤压现状并采取积极政策进行有效治理具有重要意义。

为了系统揭示农村流动人口中的婚姻挤压问题以及大龄未婚男性的生活现状，本书采用厦门市"农村流动人口调查"数据，从客观社会支持、感知社会融合、婚姻、生育、养老、心理福利、安全感和社会安全等方面进行分析，为促进农村流动人口中大龄未婚男性在城市的社会融合、解决他们在生活中遇到的困难、提高其生活福利水平、维护社会正常生产生活秩序、促进人口安全和社会可持续发展等提供数据支持。

第二节 概念界定

一 农村流动人口

"流动人口"一词已经在生活和科学研究中被广泛运用，但目前学术界对流动人口的定义并不统一。学者们从不同角度对流动人口进行了定义。一是从户籍的角度，认为流动人口即离开户籍所在地，进入其他行政辖区的人口。如商俊峰（1996）认为人户分离即流动人口；李强（1997）则将流动人口定义为离开户籍所在地到达其他行政区域并滞留的人口；桂世勋（1992）从户籍和时间角度对流动人口进行了诠释，将流动人口定义为在户籍所在地之外的地区居住1天以上的人口。二是从流动的目的角度，认为流动人口是在本地无固定住处的人员（迟秀玲等，1995），这一定义无疑并不完全符合目前流动人口的现状。

流动人口中，"农村流动人口"受到较为广泛的关注，不少学者对这一概念进行了界定。李培林（1996）从三个方面诠释了农村流动人口的流动方向：一是地域上由农村到城市、由不发达地区到发达地区；二是职业上由农业转向非农业；三是阶层上由低收入阶层转向较高收入阶层。朱力（2002）认为农村流动人口的户口依然为农村户口，但已从第一产业转向了第二、三产业，在城市生活、工作但不享受城镇居民的保险和福利。陆学艺（2004）则从户口和职业两个方面对农村流动人口的概念进行了诠释。结合上述已有研究，并根据本书的研究内容及目标，这里将农村流动人口界定为"离开其户籍所在地的县、在其他地方生活和工作的16周岁以上的农村人口"。

二 流动的农村大龄未婚男性

大龄未婚男性是指由于个人或社会原因，过了适婚年龄而一直没有结婚的男性。由于文化和社会环境的差异，国外研究中的大龄未婚者不同于我国儒家文化背景下的大龄未婚男性，二者在个体价值观、道德标准及习俗规范等方面都存在着较大差异。在西方社会，婚姻是个人的事情，独身是个体增加幸福感的一种方式或理念，单身者在资源获得、经济能力、个体特征等方面与已婚者相比并不存在显著的弱势性。

然而，中国属于家庭本位的普婚制社会，婚姻不是个人而是家庭或家族的事情，未婚身份使个体无法尽到为家庭"结缘"（扩大亲属网络）和"继统"（传宗接代）的义务，无法体现其在家庭中的价值（徐安琪、叶文振，1999）。"普遍结婚"的行为规范使处于适婚年龄而没有结婚的人被视为"异类"。在中国，大龄未婚者集中于婚姻梯度理论中的两极：一极是受教育程度高、职业背景优越、个体条件突出的人群；另一极则是社会地位偏低、各方面条件较差的男性。本书的研究对象是处于婚姻梯度最底层的农村大龄未婚男性，他们受自身条件的限制或各种因素的影响而被动失婚。他们在错过适婚年龄之后，很难通过正式渠道找到合适的配偶。

目前对于大龄未婚者年龄的界限还没有统一或公认的标准。由于文化、社会、经济等特征的地域性差异，实际结婚年龄所在的峰值区间和人们对社会学意义上适婚年龄范围的划分可能存在较大的差异（Fengler et al.，1982）。城市人口的平均结婚年龄高于农村居民，刘爽和郭志刚（1999）在对北京大龄未婚问题进行研究时将"大龄"的下限定为25岁，但侧重研究年龄在30岁以上的未婚者。张春汉和钟涨宝（2005）在对农村大龄未婚青年的失婚原因进行分析时发现，25～27岁是男性晚婚的适宜年龄，在农村真正找对象困难的是28岁及以上的未婚青年。本书中，流动的农村大龄未婚男性是相对于留守在农村的大龄未婚男性而言的，是指年龄在28岁及以上，由农村流动到城市，持有农村户籍却在城市工作和生活的、从未结过婚的男性流动人口。

三 社会支持与社会支持网

社会支持是 20 世纪 70 年代以来由健康医学家、精神病学家、心理学家以及社会工作者等发展起来的研究议题，最初的研究焦点集中在社会支持与个体健康状况的关系，随后逐渐发展到研究社会支持网络本身。

很多学者认为社会支持是社会网络的功能，即个体从网络中获得的、提供的和交换的实际形式和感知形式的社会支持，具体包括情感支持、实际支持、信息支持等方面。从社会网络的视角出发，个人的社会支持网也指个人能借以获得各种资源支持（如金钱、情感、友谊等）的社会网络，通过社会支持网络的帮助，人们解决日常生活中的问题和危机，并维持日常生活的正常运行（贺寨平，2001）。荷兰社会学家范德普尔在对个体支持网进行研究时，将社会支持分为实际支持、情感支持和社会交往支持三个方面，并将其细化为 10 个问题加以测量（Van del Poel，1993）。范德普尔对社会支持的测度方法在国内广为使用，结合研究目标和研究对象，本书也采用这种方法考察流动的农村大龄未婚男性的社会支持状况，认为社会支持与社会支持网二者之间的关系是：社会支持网是一种结构概念，社会支持是社会支持网提供的功能。

四 社会融合

"社会融合"（Social Integration）最早由法国实证主义社会学家涂尔干于 1897 年在其著作《论自杀》中提出，当前多用于国际移民和国内农民工的研究中。社会融合通常被认为是源于社会交往密度的社会状态，以强烈的共同情感为标志；在移民融合的研究中，社会融合强调个人融入组织或者具有共同特征的群体融入整个社会的过程。

由于社会融合的概念缺乏清晰的、严格的、被广泛接受的定义，因此在测量维度上也难以获得共识。在当前国外移民和国内农民工的社会融合研究中，结构性融合和感知的社会融合是两个重要的测量维度。结构性融合强调社会互动关系，常常以社会支持网络进行测量（Myers，1999；李艳、李树苗，2011）；感知的社会融合强调在心理和情感上对自己的社会成员的身份和归属的认同程度（悦中山等，2012）。据此，本书认为"社会融合"是指个体在社会或群体中的社会参与和互动，包括客观社会支持和感知的社会融合两个维度。客观社会支持通过"实际支持网""情感支持网"和"社会交往网"进行测量；感知的社会融合通过"城市归属感""对城市的感情"和"非农身份"认同进行测度。

五　婚姻策略

李德、赫剑梅等在研究中明确提出了婚姻策略的概念。李德（2008）认为，婚姻策略的实质是博弈逻辑理论在婚姻中的具体应用。赫剑梅（2008）认为婚姻策略是人们为适应环境、克服困难、走出婚姻困境而采取的权宜性、变通性的应对方式，即婚姻策略是人们在特殊场域中的婚姻实践理性。本书借鉴赫剑梅的定义，认为婚姻挤压下农村男性的婚姻策略是指农村男性在可婚女性短缺的情境下，为了获得或增大结婚机会而采取的或未来可能采取的变通性的应对方式。

六　婚姻质量

叶文振和徐安琪（2000）认为婚姻质量是指夫妻的感情生活、物质生活、余暇生活、性生活及其双方的凝聚力在某一时期的综合状况。本书借鉴该定义，并将婚姻质量分为主观婚姻质量和客观婚姻质量。对主观婚姻质量的测度使用婚姻满意度和婚姻稳定性两个指标；对客观婚姻质量的测度使用婚姻暴力指标。

婚姻暴力（Marital Violence）指发生在已婚夫妻之间的暴力行为，既包括男性对妻子的暴力行为，也包括女性对丈夫的暴力行为（Straus et al.，1996）。本书对个体实施婚姻暴力类型的测度包括肢体暴力和冷暴力：肢体暴力指夫妻之间一方对另一方的身体攻击行为，如殴打、推搡、打耳光或者使用工具等进行肢体伤害（Straus et al.，1996）；冷暴力指夫妻在产生矛盾时，对对方漠不关心、将语言交流降低到最低限度，表现较为冷淡、不理不睬的行为，这是一种以冷落、漠视为主要特征的暴力行为，是一种精神虐待（李梅，2009）。本研究对婚姻暴力的测度根据夫妻实施婚姻暴力的方向，分为无婚姻暴力、丈夫单方施暴、夫妻相互施暴和妻子单方施暴四类。

七 心理福利

20世纪20年代，福利经济学家庇古首次明确提出了福利的概念，但是由于专业的局限性，他把福利研究的视角仅仅放在能够用货币直接或间接度量的物质财富方面，认为只有追求物质的极大丰富才能提高人们的福利水平，后来人们把这部分福利称为经济福利（薛芳，2005）。随后，社会学和心理学领域也相继引入福利的概念，他们普遍认为主观意义上的福利应该是对人们基于现实生活而产生的精神体验和情感状况的描述，即心理福利（范为桥，2000）。由于心理意义上的福利具有极强的主观性，因此目前学术界对心理福利的内涵界定还没有形成统一的规范。

Beiser（1974）认为个体对幸福的感知是一种心理进程的综合反应，个体心理幸福感的组成除了包括负面情感、积极情感和生活满意度三个方面的内容外，还应该包括社会参与、兴趣的培养、计划、情感交流和身体健康等方面的内容。Bradburn和Caplovitz（1965）则将心理福利分为正向情绪和负向情绪两个方面，当正向的积极情绪超过负向的消极情绪时，就认为该个体的心理福利水平和幸福感高；反之则认为该个体的心理福利水平和幸福感低。Ryff和Keyes（1995）认为个体的心理福利应该包括六个维度：自主性、自我发展、环境、与他人的积极关系、生活目标和自我认同。范为桥（1999）在对心理福利结构的研究中，把心理福利定义为个体的"精神或心理领域的幸福和利益"，主要通过个体的主观评价、感受或行动来衡量，认为心理福利的概念应该包括自我幸福感、生活满意感和对社会的行为性评价三个维度。

本书把心理福利定义为"个体对自身现实生活状况的情感体验和满足感"，并将心理福利分为负面情感体验和生活满意度两个方面，负面情感体验得越多，心理福利越低；生活满意度越高，心理福利越高。

八 安全感

"安全感"（Security）与"不安全感"（Insecurity）的概念最早由 W. I. Thomas 和 Alfred Adler 提出（Adler，1930）并很快引起心理学、社会心理学、社会学及社会工作者的关注（Cameron and McCormick，1954）；20世纪80年代后，"个人安全感"成为犯罪学的重要课题（王大为等，2002）。然而，由于不同学科的关注点不同，对安全感概念的界定存在很大差异：心理学中的安全感被认为是心理健康的重要因素，不安全感不利于人格的健康发展，可能导致心理疾病，甚至导致反社会行为；社会学关注的是风险社会中存在的集体焦虑和普遍的社会不安全感；在犯罪学领域则是将安全感理解为对犯罪的恐惧，是社会治安状况的评价指标。虽然不同学科对安全感研究所关注的点不同，但并不是相互独立的，而是相互包容的，可以进一步概括为"内在安全感"和"外在安全感"两种类型（王俊秀，2008）。本书综合心理学、社会学及犯罪学领域对安全感的定义，认为安全感包括内在安全感和外在安全感两个部分。

内在安全感也叫本体性安全（Ontological Security），其对应的正是心理学中作为人格特质的安全感（吉登斯，1998）。本书将内在安全感定义为个体的一种人格特点，是个体内在的心理特质，并运用心理学研究中的安全感量表（丛中、安丽娟，2004）对个人的内在安全感进行测量。

外在安全感指个体受外在因素影响而产生的安全或不安全感受；这种感受或来自暂时性的环境变化，或来自相对持久的社会环境压力或人际关系压力（王俊秀，2008）。本书依据研究对象的特殊性，通过考察个体在社会生活中所面临的"收入、养老、婚姻、家庭、医疗问题以及治安环境"六个方面的安全感受来综合评价个人的外在安全感。

第三节　研究目标

本书研究男性婚姻挤压日益严重和农村人口城乡流动规模不断扩大的背景下，不同婚姻状态的农村流动人口的生活状况，探索婚姻挤压对个体和社会安全的影响，并提出促进流动的农村大龄未婚男性的社会融合、推动城乡人口与社会可持续发展的政策建议。具体包括以下几点。

第一，分析和比较不同婚姻状况农村男性流动人口在城市的客观社会支持现状，基于婚姻和流动视角，分析农村男性流动人口客观社会支持的影响因素。

第二，分析和比较不同婚姻状况农村男性流动人口在城市的感知社会融合现状，基于婚姻和流动视角，分析农村男性流动人口感知社会融合的影响因素。

第三，定量分析不同婚姻状况农村流动人口婚姻、生育、养老观念与行为，并进行差异比较。

第四，定量比较不同婚姻状况的农村男性流动人口心理福利现状的差异，并深入分析社会支持对流动的农村大龄未婚男性心理福利的影响因素。

第五，分别从微观个人和中观社区层次出发，分析婚姻挤压对个人安全感和农村社区公共安全的影响。

第六，为提高农村流动人口中大龄未婚男性的社会融合和生活状况，促进城市公共安全及社会可持续发展提供政策建议。

第四节　研究思路与分析框架

一　研究视角

本书自始至终贯穿着三大视角，即性别视角、婚姻视角和流动视角。

1. 性别视角

性别视角的纳入出于两种考虑：一是社会分工的性别差异所带来的影响，二是男性婚姻挤压下男女双方在婚姻市场中的不同地位所带来的影响。

一方面，在当前中国农村婚姻挤压的研究中，多数研究关注男性群体，女性群体较少受到关注。而婚姻是两性的结合和家庭的组建，男性和女性都是婚姻的主体，受社会分工性别差异的影响，男性和女性在社会支持、社会融合、婚姻、生育和养老等社会生活的诸多方面可能存在明显的性别差异。

另一方面，在男性过剩和农村男性婚姻挤压的背景下，男性和女性在婚姻市场中处于截然不同的地位。作为短缺一方，女性面临较多的配偶选择机会，并处于较优势地位；而作为过剩一方，男性处于较劣势地位，其结婚机会相应下降。因此，性别视角的纳入有助于揭示婚姻挤压下因婚姻市场地位的性别差异而带来的影响。

2. 婚姻视角

被迫失婚的大龄未婚男性是当前中国农村婚姻挤压研究的主要关注对象。研究认为，农村大龄未婚男性因为自身和家庭条件较差而难以适时、顺利地婚配，成为婚姻挤压后果的主要承受者。因此，通过与已婚群体在社会支持、感知社会融合、生育和养老等方面的对比分析，有助于揭示婚姻挤压对个体影响的差异，了解大龄未婚男性的生活福利状况。

需要强调的是，对婚姻挤压的研究仅关注大龄未婚男性群体是不够的。由于婚姻的缔结是一个动态的过程，对处于婚配年龄的未婚男性和女性而言，单身可能是暂时的，在未来的某个时间点，他们可能会实现从未婚向已婚的转变。在深受普婚文化影响的中国农村，虽然部分男性在适婚年龄难以婚配，但他们并没有就此迅速退出婚姻市场，也许还会采取积极手段，追求可能的结婚机会。因此，仅依据婚姻状况，将大龄未婚男性界定为婚姻挤压的承受者，难以涵盖所有遭受婚姻挤压的人群。对婚姻挤压后果承受者的研究，也应该同时关注那些曾经遭遇成婚困难，但最终缔结婚姻的男性。

3. 流动视角

20 世纪 80 年代中期以来，大规模的农村劳动人口进入城市务工，并为社会经济发展和城市化进程推进做出重大贡献。当前，中国农村流动人口表现出规模大、年轻化的趋势，处于婚恋年龄的新生代农民工正在代替第一代农民工成为农民工的主体。在上述城乡人口流动背景下，婚姻挤压将突破城乡的界限，遭受婚姻挤压的农村大龄未婚男性群体同时存在于乡村与城市社会。与留守在农村的年轻男性相比，适婚农村流动人口面临的婚姻市场环境更为复杂。一方面，他们仍然是农民，与家乡保持着密切的联系，他们婚姻的缔结受到家乡和家庭因素的制约。另一方面，他们生活在城市，是城市的边缘人，他们的婚恋受到所处城市环境因素的影响，如行业、工作性质、居住环境等因素。因此，纳入流动视角，通过对留守农村和流动到城市的农村大龄未婚男性比较研究，能够进一步揭示流动迁移因素的影响和城、乡大龄未婚男性的差异。

基于以上分析，本书将同时纳入性别、婚姻和流动视角，以系统揭示城乡流动和婚姻挤压背景下农村流动人口的社会融合现状、原因和后果。基于性别视角，我们将农村流动人口分为男性和女性。基于婚姻视角，将流动的农村男性人口分为小龄未婚男性、大龄未婚男性和已婚男性；对流动的已婚男性，根据成婚经历分为遭遇成婚困难的和未遭遇成婚困难的两种类别。基于流动视角，将农村大龄未婚男性分为留守农村的大龄未婚男性和流动的农村大龄未婚男性，将已婚男性分为留守农村的已婚男性和流动的农村已婚男性。需要强调的是，为了揭示流动因素的影响，留守农村的大龄未婚男性和已婚男性研究中所需的数据来自于"百村个人调查"；个人安全感和公共安全研究（即第11、12章）所需的数据分别来自"百村个人调查"和"百村社区调查"；其余数据均来自厦门市"农村流动人口调查"。

二 分析框架

图1-1为本书的分析框架，该框架主要体现了本书的研究思路与内容。

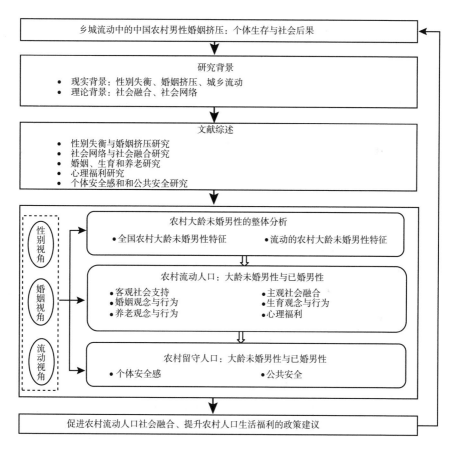

图1-1 整体分析框架

首先，本书对性别失衡与婚姻挤压、社会网络与社会融合、婚姻观念与行为、生育观念与行为、养老观念与行为、心理福利、社会安全感等方面的已有研究进行梳理与评价，分析已有研究的现状，揭示已有研究的不足并指出研究的空间和方向。

其次，利用2009年厦门市"农村流动人口调查"数据，并通过与

2009~2010年"百村个人调查"数据的比较分析，对男性婚姻挤压下不同婚姻状况的农村流动人口的社会融合、婚姻、生育、养老和心理福利的现状和影响因素进行实证研究。主要包括流动的农村大龄未婚男性客观社会支持现状及影响因素；流动的农村大龄未婚男性感知的社会融合现状和影响因素；婚姻状况对农村流动人口婚姻、生育和养老观念与行为的影响；客观社会支持对心理福利的影响。

再次，利用"百村个人调查"和"百村社区调查"数据，分析婚姻挤压对农村人口的个体安全感和社区公共安全的影响。

最后，结合上述研究结果，在相关政策分析的基础上，提出促进流动的农村大龄未婚男性社会融合、提高他们生活福利、推动城乡人口与社会可持续发展的政策建议。

第五节　数据与方法

本书使用的数据主要来源于西安交通大学人口与发展研究所于2009年11月在厦门市进行的"农村流动人口调查"，并辅之以"百村系列调查"数据。

1. 厦门市"农村流动人口调查"

该调查由西安交通大学人口与发展研究所于2009年11月3~14日在厦门市实施，旨在研究男性婚姻挤压背景下婚姻状况对农村流动人口社会支持，感知的社会融合，婚育和养老，以及心理福利等的影响。调查对象包括已婚男性、28岁以下未婚男性、28岁及以上未婚男性、已婚女性和未婚女性。调查采用宽松的配额抽样方法，希望调查样本中5类农村流动人口能够均匀分布。预定的样本量为1500个，每类农民工的最低样本要求为200个。为了提高农民工样本的代表性和多样性，调查分别在社区和企业进行，最终获得1507个有效样本，其中489个样本来自企业，1018个样本来自社区。

流动的农村大龄未婚男性是本书关注的主要对象。在城乡流动和婚姻挤压的交互作用下，流动人口中的农村大龄未婚男性同时包括被动失婚者和主动未婚者。前者是由于长期出生性别比偏高及城乡人口流动引起的性别结构失衡，或由于外出打工带来的生活不稳定而被动单身；后者则是由于婚姻观念变化而主动推迟结婚。因此，影响他们婚姻状况的背后原因比较复杂，流动因素的影响也可能是复杂且非单向的。为了全面反映流动的农村大龄未婚男性群体的社会融合现状,并揭示流动因素影响的复杂性,在总体研究中并不剔除"主动不婚"的大龄未婚男性样本。不过在个别多元回归分析中,为了分析"被动失婚"的净影响,将剔除"主动不婚"的大龄未婚男性样本。

2. 百村系列调查

"百村系列调查"是由西安交通大学人口与发展研究所组织和实施,以陕西省和山西省四所高校的大学生为调查员,利用 2009 年暑假和 2010 年寒假返乡期间进行的调查。"百村社区调查"是社区层次的调查,其目的在于通过获取村庄层次的信息,弥补当前研究中观层次数据的缺乏,揭示当前中国农村社会、经济、人口特征和婚姻挤压的现状,并为随后进行的"百村个人调查"提供选点、抽样框等。本次调查分为两个阶段,即 2009 年暑期实施的"百村社区调查"和 2010 年寒假实施的"百村个人调查",共回收 364 份村庄基本情况有效问卷和 1867 份个人有效问卷。"百村个人调查"是在前期"百村社区调查"基础上,以参与"百村社区调查"的村庄为抽样框,重新进行被调查村庄和被调查个人的抽样,旨在研究婚姻状况对生活状况、婚姻、生育、养老、社会支持、社会融合、生活福利、失范和安全的影响,进一步探讨婚姻挤压的社会后果。调查的具体情况详见本书第三章。

3. 方法

本研究将社会学、人口学和统计学等学科的研究方法相结合,以定量研究为主,辅之以定性研究。在调查中将问卷调查、小组访谈与个人深度访谈相结合,既获得了统计分析所需要的定量调查数据,又补充了抽样调查数据中无法涵盖的质性信息。

在分析中,本研究采用统计学的研究方法,主要包括常规统计分析方法和一些高级统计分析方法。常规统计方法包括交叉表法和 OLS 回归分析法;高级统计分析方法有 Logistic 回归和 Cox 比例风险模型等。其中,交叉表法主要用来对比分析农村流动人口的生活现状,包括社会支持和感知的社会融合,婚姻、生育、养老观念和行为,心理福利、个体安全感和社区安全等。对社会支持网特征的影响因素分析主要运用 OLS 回归方法;对于感知社会融合的影响因素研究主要运用 OLS 回归和二元 Logistic 回归分析方法;对生育偏好的影响因素分析主要运用 Ordinal 回归、Cox 比例风险模型和 Binary

Logistics 回归分析等统计方法；对养老意愿和代际支持影响因素的研究主要应用 Multinomal Logistic 回归、多元 OLS 回归和 Ordinal Logistic 回归方法；对心理福利影响因素的分析采用多元 OLS 回归方法；对社区公共安全影响因素的研究主要应用 Binary Logistic 回归方法。

第六节　章节安排

根据研究目的和研究内容，本书共分为十三个章。

第一章为绪论，是全书的整体设计部分。本章主要指出研究背景，在对相关概念界定的基础上，明确本书的研究目标、内容和分析框架。

第二章为国内外相关研究评述。在对相关研究进行总结和归纳的基础上，指出当前研究的不足，明确本书的研究方向。

第三章为样本选择与数据采集。首先重点对厦门市"农村流动人口调查"有关内容进行介绍，包括调查地的选择、调查对象、内容、执行和质量控制；其次简要介绍"百村系列调查"的基本情况。

第四章为农村大龄未婚男性的整体性分析。首先对全国农村大龄未婚男性分布、基本特征和行为特征进行分析，其次对流动的农村大龄未婚男性的基本人口特征、流动特征、劳动就业状况、生活状况和健康状况进行分析。

第五章为婚姻挤压对社会支持的影响。主要分析流动的农村大龄未婚男性社会支持的现状及其影响因素。

第六章为婚姻挤压对感知社会融合的影响。主要分析流动的农村大龄未婚男性感知社会融合的现状及其影响因素。

第七章为婚姻挤压对婚姻缔结与婚姻质量的影响。分别从婚前和婚后两个角度揭示婚姻挤压对婚姻缔结和婚姻质量的影响。

第八章为婚姻挤压对生育的影响。分别从观念和行为角度揭示农村流动人口生育偏好的现状及其影响因素。

第九章为婚姻挤压对养老的影响。分别从养老意愿、居住意愿和代际支持角度揭示农村流动人口养老观念与行为的现状及其影响因素。

第十章为婚姻挤压对心理福利的影响。分别从抑郁度和生活满意度角度揭示农村流动人口的心理福利及其影响因素。

第十一章为婚姻挤压对个体安全感的影响。分别从出生队列和地域视角比较分析农村大龄未婚男性的安全感。

第十二章为婚姻挤压对社区安全的影响，揭示"光棍"聚集及对社区安全的影响。

第十三章为研究结论、对策建议与展望。提炼本书的结论，就促进农村流动人口，尤其是流动的农村大龄未婚男性的社会融合和生活福利提出相应的对策建议，并就本书的不足和未来研究的方向提出展望。

第二章　国内外相关研究评述

第一节　性别失衡与婚姻挤压研究

一　中国大龄未婚男性的特征

本节从大龄未婚男性的规模、生存环境与个体特征等方面进行综述。

1. 大龄未婚男性的规模特征

性别比是指男女两性的数量之比，是衡量男女人口比例是否均衡的重要标志。婚姻市场上男女两性比例的不协调是婚姻挤压现象出现的直接原因。对于大龄未婚男性规模的测度，学界一般从女性缺失与男性过剩两方面入手。

（1）女性缺失

对女性缺失的研究，必须提到一个概念，即"失踪女孩"（Missing Girls），它是 Sen 为了度量女性缺失的程度而提出的（Sen，2010），包括出生前失踪与出生后失踪两个方面。出生前失踪通常是指在胎儿出生以前，人为地通过 B 超等手段检查胎儿性别并实施性别选择性的人工流产，从而导致新生女婴数量减少；而出生后失踪是指女婴在出生以后，在就医、营养、照顾等方面被歧视甚至被虐待而导致的夭亡。

对女婴出生前失踪的研究是通过对异常的出生人口性别比的分析来实现的，正常的出生人口性别比应该在 103～107，即对比每 100 个新生的女婴数量，男婴的人数通常多 3～7 个。但是 20 世纪 80 年代以来，我国出生性别比保持了持续升高的势头，一度突破 120。自 2009 年以来，出生性别比

虽连续四年略有下降，但仍然处于较高水平。如我国 2010 年出生性别比为
118.06，2013 年为 117.7。长期偏高的出生性别比进一步导致总人口性别比
偏离正常水平，第三至五次全国人口普查数据均显示，我国总人口性别比高
于 106，明显高于正常水平。

新生儿的死亡性别比是测度女性缺失的另一主要指标。新生儿的死亡性
别比用于度量女婴的死亡率水平。正常的新生儿死亡率水平应该处于 1.2 ~
1.3，如果死亡性别比水平低于这个区间，表明女孩的死亡率相对较高。由
Hill 和 Upchurch（1995）提出的女孩死亡水平偏离度是准确度量女婴死亡率
水平偏离程度的标准。偏离度越接近于 0，表明女婴的死亡率水平越趋于正
常。研究发现，一直以来，我国的女婴死亡率水平都是偏离常态的，第五次
全国人口普查结果显示，女婴死亡率水平要明显高于男婴，城市的男婴死亡
率为 8.61‰，女婴死亡率为 10.69‰，死亡性别比为 0.81；乡村男婴死亡率
为 28.28‰，女婴死亡率为 41.16‰，死亡性别比为 0.69。相关研究表明这
种高水平的女婴死亡率有进一步加剧的趋势（郝虹生等，1994；李树茁、
费尔德曼，1996）。总之，已有研究显示婴儿的死亡率水平远远低于正常标
准，我国存在着严重的女性缺失，其中农村地区更为严重。

高水平的出生性别比以及女婴死亡率加剧了女性缺失的程度。根据全国
人口普查资料，学者们对中国女性缺失的规模及其未来发展趋势进行了测量
和预测。Cai 和 Lavely（2003）根据第五次全国人口普查数据，估计 1980 ~
2000 年出生人口在 2000 年这一时点上的失踪女性规模为 1200 万人。姜全
保等（2005）估计 1990 ~ 2000 年出生队列在 20 世纪的失踪女性规模为
3559 万人。Ebenstevn 和 Sharygvn（2009）估计，1980 ~ 2000 年出生队列的
失踪女性规模为 2200 万人。而陈友华等人预测到 2020 年，中国缺失女性人
数将达到 4000 万人；到了 2025 年左右，女性缺失人数将达到最高峰，届时
20 ~ 49 岁年龄段女性缺失人数将超过 4700 万人（陈友华、米勒·乌尔里
希，2001）。

（2）男性过剩

与女性缺失相对应的是男性人口过剩。不少学者对男性人口过剩规模进
行了测算。陈友华认为 1982 年我国男性人口比女性人口多 2664 万人，男性
过剩人数在 1990 年超过 3300 万，并可能在 2015 年左右超过 4700 万（陈友
华、米勒·乌尔里希，2001）；叶文振等也对中国过剩男性人口的规模进行

了深入研究，他们指出1990年第四次全国人口普查中，30岁以上的未婚人口数量为1240万人，其中大龄未婚男性人口为871.8万人，占到了未婚人口总数的70.3%，并且79%的大龄未婚人口都集中在农村地区（叶文振、林擎国，1998）。由此可见，男性人口数量已经远远超过女性，无论是从过剩人口保持持续增长的时长角度考察，还是从未婚男性规模的增加角度考察，都可预见我国婚姻市场上过剩的男性人数将继续增加，男性婚姻挤压矛盾也将进一步加剧。李树茁、姜全保等（2006a）认为中国在2000年以后会出现严重的男性婚姻挤压，并且在2013年之后每年的男性过剩人口数量都会超过10%，而2015~2045年将会达到15%以上，这相当于平均每年有120万人的男性在婚姻市场上找不到初婚的对象。

2. 大龄未婚男性的生存环境与个体特征

大龄未婚男性的生存环境包括其所处村庄的状况和家庭状况。从村庄状况来看，已有研究普遍认为过剩男性主要集中在偏远农村地区，其中大龄未婚男性多聚集在地形复杂、落后贫穷、交通和通信不便的山地与丘陵村庄。郑晓丽（2008）调查了畲族人口聚集的浙江景宁县，发现当地多为山区，经济水平低下，当地30~45岁的未婚人口中，98%以上为男性。马健雄（2004）调查的云南拉祜族村庄位于深山之中，与外界的联系较少，村庄里家庭年总收入不到800元，贫困的经济状况难以为大龄青年的婚配提供有力支持。吕峻涛（2006）调查的位于陕西子午岭的光棍村也是一个贫困的小山村。

从家庭状况来看，贫困是农村大龄未婚男性的主要家庭特征，这种贫困既包括家庭本身贫困，也涵盖可能是由于家里儿子过多造成的贫困。20世纪90年代以来，农村男性的婚姻花费急剧增加，在某些村庄里，男性成婚花费是家庭年收入的8~12倍（Han and Eades，1995；Wei and Zhang，2011），许多家庭不得不借钱安排儿子的婚事。在这种情况下，有两个儿子及以上的家庭面临着巨大的压力，他们往往因为无力支付所有儿子的婚姻花费而陷入贫困（Chu，2001；张春汉、钟涨宝，2005）。

从个体特征来看，农村大龄未婚男性的自身条件和经济状况通常较差，并且多数没有出众的人格特征。他们往往文化程度低、老实本分、性格内向、不善与人交往、缺乏竞争意识、缺乏外出务工改变生活状况的动力、以农业收入为主要经济来源（莫丽霞，2005；刘中一，2005a；吴彩霞等，

2012）。姜全保和李树茁（2009）根据第四次和第五次全国人口普查数据对大龄未婚男性的教育和职业特征进行了分析，发现大龄未婚男性的受教育程度普遍较低，主要从事体力劳动。在生活质量上，大龄未婚男性的生活质量水平总体不高，其生理、心理、社会交往和社会支持等客观生活质量较低，经济状况满意度和社会交往满意度等主观生活质量也不高（王磊，2012）。

二　中国大龄未婚男性失婚的影响因素

学术界对大龄未婚男性失婚原因的研究很多。如彭远春（2004）从经济、个人和情感三个角度进行分析，张春汉和钟涨宝（2005）从经济、性别比水平、个人的交往能力以及男女的婚龄梯度四个方面进行分析，马红霞（2009）从性别比、男孩偏好、男女死亡率水平等方面进行研究，韦艳和张力（2011）则以社会性别不平等的视角进行了研究。综合已有的研究成果，本书把大龄未婚男性失婚的影响因素分为社会因素、家庭因素和个人因素三个层次。

1. 社会因素

社会因素主要包括社会习俗和社会经济两方面。

社会习俗主要是指人们的生育偏好与生育观念。长期以来，中国一直实行严格的父系联合家庭体系（Skinner，1997），家族是通过男性来定义的，女性在婚后落户到男方家庭（Das Gupta et al.，2003；Khan and Khanum，2000；Leone et al.，2003）。这种家族体系导致了家庭生育观念具有强烈的男孩偏好，男孩被认为是家族的延续（Mutharayappa，1997）。这种思想的现实体现的是，凡是履行了社会偏男生育道德和生育文化的行为，便会潜移默化地得到各种形式的社会支持与褒奖，同时妇女和家庭也会因为自己实现了生育上的社会责任而感到内心满足。相对应地，那些无儿的家庭则会遭受到各方面的贬斥和否定，从而产生"生女卑微"的耻辱感（张伟，2008）。这种重男轻女的传统观念反映在行为上，表现为流产女胎、送养女婴、虐待甚至溺杀女孩（Coale and Banister，1994；Tuljapurkar and Feldman，1995；Kim，1997；Bairagi，2001；Johansson and Nygren，1991），导致高水平的女婴死亡率与出生性别比（Zeng et al.，1993；Li et al.，2004），继而导致婚姻市场上男性过剩和男性婚姻挤压现象，部分男性遭遇成婚困难。

在婚姻挤压下，社会经济水平对男性成婚的影响表现在以下三个方面：

一是年轻男女推迟结婚，以便将更多的时间、精力投入到经济活动中，特别是妇女对婚龄的推迟使得初婚模式发生了改变，继而影响婚姻挤压态势；二是经济发展水平的地区差异使得婚姻市场的内在资源流动更频繁，经济水平高的地区会吸引大批的年轻人群尤其是女性涌入，其中包括以婚姻为目的的女性人口迁移，从而加重了女性人口流出地的男性婚姻挤压态势（Das Gupta et al.，2010；靳小怡等，2010）；三是经济发展使得女性的择偶标准更趋于经济理性，贫困地区的女性更希望嫁到经济水平相对较高的地区，收入层次低的女性更倾向与高收入的男性成婚，经济发展不平等使得女性在择偶问题上将结婚对象进行阶层划分（任强、郑维东，1998），这也加剧了男性的成婚难度。

另外，性别失衡并不是中国独有的问题，不少国家和地区都存在着不同类型的婚姻挤压，如俄罗斯和越南正经历着女性婚姻挤压。在俄罗斯，除了较高的男婴死亡率水平以外，长期以来的酗酒恶习导致男性过早死亡，同时也影响男性的生育能力（赵晓歌，2006）；战争是越南女性婚姻挤压的直接原因，1945～1954 年的抗法战争使得越南每年有 66 万平民死亡，其中大部分为男性，为了躲避战争，大量的青年男性选择移民，其中 1975～1995 年平均每年有 140 万人离开越南，这也造成了严重的男性缺失（Hirschman et al.，1995；Guenter，1978；Goodkind，1997）。

2. 家庭与个人因素

学术界对于家庭与个人的影响因素的研究也十分丰富，如 Arnold 和 Kuo 将个人因素细分为教育、就业、收入等，把家庭因素分为家庭规模与经济状况两个方面（Arnold and Kuo，1984）。一些国内学者，如石人炳和彭远春等也对家庭和个人因素进行了细致深入的研究。

家庭因素主要指家庭经济状况，往往表现在支付婚姻花费的能力上。中国的婚姻花费包括彩礼和嫁妆两部分，其中彩礼占主要比重，并由男性一方承担（李中清、王丰，2000）。在"养子防老"观念浓重的中国农村，父母常常担当起为儿子操办婚姻的责任。儿子结婚也往往意味着家庭财产的分割和再分配，多子的家庭往往面临着"多子分家"的压力，难以承担更多儿子的婚姻花费，因此该类家庭男性结婚的可能性比较小（陈友华，2004）。对国内大龄未婚男性的质性研究也发现，家境贫困、兄弟数量多等境况常常使男性家庭难以支付高额的结婚花费（吕峻涛，2006；张春汉、钟涨宝，

2005；彭远春，2004）。

个人因素包括教育、就业、收入等经济因素以及年龄、性格等非经济因素。对中西方婚姻市场的研究也发现相同的规律：那些没有稳定工作、收入低、受教育程度低的人在婚姻市场中总是处于劣势（South，1991；刘利鸽、靳小怡，2011）。在当前国内婚姻市场中男性过剩的背景下，女性更倾向于选择拥有较好职业和较高社会经济地位的男性，而对于那些经济上处于弱势的男性，较低的收入水平难以为其成婚提供足够的经济支持，使得他们在婚姻市场上无法与高品质的男性竞争，更容易被婚姻市场淘汰（张春汉、钟涨宝，2005；彭远春，2004）。

年龄大、有残疾、内向、不善言谈的男性更容易成为被迫失婚的大龄未婚男性。年龄是影响择偶的重要因素，绝大多数人的初婚发生在 28 岁或 30 岁以前（Das Gupta et al.，2010；刘利鸽、靳小怡，2011），超过适婚年龄仍未结婚的男性，结婚机会大大降低。残疾人口在婚姻市场中处于弱势地位，并且在中国性别结构失衡背景下，残疾男性面临着更严峻的婚姻市场（郭未、解韬，2009）。另外，性格内向、不善言谈的男性往往被认为缺乏社会适应能力，因此难以获得女性的青睐（彭远春，2004）。

第二节　社会支持研究[①]

一　社会支持网络的测度

社会支持网络的测量得到的实际上是个体的社会网络，也就是了解与之有关系的个体的分布。由于网络成员多、网络变化快且网络边界不易确定和难以统一，因此，个体中心网的度量比较困难，一般通过研究个体中心网的子集来推测全集的范围和属性。在实际操作中，一般采用定名法（Name Generator）或者定位法（Position Generator）。

定名法是一种比较通用的方法，研究人员向受访个体提出一个或多个问

---

① 作为课题组的部分研究成果，课题组成员李艳和悦中山已完成学位论文，并在此基础上出版专著《农村大龄未婚男性的社会支持网络》和《农民工的社会融合研究：现状、影响因素与后果》。本书对社会支持和社会融合部分的文献综述，部分保持和借鉴了二人的研究，以保持课题组研究的一致性和完整性。

题，询问其与网络成员相关的一些信息，如角色关系（姻缘关系、邻里关系、工作关系等）、交往内容（工作事务、家务等）或者亲密程度等，并通过这些信息确定网络成员名单，名单中包括受访个体网络中的 3~5 名成员（林南、俞弘强，2003）。定名法比较经典的研究范式是范德普尔（Van del Poel）于 1987 年在荷兰进行的个体支持网研究。范德普尔将社会支持分为实际支持（家务劳动、患病时的帮助、借钱、借生活日常用品、帮助填表等日常事务的帮助）、情感支持（重大事项咨询、精神安慰及矛盾纾解等情感问题的帮助）和社会交往支持（一起外出、休闲等社交活动陪伴），并描述了个人社会支持网络以及支持网络成员的角色关系（Van der Poel，1993）。

定位法是先对社会中常见的结构性地位（职业、权威、工作单位等）进行抽样，然后请回答者指出每个地位中的熟人，另外再确定其与熟人的关系的研究方法（边燕杰，2004）。定位法中比较有代表性的研究范式是边燕杰的春节拜年网络。边燕杰在 1999 年对中国五城市的调查中，以春节拜年交往为事件依托，采用定位法测量了中国城市居民的关系网络（边燕杰，2004）。

对社会网络的特征分析主要包括社会网络的规模、达高性、异质性、广泛性、网络关系构成等（贺寨平，2001、2002；张文宏等，1999；张文宏、阮丹青，1999；王毅杰、童星，2004）。其中，网络规模是网络的数量特征，表示构成个体社会网络中所包含的成员数量。网络规模是社会网络研究的重要指标，在一定程度上代表了个人拥有社会资源的多少。网络规模越大，意味着网络中所蕴含的社会资源越丰富、社会网络关系越多、社会资本量越大（王毅杰、童星，2004）。

达高性是指个体通过网络所能达到的最高的社会位置（Lin，2001）。在对社会网络进行测度时，达高性被量化为个体网的网顶得分。每个人的网络成员都有一定的声望、地位、财富和权力，无论按照什么标准对网络成员进行排列都会形成一个金字塔型的结构。网顶高，意味着个体网络中拥有地位高、权力大和财富多的成员，这样的网络所蕴含的社会资源也比较丰富（边燕杰，2004）。

异质性是指社会网络包含的社会网络幅度，即网络中最高社会位置和最低社会位置的差距（Lin，2001）。异质性又称网差，通过计算个体社会网络中网顶与网底的差值获得。网差大，说明网络成员的社会位置相差悬殊，网络成员社会资源的异质性较强。王卫东（2006）认为简单的同质性资源对社会网络资本的贡献不大，而异质性资源的作用更重要。

广泛性，即网络中包含的不同社会位置的数量（Lin，2001），也就是网络成员职业类型的数目。网内人从事不同的职业、处于不同的职位、资源互不相同又互相补充。相较网络成员职业类型较单一的社会网络，职业类型越丰富，网络中所潜藏的社会资本量越大（边燕杰，2004）。

网络关系构成指的是个体与网络成员之间的关系类型。Granovetter（1995）根据人们的亲密程度、感情的深浅、互动频率的高低、互惠交换的多少将个体之间的关系分为强关系和弱关系。Granovetter 认为，弱关系的发展主要基于社会经济特征相对不同的个体之间。费孝通（2005）在《乡土中国》一书中对中国农村社会结构与西方社会结构进行了比较，提出了"差序格局"的概念——中国社会的人际关系以自己为中心并逐渐向外推移，以家庭为核心的血缘和地缘关系形成了中国传统社会人际关系的基础。

二　婚姻状况与社会支持网络的研究

1. 婚姻与社会支持网络的研究

（1）国外对未婚者与社会支持网关系的研究

国外很多研究表明，婚姻状况对个人的社会支持网具有显著影响。在对未婚者社会支持网的研究中，一般认为单身状况不利于未婚者扩大其社会支持网的规模，未婚者能够从网络中获得的社会支持少于已婚者（Keith，1988；Ward，1979）。已婚者在当地的支持网络规模更大、成员更多元化，而大龄未婚人群由于缺乏婚姻关系，在获得社会支持中总是处于劣势（Barrett，1999）。但也有一些研究得出不同的结论，认为单身者的社会交往状况常处在两个极端，要么从来不跟亲戚、朋友和邻居来往，要么联系频繁，而已婚者则很少出现这种情况（Seccombe and Ishii - Kuntz，1994；Fengler et al.，1982）。

亲缘关系对于未婚者的社会网络有着非常重要的作用。研究表明，即便在单身人群内部，未婚者与曾婚者（包括离异或丧偶）在和亲友的往来方面也存在差异。对未婚者而言，由于没有配偶或子女，亲属在一定程度上取代了配偶和子女在社会网络中的作用，他们与兄弟姐妹接触的频率远远高于曾婚者（Ward，1979；Pinquart，2003）。兄弟姐妹是大龄未婚人群长期以来主要的情感支持来源，未婚者更能从兄弟姐妹那里获得支持而免受孤独之苦，兄弟姐妹关系对未婚者十分重要。

与此同时，社会替代理论认为，朋友等非亲缘关系是大龄未婚男性获得社会支持的重要来源。对于未婚者来说，他们更需要朋友来代替家庭的支持作用，只有在与朋友来往减少的情况下才会与亲戚来往。另外，亲属支持是大龄未婚人群支持网中配偶和子女支持的替代，这也是替代理论的反映（Shanas，1979）。

（2）国内对姻亲关系与社会支持的研究

国内研究多是间接反映婚姻状况对社会支持的影响，较少研究以婚姻视角对社会支持网进行分析。农村大龄未婚男性的人际交往圈子区别于已婚者，由于受到其他村民的排斥，大龄未婚者倾向于聚集在一起寻找慰藉（刘中一，2005b）。通过对农村大龄未婚者的质性研究发现，由于自卑和沮丧，大龄未婚男性即使受到挫折也不愿意和家人交流，家庭成员间的情感沟通不足以提供大龄未婚男性所需的情感支持。但是大龄未婚男性从血亲关系，特别是从兄弟姐妹那里得到的社会支持在一定程度上有助于缓解他们所面对的各种压力（李艳、李树茁，2008）。

婚姻状况显著影响农村男性社会支持网络规模，失婚使得大龄未婚男性获得的社会支持少于已婚男性。李艳等（2010）比较总结大龄未婚男性和已婚男性的网络规模发现，大龄未婚男性的社会支持网络在实际支持、情感支持和社会交往三个维度上都远小于已婚男性。婚姻状况显著影响农村男性的情感网络规模，可见相比于已婚男性，农村大龄未婚男性更加缺乏感情沟通的渠道。除此之外，大龄未婚男性缺失由姻亲带来的妻族等横向社会支持网络，进而缺失与其他社区或家族发生联系并获得支持的可能性；由于没有婚姻，他们也缺少纵向的亲子关系以及亲子关系所衍生的新一代姻亲关系，社会支持网络更加被弱化。

在中国，姻亲关系在个体人际关系网中极其重要。婚姻将不同宗族的人联系在一起，为一个家庭提供了与其他社区成员发生社会联系的可能（莫里斯·弗里德曼，2000）。婚姻在不同宗族社区之间起到了"桥"的作用。姻亲之间的合作互助多种多样：一是生活上相互帮忙，主要是青年夫妻外出打工时岳父母帮助小家庭带孩子；二是金钱上的相互借贷，大宗的借贷更多的是来自姻亲，而非兄弟；三是打工门路的相互推荐（匡立波，2009）。因此，在农村现代化进程中，姻亲关系在农村个体的社会支持网构建上的作用日趋重要。

但是大龄未婚男性却缺少姻亲关系的社会支持网络成员，其可获得的社会支持的规模和构成有可能受到影响。李艳等（2010）研究发现，大龄未婚男性可求助的亲缘关系比已婚男性少得多，尤其是涉及情感等非生产性的交往支持时更是如此；大龄未婚男性对地缘的依赖比重比已婚男性高，而已婚男性对友缘的依赖比重比大龄未婚男性高，在实际支持网和情感支持网中，大龄未婚男性获得地缘和友缘等弱关系的可能性低于已婚男性。李树茁等（2007）对深圳农民工的调查数据显示，有配偶的农民工的社会支持网中含有弱关系的发生比率仅为无配偶农民工的50%左右。

从上述研究看来，最亲密的夫妇关系、亲子关系以及姻亲关系的缺失可能会使大龄未婚者的社会支持网规模小于已婚者，并且大龄未婚者的社会支持网结构和已婚者也可能存在显著差异。

2. 大龄未婚男性社会支持的相关研究

国外学者普遍认为，婚姻是个体最重要的社会关系，能带来许多有用的社会资源。由于婚姻状况的差异，大龄未婚男性群体与其他婚姻状况群体的社会支持状况有明显的差异——大龄未婚男性的社会支持网络中较多地出现非正式关系。Berscheid（1994）指出，婚姻关系能为个体及时提供情感和实际支持，也是个体的自我确认和稳定性的重要来源，而这种亲密的婚姻关系的缺乏正是大龄未婚男性非正式关系出现的原因。Shanas（1979）提出替代论，认为在没有配偶和孩子的情况下，个体会转而寻找较远的支持关系，如兄弟姐妹、父母或其他亲戚；当这些亲戚关系的支持也不可得时，他们就会寻找其他的社会关系来替代，如朋友等。替代论得到了广泛的支持，许多学者都在不同的研究中对该理论进行验证，结果表明未婚群体的社会网络中非亲缘关系具有显著性，大龄未婚群体往往更多地与朋友、邻居联系交流，而与亲戚来往较少（Pinquar，2003；Rubinstein，1987；Stull and Scarisbrick - Hauser，1989）。Cicirelli 等（1992）的研究表明，在社会支持资源的获取方面，大龄未婚群体也更可能接受兄弟姐妹或朋友的支持和帮助。Ward（1979）进一步指出，尽管大龄未婚群体与朋友的联系交流较多，但他们对友谊的满意度仍然低于已婚群体。Rubinstein（1987）的研究发现，未婚人群是一个具有多源、异质社会支持的群体，他们会建立长久的社会关系，以便更好地应对生活中的压力。

国外学者还研究分析了大龄未婚群体内部不同特征群体的社会支持状况。Keith（1988）从性别视角出发，通过对比分析农村和城市大龄未婚群体的社会支持状况指出，农村大龄未婚男性的社会网络最弱，参与正式和非正式活动最少，而城市大龄未婚女性的社会网络相对较强，参与的社会活动也较为多样化；在另外一项研究中，Keith 等（2000）指出，就社会支持网络的需求来说，随着年龄的增长，大龄未婚群体更需要情感支持和实际帮助。

国内关于大龄未婚男性社会支持的研究较少，仅有的研究也主要是采用质性研究方法，通过访谈对大龄未婚男性社会支持现状进行描述性分析，微观定量研究很少。韦艳等（2008）通过对 YC 县大龄未婚男性访谈的质性研究发现，农村大龄未婚男性家庭对内、外部资源的整合能力相对较低，家庭内部成员间缺乏有效的沟通和交流，并且大龄未婚男性的社会交往范围狭窄。

三 社会支持网络的影响因素研究

1. 国外对个人因素与社会支持网关系的研究

Barrett（1999）提出社会经济地位对从未结婚者的支持和福利有更强的效应。与工作有关的因素，如教育、收入等与网络规模显著相关，这些因素能够增加个体与家庭、邻居之外的人联系的机会（Fischer，1982）。收入较高的人社会网络规模较大（Fischer，1982；Eckenrode，1983）。年龄对个体网络的影响主要表现在年龄越大，网络规模可能越小，年轻人和中年人比老年人具有更大的网络范围（Marsden，1987）。教育对未婚者社会支持各指标的影响比对其他婚姻状况者的影响更大，但边际效应可能随教育年限递减（Moore，1990a）。与非亲戚的联系在受过良好教育、具有专业管理职位的人中更常见，而在已婚、年龄稍大的人中较少（Moore，1990a）。个体本身所具有的人格特征会影响其获得的社会支持的数量及对社会支持的利用程度。Sarason（1981）研究发现社会支持的数量与外向的性格呈正相关，外向性格的人社交广，社会关系更加密切。一般研究也认为外向性格的个体更愿意寻求帮助，也更可能获得支持；外向的性格与网络规模的大小呈正相关关系（Bolger and Eckenrode，1991；Kalish and Robins，2006；Russell et al.，2006；Swickert et al.，2002）。

2. 国内对个人因素与社会支持网关系的研究

国内专门研究社会支持网影响因素的文献较少，研究多集中于社会支持的后果分析。人格因素对社会支持网的影响作用常见于对各类人群的研究中，国内的研究肯定了性格在社会支持网形成中的作用。宫宇轩（1994）在研究社会支持与健康的关系时发现，不同性格的个体所能吸引的社会支持的数量和质量，以及个体对社会支持的感受与评价是不一样的。自信、社交能力强的人可能更容易建立良好的支持网络。

象征个人社会经济地位的工作阶层与城市居民的社会网络密切相关，与处于较低工作阶层（如工人阶层）的人相比，处于较高的工作阶层（如专业行政管理阶层、白领阶层等）的网络成员的关系更多元化，拥有的社会网络资本更雄厚（张文宏，2005）。个人的在岗情况和月收入等经济因素与邻里关系存在反向关系，经济变量似乎成为隔离城市不同阶层的篱笆而使个体脱离邻里关系（马九杰、孟凡友，2003）。

家庭因素作为个体关系网中的"先赋性关系"也影响农村男性的社会支持网。李艳等（2010）研究发现，父亲健在的农村男性的实际支持网规模小于父亲已去世的农村男性，但母亲健在却有助于农村男性获得更多的实际支持。这可能是因为父亲是一家的"顶梁柱"，如果是父亲供给家庭的实际支持一般不会计算在自己的网络中。兄弟姐妹个数对农村男性的情感支持网和社交支持网的规模有显著影响，兄弟姐妹越多，其情感支持网和社交支持网的规模越大。家族的影响力和农村男性的社会支持网（如情感支持网和社交支持网）的规模相关，属于村中大家族的农村男性的支持网规模显著大于其他农村男性。研究并未发现家庭因素对农村男性社会支持网构成有显著影响。

在国内研究中，农村流动人口的社会支持网受到关注。农村流动人口的社会支持网受到个人因素、流动因素和城市生活因素的影响，具体变量中平均月收入、流动经历和工作转换对农村流动人口社会支持网络的规模产生了影响（李树茁等，2007）。已有研究讨论了流动的时间和空间特征对农村流动人口社会支持网的影响，但流动经历对社会支持网的影响尚不确定。农村流动人口流动到城市后的居住环境、对当地方言的掌握程度以及先后从事的工作份数都会影响他们的社会支持网络。

农村流动人口在城市的居住环境主要有聚居和散居两种。聚居指外来流动人口相对聚集的居住环境，主要包括工棚式居住和村落式居住；散居则可以分为进入家庭式居住和租房居住。居住方式对农村流动人口在城市的社会融合存在影响。聚居者与市民和主流文化相对隔绝或接触较少；散居者由于采取的是进入家庭式居住，不与老乡发生紧密的协作关系，他们的观念和行为与城市融合得较好（靳小怡等，2005）。聚居有利于农村流动人口扩大其社会网络规模，而散居则有助于农村流动人口接触更广泛的群体，从而提高其社会网络质量。

李树茁等（2007）通过研究发现，流动因素中的流动经历和在城市生活时间的长短对社会支持网的数量特征有显著影响。有流动经历的农民工的实际支持、情感支持和社会交往支持网均大于无流动经历的农民工。在城市生活的时间的长短会影响到农民工的情感支持网络，农民工情感支持网的规模随其在城市生活时间增加而扩大。流动因素中在城市生活时间的长短对农民工的实际支持网和社交支持网的质量特征有较显著的影响，农民工在城市生活的时间越长，他们在这两类网络中含有弱关系的可能性越大。李艳等（2010）研究发现，有打工经历的农村男性在实际支持和社交支持方面获得弱关系的帮助较多，但打工经历与情感支持网的构成不相关，原因可能在于人们在情感交流上更倾向于寻求血亲等强关系的支持。

对当地方言的掌握程度常可用以衡量外来人口市民化的程度（刘玲，2001）及其社会融合程度的高低（王春光，2001）。对方言的掌握有助于农村流动人口加强与市民的沟通，对扩大其社会支持网规模、提高网络质量有积极作用。农村流动人口每流动到一个新的城市，就会建立新的社会关系（王毅杰、童星，2004），因此流动经历可能会带来网络规模的扩大，在网络质量（如达高性、异质性和广泛性）上也可能有所提升。但生活和工作城市的变动可能致使已有的社会关系丧失，从而削弱个体的社会支持网络。因此，流动经历对社会支持网具有怎样的影响还有待考证。农村流动人口在城市工作的变换，一方面使其深入了解城市、丰富工作经验；另一方面有助于其拓展社会关系、提升社会资本（王春光，2001）。在这个过程中，网络规模扩大、网络质量也可能得到提升。李树茁等（2007）研究发现，城市生活因素中的居住方式和工作转化经历对实际支持网和社交支持网的数量特征产生影响。相比于散居，采取聚居的农民工的实际支持网和情感支持网的规模较大，在城市聚居的农村流动人口获得实际支持和情感交流的途径更多。工作转换经历对于农民工三类社会支持网的数量特征均具有显著影响，有转换工作经历的农民工的社会支持网的规模较没有转换工作经历的要大。工作的变换使得农民工有机会建立更多的关系，进而扩张其社会支持网的规模。

综上所述，有关影响农村流动人口社会支持网的流动因素的研究较为丰富，但多集中在定性分析层面，因此流动因素对社会支持网的影响有待进一步考证。本书将通过定量研究来深入考察流动因素对农村流动人口社会支持网的影响。

第三节 社会融合研究

一 社会融合的理论和测度

国内对农村流动人口社会融合维度和模式的研究也颇多。有的研究从宏观和中观的视角对融合模式及其发展趋势在理论上进行探讨，有的研究则就农村流动人口社会融合某一个维度的具体问题进行了实证分析。关于农村流动人口社会融合的理论探讨包括"新二元关系说""城市适应说""农村流动人口市民化说"和"融入说"等。

新二元关系说是马西恒和童星（2008）从"新移民"与城市社区互动关系的角度，认为新移民的社会融合需要经历"二元社区""敦睦他者"和"同质认同"三个阶段。"二元社区"指的是由于农村流动人口在分配制度、职业、消费方式、娱乐、居住和社会心理等几个方面都与城市居民截然不同，从而导致城市居民和外来务工人员在社区中形成两个不同的子系统；"敦睦他者"指的是市民和农村流动人口开始减少施予对方的负向情绪，开始尝试建立一种相互包容、相互合作的正向互动关系；而"同质认同"指的是"城乡隔离和区域封闭的相关制度被取消，新移民正式获得城市社会的居民权和居民身份"（马西恒、童星，2008）。"敦睦他者"是处于"隔离"与"认同"之间的过程，是农村流动人口社会融合的过渡阶段，也是关键阶段（马西恒、童星，2008）。新二元关系说从中观层次对农村流动人口的社会融合过程进行了理论探讨。

城市适应说即田凯（1995）认为农村流动人口适应城市生活需要具备三个层面的基本条件：经济层面包括职业、经济收入和居住条件；社会层面包括闲暇时间的利用、消费方式和社会交往；文化和心理层面包括归属感和价值观。三个层面相互联系、依次递进：经济层面是城市适应的基础，相对稳定的职业和收入的获得促进了农村流动人口社会地位的提升，在此基础上形成了现代工业社会的生活方式，通过社会交往促进农村流动人口观念的转变及心理归属感和文化认同的提升。而朱力（2002）则把农村流动人口的城市适应划分为三个层次，包括经济层面、社会层面和心理层面，并认为三个层面之间是依次递进的：经济适应是农村流动人口在城市生活的基础条件；在基础条件满足后，农村流动人口将会在生活方式和社会交往等方面完成社会层面的适应，这反映了农村流动人口融入城市社会的广度；最后是心理层面的适应，这反映了农村流动人口在精神层面的要求，表现为对城市生活的认同程度，说明了农村流动人口城市适应的深度。

农村流动人口市民化说，即王桂新等（2008）将农村流动人口的市民化定义为农村流动人口向城市居民转变的过程。农村流动人口的市民化的狭义定义指城市农村流动人口在身份上获得与城市居民相同的合法身份与社会权利的过程，广义定义还包括农村流动人口的价值观、身份认同等主观因素和农村流动人口的生产、生活方式的转化（王桂新等，2010）。具体而言，农村流动人口的市民化特征包括居住条件、经济生活（包括工作和收入）、社会关系、政治参与和心理认同等（刘传江、程建林，2008；王桂新等，2008）。王春光（2006）用"半城市化"来概括当前农村流动人口的社会融合状态，主要表现在体制（如非正规就业）、社会生活行动（如居住边缘化和生活"孤岛化"）和社会心理（如社会认同的"内卷化"）等三个层面上。

融入说，即杨菊华（2009）认为农村流动人口的社会融合至少包括经济整合、文化接纳、行为适应、身份认同等四个维度。经济整合是指农村流动人口以流入目标城市的市民为参照对象，最终融到流入城市的经济结构中，经济整合的测量指标包括劳动就业、职业声望、经济收入、社会福利、教育培训、居住环境等。文化接纳指农村流动人口对流入城市的语言、文化、风俗习惯和价值观的了解和认可。行为适应指农村流动人口在行为上向流入地主流社会的行为方式靠拢。身份认同是指移民对迁入地社会的归属感和认同感。四个维度之间既存在一定的递进关系，又相互交融、互为依存，但"身份认同是社会融入的最高境界"，个体或群体在四个融入维度上的发展不一定是平行的，也没有一定的次序。根据四个维度上的融入程度，杨菊华（2009）将农村流动人口在城市的社会融入结果提炼为隔离型、多元型、融入型、选择型和融合型等五种模式。

二　婚姻状况与社会融合的研究

经济学家贝克尔和墨菲认为，结婚是人一生中影响最为长久深远的决定，婚姻为个体改善自身的融合状况提供了机会，即无论男女都有可能通过婚姻改善自己的社会经济地位，接触到原来所接触不到的人和事（Barstad，2008）。家庭生活会加强居民对当地生活的参与，已婚和有孩子的人在当地拥有规模更大、关系更密切和类型更多元的邻里网（Tivers，1988）。也有学者通过研究发现，婚姻在某种程度上对男性的社会交往是一种限制，婚姻减少了他们与组织建立即时关系的可能性（Gerstel，1988）。从社会交往时间和频率上看，未婚男女每周与朋友和邻居交往的时间或频率是已婚者的两倍多，单身男性与亲戚之间的往来不及已婚男性频繁（Seccombe and Ishii‐Kuntz，1994）。但中国大龄未婚男性所处的社会环境不同于国外研究中的未婚男性或失婚男性，姻亲关系在中国人的生产生活中扮演着更为重要的角色。

国内研究中引入婚姻视角对社会融合的研究并不多见，李树茁等（2008）在研究农村流动人口的社会支持网时发现，婚姻会带来重要的亲缘和血缘关系，已婚的农村流动人口更多与亲戚和老乡来往，交际圈以强关系为主，而未婚者则更可能与当地市民或亲属、老乡之外的人来往。大龄未婚农村男性流动人口背负着农村流动人口和农村大龄未婚男性的双重身份，他们既是城市社会的边缘人群，又是中国农村传统文化背景下因长期不能结婚而被有意或无意排斥的人群。他们在流动到城市以后，社会融合是否仍然因被动失婚而处于劣势，抑或其"大龄未婚"的特殊身份在城市得到弱化，其社会融合程度与已婚农村男性流动人口差异并不明显。这都是本书后续章节要研究的内容。

三　社会融合的影响因素研究

1. 个体层面因素

教育水平、工作技能、迁移时间、迁入地语言的掌握和出生地等都是影响移民社会融合的重要因素。对20世纪20年代到50年代从欧洲迁移到美国的移民的融合研究表明，随着移民受教育水平和工作技能的提高、迁移时间的增长、英语的熟练掌握，移民及其后代实现了向上的社会流动，移民与当地居民的通婚率也稳步提高（Sandberg，1974；Alba，1985；Chiswick，1977；Greeley，1976；Lieberson and Waters，1988；Wytrwal，1961）。

研究普遍认为那些出生在迁入地社会的移民子女的社会融合水平会显著高于那些出生在国外的移民。另有研究表明，影响移民社会融合的个体层次因素还包括代次和到达迁入国或地区时的年龄。在国际移民的研究中，代次一直被看作不同种族、不同文化背景的移民最终融到迁入地主流社会的重要动力。经典的社会融合理论认为，经过几代的发展，移民在语言、文化和行为模式等方面会越来越趋同于主流社会，与本地居民在社会地位和经济机遇上的差距会逐渐消失（Gordon，1964；Gans，1992a；Park，1928）。但也有研究发现，那些家庭社会经济背景不好的移民后代，一方面不愿意从事父辈所从事的底层工作，另一方面，他们在学校中表现不佳，在社会上则因缺乏技能和机遇而难以获取更好的工作岗位，所以更容易陷入永久性贫穷的困境中，即所谓的"第二代的堕落或叛逆"现象（Gans，1992a；Perlmann and Waldinger，1997）。

除了代次、居住时间等重要因素之外，到达迁入国或地区时的年龄被认为是影响移民社会适应后果的重要因素。抵美年龄决定了移民在美国开始移民生活时的生命周期的阶段（Piore，1979）。到达时的年龄对移民的文化适应程度、当地语言的掌握和在校表现具有重要影响，以致 Rumbaut（1994）发展出"1.5代"的概念来称呼那些抵美年龄较小的移民。Myers 等对抵美墨西哥移民的研究表明，抵美年龄对移民的英语掌握具有最重要的影响，对包括教育、职业、房产拥有和贫困在内的大部分社会经济后果也具有显著影响（Myers et al.，2009）。

在参考国际移民研究成果的基础上，国内针对农村流动人口社会融合影响因素的研究中涉及的个人因素包括年龄、婚姻状态、迁移目的等（李树茁等，2008）。农村流动人口个体的迁移特征是个人因素中另一类重要影响因素，包括迁入城市时间、在城市居住时间、来源地、对当地方言的掌握程度、迁入城市时的年龄等。而在研究农村流动人口的社会经济融合（如收入和职业阶层）的影响因素时，人力资本（教育、培训经历等）和社会资本等都是重要的预测变量（李树茁等，2008；张文宏、雷开春，2008；章元、陆铭，2009；邢春冰，2008）。

2. 社会支持因素

社会支持网是流动人口社会资本的来源所在。对于"为什么社会支持网会对社会融合产生影响"这一问题，林南（2005）的社会资本理论提供了一般性的理论支持，该理论认为社会网络的作用包括信息、影响、社会信用和强化等四种效用：第一，社会网络为信息流动提供了媒介，尤其在不完备市场情况下（对移民而言尤其如此），处于某种战略位置掌握一定资源的社会关系，能够为个人提供关于机会和选择的有用信息；第二，行动者通过社会关系可以对代理人"在涉及行动者的决定（如雇佣和晋升）中扮演着关键角色"；第三，个人所具有的社会关系可以被组织或代理人看作个人的社会信用（Social Credentials）的证明，而社会信用部分地反映了个人通过社会网络与社会关系获取资源的能力，因此"一些人的'后台'使组织（和它的代理人）相信这些人能够提供超越个人自身资本之外的额外资源，其中部分或许对组织有用"，从而使行动者在行动中具有一些特殊优势；第四，"社会关系可以强化身份和认同感"，作为"一个共享相似利益和资源的社会群体的成员"，社会关系可以使个体"认识到和确信自己是一个有价值的个体"，社会网络"不仅为个人提供了情感支持，而且为个人对某些资源权利的要求提供了公共承认"。由于流动人口融合本质上是关于移民与迁入地社会居民的互动关系的研究，因此，另外一个可能的理论支撑是关于组间关系的"接触假设"（Contact Hypothesis）：一个群体的成员与另一个群体的成员建立的"愉快的合作关系"有利于消除他/她原来持有的对另外群体的负面看法，并促使负面看法向正面看法转变（Airport，1954）。这五种效应——信息、影响、社会信用、强化和接触——解释了社会网络对移民社会融合产生重要影响的原因。

"信息效用"和"接触假设"可能是导致社会支持网对农村流动人口文化融合产生影响的原因。移民与本地市民的交往为双方了解对方的文化提供了良好的契机，人的交往带来了不同语言、日常生活习惯、价值观和规范等的交流和碰撞。中国农村流动人口处于被城市"妖魔化"贬损的社会氛围之中，农村流动人口与市民之间的交往有助于双方相互理解，两个群体之间的交流有利于促进双方的文化交融。有研究从农村流动人口的视角出发，发现农村流动人口与市民所建立的朋友关系使得农村流动人口对市民持更加正面的看法，这种关系同时促进了农村流动人口与市民融洽相处（Nielsen and

Smyth，2007）。

"强化"效用可能是社会支持网络对农村流动人口的心理融合产生影响的内在机制。群体内成员的频繁交往和亲密关系的建立均有利于成员与整个群体产生正面的感情联系（Paxton and Moody，2003），最终使个体对整个群体产生归属感。已有研究发现，社会网络对学校中的青少年、流动人口的身份认同均具有重要影响（McFarland and Pals，2005；Lubbers et al.，2007）。不过针对农村流动人口的研究发现，城市居民为农村流动人口提供的社会支持对后者的身份认同没有显著作用（王毅杰、高燕，2004）。

第四节　婚姻观念与行为研究

一　婚姻挤压下的婚姻策略与婚姻质量

人口性别结构失衡带来的女性人口绝对数量的缺失会造成初婚市场的男性婚姻挤压，其引发的人口社会后果已成为中国人口社会可持续发展的一大隐患（李树茁等，2006b）。男性婚姻挤压将迫使中国农村传统的婚姻策略发生改变，进而影响两性关系和婚姻质量，对中国农村人口的婚姻家庭产生深远影响。当出现男性婚姻挤压时，男性为了争取婚姻市场配偶竞争的有利地位，会根据婚姻挤压程度对配偶竞争策略做出相应调整，从而有可能造成婚姻市场中女性婚姻策略的变动（陈友华，2004）。研究表明，婚姻挤压会导致结婚年龄提高（Spanier and Glick，1980；Davis and van den Oever，1982），因为婚姻挤压会使受挤压一方推迟结婚，而未受挤压一方可能会因此被动地降低结婚年龄（陈友华，2004）；但也有学者发现婚姻挤压会使男女平均初婚年龄下降（田心源，1991）。当婚姻市场出现男性婚姻挤压时，对男性来说，按照传统的夫妻年龄差标准来择偶遇到激烈的竞争；为了缓解婚姻挤压的矛盾，实现婚姻缔结的重要策略是扩大夫妻年龄差，寻找年龄更大的女性作为配偶（郭志刚、邓国胜，2000），或者被迫到下一年龄组寻找合适的对象（周丽娜，2008）。随着女性缺失程度的不断加重，择偶困难可能迫使男性跨区域争夺女性资源，从而扩大通婚圈。国内学者对台湾地区因政治军事原因引起的性别失衡后果的研究表明，单性别的婚姻挤压会引起"婚姻市场"竞争激烈，导致"婚姻迁移"人口增加、通婚圈扩大（石人炳，2002）。同时，单性别婚姻挤压引起的婚姻策略调整会进而影响两性关系和婚姻质量，导致离婚风险上升（陈友华，2004）。

男性婚姻挤压问题在中国历史上一直存在，而由 1980 年以来出生性别比持续升高引发的男性婚姻挤压对男女婚姻策略和婚姻质量的冲击问题，在同时期开始的城乡人口流动规模日益扩大的时代背景下变得更加严重和复杂。一方面，因外出务工发生的流动迫使个人在流入地的初期生活经济状况不稳定，从而引起初婚时机被动推迟，促使男女两性的实际初婚年龄均有所上升（靳小怡等，2005），客观上加剧了男性婚姻挤压的态势；另一方面，因外出务工发生的流动也给个体提供了在流出地婚姻市场之外结识更多异性的机会，可供选择的配偶范围更广，跨地区通婚的可能性更高（Jampaklay，2006），但由于传统"男高女低"婚配模式的普遍存在，较贫困农村地区女性因婚姻而迁移的现象更加普遍，造成男性婚姻挤压风险由较发达农村地区向较落后农村地区转移（陈友华，2004）。同时，伴随农村夫妻双方或一方的流动，农村人口的婚姻质量也悄然发生变化，农村流动人口家庭内部的夫妻情感关系呈现亲密与疏远两种倾向并存的状态（张一兵等，2003）。

随着男性婚姻挤压日趋严重，再加上城乡流动人口规模不断扩大，婚姻挤压下农村人口的婚姻策略和婚姻质量面临更加复杂的局面和更加严重的冲击，性别失衡下农村人口婚姻策略和婚姻质量的变动日益成为学者的关注热点，但已有研究还存在以下不足：从研究内容来看，目前关于婚姻挤压状态下婚姻策略的研究较多，但多集中于人口年龄结构变动对初婚年龄和夫妻年龄差的影响，对通婚圈影响的研究较少，对婚姻挤压下农村人口婚姻质量的研究也较少；从研究对象来看，大部分研究仅对中国城乡人口或农村人口进行单一研究，较少区分和比较不同类型农村人口婚姻策略和婚姻质量的差异；从研究结果来看，婚姻挤压对婚姻市场中男女婚姻策略影响的研究结论还尚未达成一致。

二　婚姻挤压与跨省通婚

择偶与婚配是一个复杂的动态过程。在婚姻挤压背景下，短缺一方的婚姻价值得以提高，过剩一方往往为获得有限的可婚资源而竞争。那些拥有较多资源和较好条件的人在婚姻市场中往往有较大的选择空间，因此他们无须降低择偶要求；反之，那些条件较差的人则不得不降低择偶标准，推迟结婚年龄，以拓展择偶范围，或者单身（South，1991；Crowder and Tolnay，2000；Das Gupta et al.，2010）。在崇尚"普婚"文化的中国，降低择偶标准是农村男性争取婚配机会的主要策略，其中，婚娶外省媳妇正在成为部分农村男性应对婚姻挤压的重要策略。

在传统的乡土中国，姻亲关系是家庭重要的社会网络，在盖房子、农忙和紧急事件发生时可以提供重要支持。日常相互走动和重大节日时的礼物交换也使姻亲关系得以维系（Han and Eades，1995；Davin，2005）。基于此，中国农村长期保持着近距离通婚的传统，即使在劳动人口大规模流动的背景下，绝大多数的农村婚姻仍集中在同镇或同县的范围（Bossen，2007；Li，2006）。但20世纪90年代以来，跨省份的远距离婚姻迁移日益增多，并成为重要的人口迁移形式。2000年普查数据显示，跨省婚姻迁移者约为150万人，婚姻迁移可以解释20.5%的女性跨省迁移（Davin，2007）。婚姻迁移往往被视为女性提高其社会经济状况的经济策略（Davin，2005；2007）。虽然多数女性希望能就近结婚，但对贫困地区的女性而言，对美好生活的向往使得她们期望通过远嫁的方式摆脱贫困（Bossen，2007）。因此，跨省婚姻表现出以女性迁移为主、从西部贫困农村地区向东部经济较发达农村地区迁移的趋势。四川、云南、贵州和广西等地既是主要的劳动人口迁移省份，同时也是主要的女性婚姻迁移省份和女性资源最缺乏的省份（Davin，2007；杨筠，2008）。以云南为例，虽然该省一直保持着较低的出生性别比水平，但由于女性外嫁，该省总人口性别失衡和女性缺失问题日趋严重（Bossen，2007）。婚姻迁入省份则主要集中在江苏、广州、浙江、北京等经济发达地区（Das Gupta et al.，2010）。一些中部省份，如安徽、河南等，也存在着来自西部农村的外省媳妇（Davin，2005；Fan and Huang，1998；Bossen，2007）。

通过婚姻迁移，这些女性可以嫁到经济条件较好的地区。但已有研究表明，她们往往嫁给那些年龄较大、受教育程度较低、身体残疾或经济状况差、在当地婚姻市场处于弱势的男性（Bossen，2007；Fan and Huang，1998；Davin，2005）。近些年来，亚洲跨国或跨地区婚姻迁移中也表现出类似的趋势。在日本、韩国、中国南方省份的农村地区，较好的经济状况吸引了不少来自越南、菲律宾等发展中国家的女性嫁入（Davin，2007；Tsay，2004；Wang and Chang，2002；Yutani，2007）。由于远离家乡，这些外来媳妇婚后面临着如何适应当地语言、文化和生活习惯，如何融入当地社会的挑战（Bossen，2007）。另外，留守在主要女性迁出地区的男性的婚配问题也引起了社会各界的忧虑，不少学者（Das Gupta et al.，2010；Ebenstein and Sharygin，2009；马健雄，2004）担心婚姻挤压的后果将主要由净婚姻迁出地的男性承担。

三　婚姻挤压与男性初婚风险

婚姻挤压背景下，部分大龄未婚男性成为名副其实的弱势群体：他们长期游离于婚姻和家庭之外，难以享受家庭和妻儿的关爱（陈友华，2004）；在"养儿防老"为主流养老模式的现实环境中，他们的老年没有依靠（石人炳，2006）；更重要的是，男性婚姻挤压问题还可能带来违法犯罪率的上升，危害家庭和社区安全。已有研究表明，同已婚男性相比，单身男性更容易从事违法犯罪行为；其对婚姻和性的需求也容易被不法分子利用，滋生一些违法犯罪活动（Hudson and Boer，2002；靳小怡、刘利鸽，2009）。因此，不管是从关注弱势群体的生存和发展角度，还是从预防危机、维护现有社会秩序的角度，关注农村婚姻挤压和农村男性的成婚及相关问题，都有重要意义。

当前男性成婚困难问题越来越引起政府和社会各界的关注，一些学者已开始探索男性失婚的影响因素和可能后果。已有研究认为，影响男性成婚的因素主要集中在社区、家庭以及个人三个方面。男性婚姻挤压是出生性别比失衡的宏观人口后果，而女性从内地到沿海、从山区到平原的婚姻迁移导致婚姻挤压后果发生了空间的转移：贫困和边远农村地区的男性成为婚姻挤压后果的主要承担者（吕峻涛，2006；马健雄，2004）。从家庭和个人条件上看，较差的经济状况是影响男性婚配的重要因素，当女性处于短缺时，贫穷的男性很难找到配偶（李树苗、古普塔，1999）。另外，不出众的个人特征也是制约男性顺利成婚的因素。

社会网络因素在择偶与婚姻的缔结中具有重要意义，择偶过程可以视为人们利用社会网络寻找社会资源的过程（周长城、刘蒙，2007），尤其是在婚姻花费日益上涨和婚姻挤压的压力下，丰富的个人网络资源能够提供结识异性的机会和应急性的经济支持。但是，虽然20世纪90年代以来社会网络研究发展迅速并被广泛应用于不同社会领域，但社会网络在择偶和婚姻缔结中的作用却较少引起学术界的关注。

第五节　生育观念与行为研究

一　生育观念的相关研究

生育观念指的是人们对待生育行为的态度和看法，是人们在生育问题上多方面价值取向的总和（李树苗等，2008）。目前对生育观念的研究大体上包括期望子女数、期望子女性别、生育目的三个方面（贾志科，2009；Charles，1990）。我国早在1979年就对生育意愿进行了调查，此次调查主要针对青年的期望生育子女数。调查结果表明，当时北京城区青年的平均期望子女数为1.32个；而农村青年的平均期望子女数为1.78个，农村青年期望子女数显著高于城市青年（张子毅等，1982）。之后对生育观念的研究范围逐渐拓宽，除期望子女数之外，还包括期望子女性别和生育目的。研究表明，妇女的期望子女数依然较多，期望子女数为2个以上的所占比例在95%以上，对子女性别的期望则主要是希望儿女双全（钟声，1986）。之后，对生育观念的研究逐步完善，最终涵盖了期望子女数、无政策限制和有政策限制下的期望子女性别、生育目的及原因、对子女的期望（于淑清等，1994）、期望生育时间、期望生育间隔（赵景辉，1997）等。

一些研究表明，城市和农村人口生育意愿的差异正在逐渐缩小（马小红，2011；庄亚儿等，2014），期望子女数均保持在2个以下，并且对子女的性别偏好也在弱化（"江苏生育意愿和生育行为研究"课题组，2008）。从已有研究可以看出，生育观念经历了由传统到现代的转变。传统的生育观念将生育男孩作为生育的目的（赵文琛，2001），在某些农村地区存在着"不孝有三，无后为大""传宗接代"等传统观念，而新型的生育文化则是以"少生、优生"为目的；传统生育观念强烈地突出男孩的重要性，对于男孩的偏好不言而喻（潘贵玉，2001），而现代生育文化中男孩偏好的观念有所弱化；传统的生育观念强调"多子多福""早婚早育"，而现代的生育观念则更加强调生育的质量，而不单单是生育的数量。

个体因素对生育观念的影响中，性别是影响生育观念的重要因素，尤其在以男性为主导的社会中，男性的生育观念往往可以决定家庭的子女性别构成。有研究表明，男性比女性更加注重子女的性别，且丈夫的性别偏好更强烈（冯立天、马瀛通，1996）。国外研究表明，教育程度对性别偏好没有很大的影响（Mead，1993）；但国内相关研究则表明，受教育程度与生育意愿有相关联系，受教育程度越高，男孩偏好程度则越低（风笑天、张青松，2002），妇女的受教育水平越高，其期望子女数就越少（王学义、王春蕊，2011；江亦曼、张世琨，1994；沈安安，1995）。农民的结婚年龄与其期望子女数也存在相关性（陆杰华等，2005；王海霞，2001），结婚年龄越大，生育二孩的可能性就越小（张子毅等，1982）。

家庭因素对生育观念的影响表现在：家庭月收入是家庭经济水平的重要度量指标。有研究表明，家庭收入对理想子女数的影响不明显（张晓辉等，1995），但也有研究表明家庭收入越高的妇女的生育意愿越强烈（马小红，2011）。子女作为家庭的重要组成部分，曾生子女性别对生育观念有显著影响，没有男孩的家庭存在更强烈的男孩偏好（李树茁等，2006b）。婚姻形式也是影响人们生育观念的重要因素，招赘婚姻的婚姻形式与一般的婚嫁式的婚姻形式相比，能显著地弱化人们的男孩偏好观念，即弱化人们对子女性别的偏好（靳小怡等，2005）。

社区因素对生育观念同样产生影响。社区因素主要是指人们的居住环境中的社会文化氛围。在妇女地位低的地区，人们的男孩偏好就会强烈；相反，在妇女地位高的地区，人们的男孩偏好较缓和（Mead，1993）。就地域差异来看，来自东部地区的农村流动人口的生育偏好强于西部与中部地区（李树茁等，2006b）。

二　生育行为的相关研究

生育行为是人们对所面临的环境在生育方面所做出的反应（张俊良，1995）。生育行为也经历了由传统到现代的转变（李树茁等，2008）。目前关于生育行为的研究多数集中于生育数量和生育水平，即实际生育数量、实际生育时间和实际生育性别的分析。在生育政策规定的生育数量限制下，农民的生育意愿已从"多子多福"转变为追求生男，即在少育中存在强烈的男孩偏好。当数量和性别不可兼得时，在有可能产前确定性别的情况下，农民会选择以较小的心理代价来实现自己的子女性别期望（Gu and Roy，1995；Croll，2001）。在存在着强烈男孩偏好的人口中，当生育率下降至较低水平时，往往伴随着出生性别比的上升（Croll，2001；Zeng et al.，1993）。由于生育政策在城乡之间存在差异，对农村流动人口执行的是户籍地生育政策，因此，他们的生育水平高于城镇人口；但同时农村流动人口的生育率较以前明显降低，一孩率升高，他们的生育水平低于农村人口（周祖根，1995）。

关于生育行为的调查始于 1981 年对上海市妇女的抽样调查，该次调查的目的在于研究上海市的生育率，同时将生育行为纳入调查内容，主要了解被调查者的生育史（高尔生、顾杏元，1984）。之后，安徽省人口研究所将生育行为纳入了对生育意愿的研究范围，主要研究了妇女的现存子女数和死亡子女数（钟声，1986）。其后，生育行为的研究范围逐步发展完善，主要包括生育数量、孩子性别、初育年龄、初育间隔、生育二孩间隔、人工流产数等（李树茁等，2008；高尔生、顾杏元，1984；尹文耀等，2000）。

个体因素对生育行为也具有影响。相关研究表明，受教育程度对人们的生育数量有着显著影响，妇女的受教育程度越高，初育年龄也就越晚（李树茁等，2008），实际生育孩子的数目就越少（沈安安，1995；陆杰华等，2005）；丈夫的受教育程度同样会对家庭的生育行为产生影响（李树茁等，1998）。流动人口在流动前后生育行为上均有较强的男孩偏好，且流动后男孩偏好表现得更为明显（伍海霞等，2006）。年龄和是否外出打工以及这两个因素的交叉项对生育子女数存在显著的影响（陈彩霞、张纯元，2003）。

家庭因素对生育行为的影响表现在：家庭的收入水平较高时，生育孩子的数量则较少（沈安安，1995）；配偶的受教育程度对家庭的生育行为会产生一定影响。同时，曾生子女的性别结构也会对家庭的生育行为产生影响，第一个孩子为女孩的妇女进行人工流产的可能性远高于第一个孩子为男孩的妇女（韦艳等，2005）。父母的想法对人们的生育行为有着明显的影响（茅倬彦，2009；王金营等，2008），初育年龄越大则其实现自己意愿生育数量的可能性就越小（王金营等，2008）。

三　农村流动人口生育偏好的研究

流动人口的生育观念和行为是学者们较为关注的问题。西方学者就流动和生育之间的关系提出了三种机制。一是选择机制，这一机制受到多数学者的支持。该机制认为，乡城流动人口和城镇人口之间生育率的差异可以通过流动过程中的选择性来解释。与居住在农村的人口相比，流动人口拥有更加自由的选择度，两者之间期望子女数的差异也很大（Ribe and Schultz，

1980)。二是中断机制，即在流动之前和流动过程中，一些影响流动人口生育的因素发生了变化。例如，怀孕或者有小孩的妇女流动的可能性较低，但是如果影响流动的生理因素被打破，并且面临着与配偶两地分居，就可能促使妇女随配偶一起流动（Goldstein and Tirasawat，1977）。三是适应机制，流动人口在流动之后面临着一种新的环境，而这一新环境为他们提供了一个完全不同于以前的消费－投资模式。这些环境包括妇女将要进入劳动力市场参与家庭以外的事务，并获得生育的选择权，孩子也将会接受不同的教育和医疗服务（Bun，1992）。这三种机制都强调流动前后环境的变化将会影响流动人口的生育观念和行为，因此也适用于对我国农村流动人口的研究。具有较高学历的人群流动的可能性较大，弱势群体流动的可能性较其他人群高（黄洪琳、刘锁群，2004）。由于在城市中抚养孩子的成本较农村高得多，因此很多人为了不使自己的收入减少而暂时放弃了生育，并且生育子女数也明显少于非流动人口，其生育观念和行为均发生了一定程度的改变（Goldstein，1997）。

国外对流动人口生育的研究主要集中于流动人口生育水平的变化上。流动人口的生育率与其所处的特定环境有关（Robert，1981），流动人口的增加和妇女受教育程度的提高在短期内并不能使生育率有所降低，但是从长远来看，流动人口规模的扩大和妇女受教育程度的提升必然带来生育率的降低（于淑清等，1994）。流动人口的生育观念不同于非流动人口，他们的生育水平也低于非流动人口（Goldstein S. and Goldstein A.，1983；Goldstein，1997；Mayer and Riphahn，2000），人口在流动之后，由于所处的环境与所接触的社会网络均发生了较大的变化，随着他对城市文化的适应与融合，其生育观念和行为均会发生变化（Goldstein，1997；Lee and Farber，1984）。流动人口的性别、年龄、受教育程度等个人因素都会影响其生育观念与行为的转变。如文化程度越高的流动人口，与城市的融合程度也越高，也就更容易接受城市的生育模式（Jason，2002）。

国内对于流动人口生育观念与行为的研究表明：流动确实有利于农村人口生育率的降低，并且其数量偏好与城镇人口不存在显著差异（伍海霞等，2006；刘爱玉，2008）。外出打工经历对农村人口的生育行为有一定影响，他们的期望子女数和实际生育子女数均少于未曾流动的人口（郑真真，2001），且期望子女数往往少于实际生育的子女数（伍俊青等，2009）。受教育程度越高生育二孩的可能性也就越小（红旺全，2005），生育机会成本的上升也迫使农村流动人口减少了生育的数量（徐晓红，2004）。尽管流动人口的生育率较流出地人口的生育率低，但其生育率依然高于本地人口。外省流动人口的生育率明显高于本省流动人口的生育率（周祖根，1995；谢安国等，2005）。

农村流动人口的生育率虽然随着流动有下降的趋势，但是生育偏好依然较为强烈，表现在其生育观念和生育行为上的男孩偏好依然较城镇人口强烈（伍海霞等，2006）。社会网络、个人、家庭和社区环境因素都会影响到农村流动人口的生育观念。农村流动人口的社会网络成员对其生育观念有着很大的影响，农村流动人口在社会交往过程中的弱关系有利于子女性别偏好的弱化（李树茁等，2006b），而社会交往中生育男孩和二孩的人数越多，就越有可能强化其子女性别偏好（伍海霞、李树茁，2008）。

个人因素中，初次流动时的年龄越大，其子女性别偏好就越强；流动时间越长，其存在子女性别偏好的可能性就越低。受教育程度越高，则性别偏好程度越低，但二孩是男孩的可能性越大（伍海霞等，2006；茅倬彦，2009）。家庭因素中，已有子女的性别对农村流动人口的生育观念和生育行为都有着显著的影响，家庭中没有男孩时其生育观念就会显著偏好男孩（茅倬彦，2009）。社区因素中，农村流动人口流动前和流动后所处的环境共同影响着他们的生育偏好（吴帆，2009），流动前人们所处的社区环境对其生育观念有着显著的影响，但对生育行为的影响并不显著（茅倬彦，2009），来自东部和中部地区的流动人口中具有男孩偏好的比例相对于来自西部地区的流动人口更高（"江苏生育意愿和生育行为研究"课题组，2008）。

四 相对剥夺感与观念行为演变的研究

美国社会学家 Smauel Stouffer 于 1949 年在对美国军队的信息技术部门进行研究时第一次使用了"相对剥夺感"这一概念。他们在调查中偶然发现那些客观条件较好的被调查者在心理上反而较差。1957 年 Merton 等人正式提出了参照组这一理论模型（Crosby，1976）。Runciman 在 1966 年对相对剥夺感的本质进行了阐释，他指出：参照对象这一概念是贯穿于相对剥夺感理论的一个重要概念。相对剥夺感并不是源于个人没有获得某物，而是源于社会中其他人获得了该物品，并且获得该物品的人越来越多时所产生的一种心理上的焦虑和期待，这就是著名的 ABX 理论（李强，2004；Satya，1991）。Runciman 还提出了相对剥夺感的两个维度，即个人相对剥夺感和群体相对剥夺感。个人相对剥夺感产生于一个特定群体中个人所处的位置；群体相对剥夺感则产生于群体在整个社会中所处的位置（Moore，1990b）。Runciman 强调，参照对象并不一定就是一个群体，它可以是一个单个的人，也可以是一种抽象的观念。他将参照对象分为对比组和规范组两类，对比组即与其情况或属性有显著差异的组；标准组即以其个人为标准形成的组，这两个组在研究过程中经常是重叠在一起的（Monica et al.，2003）。另外，作为一个比较的过程，有必要将社会群体和社会类别区别开，社会群体意味着群体内部有着交互作用，而社会类别则意味着群体内部不存在交互作用（Gartrell，1987；Magnus，2004）。Tropp 和 Wright（1999）对相对剥夺感的度量进行了完善，将相对剥夺感由个人剥夺感和群体剥夺感两个维度扩充为三个维度，即增加了不同群体间个人的剥夺感。

之后，相对剥夺感被运用于各个领域的研究中。Moore（1990b）将其运用于对社会比较的研究：分别对 1000 名犹太人的个人相对剥夺感和群体相对剥夺感进行了测量，分析了工资对相对剥夺感的影响。人们主观福利与相对剥夺感有关，即与人们所处的周围环境有关，而与绝对收入水平的关系并不显著（Conchita et al.，2007）。对于儿童而言，当邻居的收入相对高于自身家庭收入时，这会对儿童的心理和行为产生积极的影响（Turley and Lopez，2002）。

相对剥夺感在人们的迁移决策中起着重要的作用，相对于掌握较多土地的人群，掌握较少土地的人群更倾向于外出务工（Quinn and Michale，2006；Prem，2004）。有研究试图阐述移民歧视与相对剥夺感之间的关系，他们认为社会阶层较低的人群无论是个人相对剥夺感还是群体相对剥夺感均较强；群体相对剥夺感与歧视紧密相关，个人相对剥夺感对歧视的影响是通过群体相对剥夺感而产生的（Thomas et al.，2008）。

相对剥夺感还会影响人们的身体健康状况，高相对剥夺感的人群均有着较高的可能死亡率、较差的自我健康评价、较高的自评局限性和较高的体重指数（Christine and William，2005；Wilkinson and Pickett，2007）。也有研究表明，与周围邻居相比，社会经济地位处于劣势的男性的死亡率反而较低（Dena et al.，2005）。

有学者将相对剥夺理论运用于两性关系研究中，提出了配偶剥夺假设，并设计了测量配偶剥夺的量表体系（Martin et al.，1996）。也有研究将相对剥夺理论与犯罪相联系，认为绝对剥夺感和相对剥夺感都会直接或间接导致犯罪行为的产生（Kawachi et al.，1999）。Crosby（1976）还提出了自我相对剥夺的模式，并分析了从相对剥夺感到暴力犯罪行为的发生路径。

国内相对剥夺感的研究中，李汉林提出的用于测量单位或组织内部个人相对剥夺感的量表（李汉林，2004；李汉林等，2006）引起了较大的反响。对于单位或组织内部个人相对剥夺感的研究表明，行政事业单位干部高程度的相对剥夺感是导致腐败现象屡禁不止的重要原因（王礼鑫，2000），收入对人们的相对剥夺感具有显著的影响，其次为权力、政治面貌和获取资源的方式（李汉林、李路路，2002）。农民工和农民也是相对剥夺感研究的重要对象，农民在心理上存在相对剥夺感，导致对社会的不满情绪滋生；同时，由于相对剥夺感的存在，农民内部存在着竞争，他们对来自不同地域的人群有着排斥的心理（刘威、周业兵，2006）。同样，城市居民心理上也存在着相对剥夺感，人们的相对剥夺感主要来自与他人的比较，尤其是在经济收入上的比较。人们的价值期望与社会实际的利益分配不公之间的矛盾导致城市居民同样存在着较高的相对剥夺感（邓东蕙、黄菡，1999；郭星华，2001）。

综上所述，学术界对于农村流动人口生育观念和生育行为的研究已经较为全面，但并没有学者将相对剥夺感理论与婚姻挤压相结合，将其作为影响生育观念和行为的因素加以深入研究。因此，本书将婚姻挤压视角和相对剥夺感理论共同纳入对农村流动人口生育观念和生育行为的研究中，研究成婚困难和相对剥夺感因素对农村流动人口生育偏好的影响。其中，在对相对剥夺感的测度上，本书关注农村流动人口群体内部的个人相对剥夺感，并将农村流动人口最为关心的两大问题——经济和社交，作为对相对剥夺感的分类依据，将相对剥夺感分为经济相对剥夺感和社交相对剥夺感，探讨农村流动人口的经济和社交相对剥夺感对其生育偏好的影响。

第六节　养老观念与行为研究

一　有关流动人口养老观念及行为改变的理论解释

学者们用现代化理论、文化适应和同化理论来解释流动人口孝道观念的淡化、代际支持行为的改变、老年人地位的降低等现象（Whyte and Xu，2003；Du and Tu，2000）。现代化进程会带来社会文化和意识观念的改变，这种改变会进一步影响人们对家庭形式和居住方式的偏好和选择。对美国社会的研究表明，在农场居住的人对赡养父母的责任感更强（Lee et al.，1994）。根据文化适应与同化理论的观点，城市文化对核心家庭和个人价值的关注会淡化城乡迁移者的孝道观念，进而影响到他们对父母的养老支持（Whyte and Xu，2003）。人口的流动会削弱父母的权力和对年轻一代的控制力，经济发展越是快速，就越降低了老年人的地位（Cowgill，1986）。

二　农村劳动力外流对家庭养老观念的影响

一方面，流动是对"子女赡养父母"的养老观念的冲击。众多学者认为，在城市化进程中，以孝文化为基础的传统伦理规范受到削弱，家庭养老的文化基础被动摇，家庭养老支持的文化依托渐渐缺失（杨云彦，2005）。已有相当比例的流动人口不赡养父母（杜鹏等，2007），有的子女甚至由于自身在外的谋生压力，视老人为负担，不断向老人索取而不愿回报（王全胜，2007）。也有研究认为流动在一定程度上强化了女儿的养老能力与养老意愿（聂焱，2011a）。另一方面，流动也是对自身养老观念的冲击。流动经历对流动人口的养老意愿起着重要的作用，打工时间越长的流动人口越愿意购买养老保险（孙倩等，2010）。

三　劳动力外流对家庭养老的影响

首先，劳动力外流带来了家庭代际支持模式的改变。劳动力外流给家庭代际支持带来双重影响，一方面是可能增强家庭养老的经济支持力度，缩小了子女代际支持的性别差异（宋璐、李树苗，2008；聂焱，2011a），另一方面是造成家庭照料资源的减少和农村代际交换的失衡（杜鹏等，2007；聂焱，2011b）。从留守老人的角度，子女外出可以通过收入的提高而改变老年人的经济福利（姚远，2001），但与此同时，成年子女减少了老年父母与子女同住的机会，不利于对老年父母的生活照料和情感支持，即使很多农村老年人得到了外出子女的经济供养，却仍感到孤独（张文娟、李树茁，2004）。但也有研究表明部分子女对父母的支持水平和支持意愿较低，而且还存在着不稳定性，反而恶化了老人的经济状况（Skeldon，2001；Vullnetari，2008）。在农村养老保险发展不足的情况下，农村养老在劳动力大量外流的背景下显得更加捉襟见肘。其次，劳动力外流引发了很多农村养老问题，留守老人承受了更多不利影响。劳动力的大量外流增加了隔代家庭和空巢家庭的数量，很多老年人不得不承担起照顾孙子/女和家务农活等繁重任务（杜鹏等，2007）。子女的出外打工使得留守老人成为农业生产的主体，留守老人体力的衰退以及缺少劳力的协助，不仅损害了老年人的身心健康，而且对我国的农业发展造成不利影响（卓瑛，2006）。

四　婚姻挤压与养老

众所周知，家庭养老模式是我国农村非常普遍的一种养老方式（宋健，2001），家庭是农村人口进行养老的基本单位，然而对于大龄未婚男性而言，他们在丧失婚姻的同时也丧失了家庭，无法从家庭获得未来的养老资源和生活保障，他们的养老将面临缺乏养老主体的家庭问题。除了自身的养老问题，大龄未婚男性还面临着赡养父母的问题，农村"单系偏重"的父系家族制度使得儿子在农村父母的养老中占有非常重要的地位（费孝通，2005）。由于中国的养老保障体制还未覆盖到农村，以儿子为主的家庭养老依然是中国农村主要的养老方式，儿子、儿媳等家庭成员是承担养老责任的关键人物（李树茁等，2003；Pei and Pillai，1999）。普遍贫困且无妻无子女的大龄未婚男性难以承担赡养父母的责任，不仅引发了相同数量的老年父母的养老困难，还对我国传统的家庭养老模式和代际支持产生重要影响。随着出生性别比持续偏高，女性缺失的人口效应将日益显现，研究当前农村地区大龄未婚男性的养老意愿和养老行为，有利于深刻认识男性失婚对家庭养老功能的影响、及早掌握男性婚姻挤压有可能诱发的社会养老危机，从而对提高大龄未婚男性的自养能力和农村父母的老年生活福利水平、及早制定有针对性的社会养老保障政策具有重要意义。

目前，学术界对养老意愿和代际支持行为的研究较为广泛。然而，鲜有研究关注性别失衡背景下的养老问题，大龄未婚男性及其父母成为长期被忽略的人群。从不少的研究中可以得知，婚姻是会对自身的养老意愿和父母的生活保障产生一定的负面影响（吴海盛、江巍，2008；张俊飙、丁士军，2001），农村留守的大龄未婚男性的养老意愿已经呈现高度依赖性的特征（郭秋菊、靳小怡，2011），而大龄未婚男性的贫困又直接影响其对父母的养老水平（莫丽霞，2005）。然而，这些研究仍存在诸多不足，例如，绝大多数有关养老意愿的研究采用三分类法，即社会养老、家庭养老、自我养老（中国社会科学院，2000；李建新等，2004），而小龄未婚者的不准备状态和贫困者的想救济状态难以被人们察觉；研究视角比较单一，近年来较多关注外出流动子女养老的性别差异（宋璐、李树苗，2008；聂焱，2008），但还未见到有关性别失衡对流动人群养老影响的多视角研究。

第七节　心理福利研究

一　婚姻状况与心理福利

1. 婚姻与心理福利

一项基于挪威全国代表性的调查发现，单身生活不利于心理福利，而同居者的心理福利在诸多方面均类似于已婚群体。整体上，同居者的心理福利与已婚者的心理福利相差甚微，共同居住的形式（结婚或同居）相比于单身生活似乎更有利于提升心理福利，因此，已婚人群或同居者比单身者有更高的心理福利（Reneflot and Mamelund，2011）。国内一项研究也验证了该观点：刘慧君（2011）通过对不同婚姻状态群体的心理福利进行比较发现，无论男性还是女性，单身群体的心理福利均比婚居群体差，这表明婚姻是缓解外部冲击和风险、保护心理福利的重要屏障，已婚状况对男性的保护功能更显著。因此处于婚姻关系中的人群拥有更好的身体机能和心理福利（Hoang et al.，2010）。一项来自2001～2007年澳大利亚家庭收入和劳工动态（HILDA）的跟踪调查也显示，夫妻分离后双方的心理健康均有不同程度的下降（Hewitt and Turrell，2011）。一项关注婚姻解散对心理福利影响的研究也发现，心理福利会随着婚姻的解散而下降。但在那些认为自身婚姻不幸福的人群中，婚姻的解散和继续维持都不会显著影响心理福利。这表明婚姻质量也是预测心理福利的重要参考依据（Waite et al.，2009）。

2. 大龄未婚男性心理福利的相关研究

国外学者对大龄未婚男性心理福利的研究主要是从孤独感和生活满意度两个方面展开，但已有研究的结论存在争论。有学者认为大龄未婚男性群体通过社会支持获得的福利和满意度要高于其他婚姻形式的群体，大龄未婚男性的生活并不孤独。Gubrium（1975）经过研究发现，大龄未婚男性倾向于独立生活，因为他们认为独身只不过是另外一种不同的生活方式而已，所以年老时并不孤独；Forsyth 和 Johnson（1995）发现，一些不婚者把自由和独立当作自身状况中最积极的因素，但这在拥有高等教育、较高的职业声望和收入等资源的前提下才能实现，这些自身资源的优势给不婚的单身者带来了较高的生活满意度；Doraid（1997）也表示，大龄未婚人群社交活动非常积极，社会生活并不孤单。

也有许多研究者认为大龄未婚群体更容易感到孤独，他们在社会中是孤立的，其生活满意度也比已婚男性低。Karen 和 Masako（1994）在研究中指出，对个体而言，配偶是亲密和分享的最重要支持来源，因此，不婚人群比已婚人群更容易感觉孤独和被孤立。Weiss（1981）认为，男性比女性缺乏建立社会支持网络的能力，因此，大龄未婚男性比女性更容易产生孤独感，这种孤独感不仅包括个体的精神孤寂（如焦虑、有压力、失眠、空虚等），还包括由于缺乏社会网络而引起的社会孤寂（如感到被排除、孤立、不满等）。Keith（1986a）也认为，尽管大龄未婚群体与朋友的联系较多，但是他们还是会经常感觉到被朋友和邻居孤立。Coombs（1991）通过对已发表的130篇相关文献的总结分析指出，未婚人群的福利状况远不如已婚人群。

目前，国内对大龄未婚男性生活状况的研究主要采用质性研究方法，通过访谈总结大龄未婚男性的生活现状，但很少有研究涉及该群体的心理福利状况。彭远春（2004）指出，农村大龄未婚男青年一般文化程度低、老实本分、内向木讷、不善与人交往、不具备思变和竞争意识、缺乏外出动机和较长的外出经历、个人和家庭收入主要来源于农业或在村落周边打短工等。刘中一（2005a）通过对延边朝鲜族自治州的大龄未婚男性的调查研究发现，该群体一般家庭经济条件比较差、自身性格比较木讷。李艳等（2009）对国外关于大龄未婚男性的生理福利和心理福利的相关研究做了总结评述，指出由于文化和国情的差异，国内外大龄未婚男性有着本质的区别，并通过对比未婚和已婚男性来研究中国农村地区大龄未婚男性的心理福利状况。

二　社会支持对心理福利的影响

1. 社会支持对一般群体心理福利的影响

国外已有研究证明社会支持对个体的身心健康有重要影响。一般而言，社会支持能增强个体的自尊心、自信心和归属感，缓解心理压力，对心理健康有积极的促进作用（Monroe and Steiner，1986；Cobb，1976）。Lewandowski 等（2011）的研究表明，社会支持能够缓冲负面生活事件对人的影响；社会支持的缓冲作用，不仅依赖于人们所得到的社会支持的多少，而且也受到个人获取支持的沟通渠道的影响。Seiger 和 Wiese（2011）的研究证实，社会支持与更好的心理福利相关，相比于其他形式的社会支持，情感支持拥有最强的影响力，对于心理福利具有强烈的积极影响。

在关于社会支持对心理福利影响机制的研究中，学者们主要有三种不同观点：主效应模型、缓冲器模型和动态效应模型。主效应模型认为，社会支持对身心健康有普遍且直接的增益效应，只要增加社会支持，个体的心理福利就会提高（Gerin et al.，1992；Roos and Cohen，1987）；缓冲器模型认为，社会支持是压力的缓冲器，在有压力的环境中能缓解压力事件对心理健康的消极影响，从而保持和提高个体的心理福利状况（Ganster et al.，1986；Rook，1987；Lin et al.，1985）；动态效应模型认为，身心健康与社会支持、压力之间具有交互作用并且是相互影响的复杂关系，这种关系会随着时间的变化而不断变化（Monroe and Steiner，1986）。

从研究方法上来说，已有研究主要从社会支持的来源、内容、网络规模及构成等方面来探讨社会支持对心理福利的影响作用（张羽、邢占军，2007）。一方面，社会支持的来源和内容对个体心理福利有显著的影响，且不同的支持来源和支持内容有不同的影响。Silverstein（1995）的研究表明，中年子女对老年父母的社会支持能促进老年父母的精神健康，其中，情感支持的促进作用远远超过实际支持和经济支持。Gencoz 和 Ozlale（2004）指出，与赞赏有关的社会支持对个体的心理健康有直接的影响，而与帮助有关的社会支持对个体心理健康的影响是间接的。另一方面，社会支持的网络规模和构成对个体心理福利有显著的影响，一般而言，网络规模越大，心理福利越高（李树苗等，2008）。Lin 等认为，当人们生活中面临好事件时，强关系支持比弱关系支持对个体心理福利产生的效用低；当人们面临不好的事件时，朋友支持比其他弱关系支持对心理福利产生的效用低（Lin et al.，1985）。Vandervoort（1999）通过对社会支持与身心健康的关系研究发现，社会支持网络的关系质量对个体的身心健康的影响比社会支持规模的影响更重要。

国内关于社会支持与心理福利关系的研究一直沿用国外的研究方法，研究对象主要集中在老人和学生。辛自强和池丽萍（2001）的研究发现，不同类型的社会支持对快乐感的影响不同，"朋友、邻里、同事、配偶、父母的支持以及个体的团体参与程度能增加个体的正向情感"，但"儿女、兄弟姐妹及其他支持与个体的情感没有明显的关系"。张文娟和李树茁（2005）对农村子女的代际支持与老人生活满意度关系的研究表明，在中国农村，子女在老人的社会支持网络中处于核心地位，子女的代际支持行为对老人的生活满意度有积极而显著的影响。崔丽娟和秦茵（1997）指出，来自社会机构的支持对老年人的生活满意度影响最大，其次是子女支持，配偶支持的影响最小；在社会支持类型中，情感支持的影响远远大于其他类型的支持。严标宾（2003）发现社会支持对大学生的主观幸福感有显著的影响；不同来源的社会支持对心理福利有不同的影响，家庭和朋友支持对总体幸福感和消极情绪有显著影响，家庭和其他支持对生活满意度和积极情绪有显著影响。叶俊杰（2006）通过对316名大学生的调查发现，社会支持对大学生的抑郁状况有直接的缓冲作用。

2. 大龄未婚男性社会支持对心理福利的影响

国外已有研究主要从社会支持的来源和结构两方面分析社会支持对大龄未婚男性心理福利的影响。社会支持对大龄未婚男性心理福利的影响研究从两个方面展开。

一方面，社会支持本身对大龄未婚男性心理福利有重要的影响，并且这种影响与其他婚姻形式的男性存在明显的差别。Weiss（1981）对大龄未婚男性的精神孤寂进行研究后发现，大龄未婚男性渴望拥有亲密持久的社会关系，并且社会网络关系的缺乏给他们带来了厌倦、不满等社会排斥心理。Keith（1986b）通过对大龄未婚群体的家庭关系特征与心理福利的关系研究发现，大龄未婚男性与父母、兄弟姐妹之间的相互支持对个体的心理福利没有显著的影响。Lamanna 和 Riedmann（2006）认为，对于保持单身的大龄未婚群体而言，亲密朋友和伙伴的支持对他们单身生活的满意度是不可或缺的；如果没有亲密朋友和伙伴的支持，他们很难一直保持积极的心理状态。

Walker 和 Maltby（1996）认为，独身的老年人大多是自己单独居住，他们更需要社会交往、与人交流。

另一方面，由于没有成婚给大龄未婚男性带来孤独、寂寞和沮丧的心理，社会支持能通过其独特的运行机制，对大龄未婚男性的心理压力起到极其重要的缓冲作用。Cramer（2006）认为，由于生活中缺少配偶和子女的支持，大龄未婚男性会转而寻找非正式关系的支持，这种替代的社会支持使大龄未婚男性获得的满意感高于其他婚姻形式的男性。Ikels（1991）认为，对于未婚群体来说，兄弟姐妹是情感支持的主要稳定来源，到了老年之后，他们与兄弟姐妹之间的关系对个体心理福利有极为重要的影响。

目前，国内关于社会支持对大龄未婚男性心理福利的影响的研究较少，仅有的研究多采用质性研究的方法，通过个体访谈，了解社会支持现状和心理状态，推测两者的关系；研究对象也以贫困地区的农村男性为主。韦艳等（2008）通过对 YC 县大龄未婚男性的访谈指出，失婚对大龄未婚男性家庭成员的心理压力、家庭成员的关系都带来了负面影响，且较差的资源整合能力不利于大龄未婚个体缓解其家庭压力。李艳等（2009）通过大龄未婚男性和已婚男性心理福利的比较研究发现，社会支持对大龄未婚男性的心理有重要的影响，婚姻的缺失严重弱化了社会支持网络的缓冲作用，使大龄未婚男性的心理福利低于已婚男性。

第八节　社会安全感研究

社会安全感是个体对成为潜在被害人的忧虑和担心以及对社会环境治安状况的主观感受和评价，是个体对整体社会安全状况的主观感受。

一　国外社会安全感的相关研究

西方学者关于社会安全感的研究关注社会中犯罪行为给个体带来的恐惧感。不同于国内"社会安全感"的表述，国外更多采用"犯罪恐惧感"一词。在西方国家的已有研究中，大多数将犯罪恐惧感作为因变量研究其影响因素，也有研究将犯罪恐惧感作为自变量探讨其对个人心理福利及行为方式的影响。

1. 将犯罪恐惧感作为因变量的研究

根据国外的研究，影响犯罪恐惧感的因素可以分为三类，即微观层次的个体自身因素、中观层次的社区环境因素和宏观层次的城市社会因素。个体自身因素包括性别、年龄、收入、种族、受教育程度、身体状况、受害经历、环境风险感知、婚姻状况等（Randy et al.，2010）。老年人、低受教育者、贫困者、女性、非裔美国人以及有年幼孩子的夫妇比年轻者、良好受教育者、富裕者、男性以及无孩子的夫妇表现出更高的恐惧感（Baumer，1985；Warr，1984）。

中观层级的社区环境因素包括社区的环境和条件，如社区中是否出现公众场合酗酒、违法驾驶、盗窃车辆、违章停车、卖淫等现象以及无家可归者或流浪者（Maxfield，1984；Taylor and Hale，1986），社区融合程度，即个体对社区的归属感和联系程度（Adams，1992），集体效能（Sampsonand and Raudenbush，2004）以及社区中是否有流动人口居住（Liu et al.，2009）。研究结果表明，居住在恶劣的环境社区的人群的犯罪恐惧感要高于居住在良好的社区环境的人群（Lewis and Maxfield，1980）。对社区归属感强的人由于社会融合程度较高，在面对犯罪危害时能够得到的社会支持较多，因而不易产生恐惧感。在凝聚力较强、邻里之间互相帮助的社区，社区居民能更容易觉察社区中出现陌生人，不易受到犯罪的侵害；居住在凝聚力强的社区中的居民的犯罪恐惧感较弱（Lewis and Salem，1986；Taylor and Hale，1986）。

宏观层级的城市社区因素包括暴力犯罪率、财产犯罪率、失业率、城市化、房屋条件以及对警察的信任。研究表明，因为城市化带来的人口密度过大、种族间差异以及城市贫困问题等，城市化是影响犯罪恐惧感的重要因素，而居住在郊区的人们对犯罪的恐惧感较弱，他们认为自己不容易受到犯罪的侵害（Box et al.，1988；Thompson and Norris，1992）。

2. 将犯罪恐惧感作为自变量的研究

已有关于犯罪恐惧感后果的研究主要集中在对生活满意度、身心健康及行为活动的影响几个方面。犯罪恐惧感对上述三个方面的影响通常是同时存在的。

犯罪恐惧感影响着人们的生活满意度和直观生活质量（Garofalo and Laub，1978；Lewis and Salem，1986）。那些存在恐惧感的人群常常感到被疏远和不安，并容易产生焦虑情绪，个人幸福感降低（Lewis and Salem，1986）。当个人主观生活质量变差，会进一步损害其身体和心理健康并导致其减少社会参与活动（Keyes，1998）。

有研究指出犯罪恐惧感与心理健康存在反向的相关关系，存在心理健康问题的人群似乎更容易受到犯罪恐惧感的影响（Chandola，2001）。有心理健康问题的老年人和女性更容易受到犯罪恐惧感的影响，他们对危险的感知比其他群体高出两到三倍（Whitley and Prince，2005）。

二　国内社会安全感的相关研究

1983 年，中共中央在《关于严厉打击刑事犯罪活动的决定》中首次提出了人民群众普遍具有安全感是社会治安根本好转的标志之一。社会安全感作为一项社会问题逐渐进入了研究者视野。在我国，安全感研究自 2002 年以来呈逐年增加势头，研究多集中在犯罪学、心理学和社会学领域，研究对象包括一般公众、学生、企业员工、儿童、妇女等（王俊秀，2008；姚本先等，2009）。如赫剑梅（2007）借鉴风险社会理论，从九个方面分析了大学生安全感的现状和特征。公众安全感是研究的重点。已有研究发现，总体来看，我国公众对安全感的感受总体是偏低的。在 1989 年，公安部"公众安全感指标研究与评价"课题组对公众安全感现状的调查发现，公众对当时社会治安状况和自身安全感受程度的评价是偏低和不太满意的。王俊秀（2008）从人身、财产、食品、劳动、个人信息等九个方面对公众安全感进行的研究发现，公众的各项安全感均偏低，个人安全感既受到社会稳定性、社会治安状况等社会环境因素和性别、年龄、受教育程度、身体状况和社会经济地位等个体因素的影响，也受到个人对安全的预期、对风险的认知以及对风险的容忍度的影响。郭少华（2013）从风险社会学的视角分析了影响居民安全感的因素并探讨了提升城市居民安全感的路径。

对儿童安全感的研究主要集中在心理学领域，留守和流动儿童是重要的研究对象。朱丹（2009）对初中留守儿童的研究发现，留守儿童心理安全感明显低于非留守儿童，高自我效能感、高社会支持等因素有助于提高留守儿童的心理安全感。师保国等（2009）的研究发现，与城市儿童相比，流动儿童的幸福感和安全感均低于城市儿童。温颖等（2009）对北京市流动儿童安全感的研究发现，城市儿童和公办学校流动儿童的安全感显著高于打工学校流动儿童，儿童流动时间和父亲的受教育程度是影响流动儿童的安全感和归属感的重要因素。

也有研究关注了留守妇女的安全感。在城乡人口流动背景下，在农村家庭中，丈夫外出务工而女性留守农村并操持家中事务，使得农村妇女的压力不断增加。叶敬忠和吴惠芳（2008）发现，农村留守妇女在社会生活中的安全感普遍较低，由于丈夫外出，她们更容易遭受欺负和骚扰，长期承受着担忧和不安带来的心理压力，并导致社会安全感的严重缺乏。周厚生（2010）对于有关留守妇女心理健康的已有研究进行了综述，指出留守妇女的安全感远远低于非留守妇女，"不安全感"是农村留守妇女的重要心理特征，生活压力和紧急事件的发生使其产生强烈的"不安全感"。

第九节　本章小结

本章对国内外有关性别失衡与婚姻挤压、流动人口的社会网络与社会融合、婚姻观念与行为、生育观念与行为、养老观念与行为、心理福利和社会安全感的理论进行了系统梳理和总结，得出以下结论。

第一，婚姻挤压微观研究的缺乏。关于性别失衡和婚姻挤压问题的已有研究并不罕见，但多集中在宏观层面，如对缺失女性或过剩男性规模、分布的估计和预测，相应的理论与方法也比较成熟和完备。但很少有研究从微观层次出发，关注婚姻挤压下的农村大龄未婚男性。

第二，大龄未婚男性群体是一个被忽视的群体。国内外关于社会融合、婚姻、生育、养老的研究取得了很大进展，但很少有研究纳入性别失衡的视角，关注农村大龄未婚男性这一群体。关于农村大龄未婚男性的已有研究并不多，且多关注不能结婚的原因、生活状况以及可能的影响，对大龄未婚男性群体的研究领域过窄，亟须全面、系统的分析。

第三，抽样调查数据的缺乏。已有的对大龄未婚男性的微观研究均以质性或案例研究为主，缺乏定量数据和基于定量数据的分析。质性研究虽然可以发掘更深层次的因素，但是要把结论推及更广范围则比较困难，因此，目前研究中大多数的结论还只是推测。质性研究如能和基于大规模调查的定量研究结合起来，则能深入而全面地研究大龄未婚男性社会支持的特征、影响因素及影响问题。

第四，流动视角和婚姻挤压视角的脱离。农村流动人口的社会融合是国内社会融合研究的重点，但相关研究较少考虑婚姻挤压因素的影响。而对婚姻挤压和农村大龄未婚男性的研究则只关注留守农村的大龄未婚男性，流动人口中的婚姻挤压及大龄未婚男性的研究几乎是空白。

综上所述，本书认为，有必要将城乡人口流动视角和婚姻挤压相视角结合，即在对农村流动人口生活状况的研究中纳入婚姻挤压的视角，对农村大龄未婚男性的研究中纳入城乡流动的视角，以促使农村流动人口研究和婚姻挤压研究的纵深方向发展。

第三章 样本选择与数据采集

本书所使用的数据包括厦门市"农村流动人口调查"数据和"百村系列调查"数据，以厦门市"农村流动人口调查"数据为主，"百村系列调查"数据为辅。厦门市"农村流动人口调查"为直接研究城乡流动背景下的农村大龄未婚男性群体提供了有利的数据资源。"百村系列调查"为全面了解大龄未婚男性在中国的分布、深入分析城乡流动给大龄未婚男性带来的影响以及探索婚姻挤压对个人和社区安全的影响提供了数据支持。本章将重点对厦门市"农村流动人口调查"进行介绍，并对"百村系列调查"进行简要介绍。

第一节 厦门市"农村流动人口调查"概况

一 调查地的选择

本次调查重点关注流动到城市的遭遇成婚困难的男性。经过审慎考察，本次调查决定在厦门市 HL 区的 5 个街道进行。之所以选择该区，是由当地的人口、经济、地理环境等特征决定的。

第一，外来人口众多。厦门市 HL 区全区外来人口是户籍人口的近 3 倍，全区总人口有 70.98 万人，户籍人口 19.58 万人，外来人口高达 51.4 万人，是整个福建省户籍人口与外来流动人口倒挂现象最严重的地区之一。外来人口的大量涌入为 HL 区的建设和繁荣做出了重要的贡献，但同时也给

HL 区的城市管理、社会治安和义务教育等带来了较大的压力。其中，那些遭遇成婚困难的大龄未婚男性的生活状况及成婚困难的影响是本次调查关注的重点。

第二，当地大龄未婚男性规模大。前期调查表明，HL 区的各个街道均存在 28 岁以上的未婚男性成婚困难问题。以此次调查的 5 个街道为例，共有大龄未婚男性 23824 人，其中被调查的 HL、DQ、HS、JT、JS 等 5 个街道的大龄未婚男性的数量分别为 5293 人、5714 人、1689 人、9453 人、1675 人。

第三，地理位置和经济水平适宜。HL 区现辖 5 个街道、44 个社区居委会，面积 63.41 平方公里，海岸线长达 24 公里。HL 区改革开放时间较早，区内以传统工业为主，经济发达，城镇化水平高，外商投资密集。城镇居民人均可支配收入达 26143 元，高于我国的平均水平。发达的经济水平和较高的工资水平成为吸引外来人口大量涌入的重要原因。

第四，流动人口管理较完善。厦门市对流动人口和常住人口实行"同管理、同服务、同待遇"的计生政策。另外，与流动人口接触较多的房东及企业协助流动人口计生工作的管理。其中，房东和企业对流动人口租户进行基本信息登记，有利于抽样调查的实施。

第五，当地相关部门的配合。当地人口计生部门对本次调查的组织提供了强有力的支持。在这次调查中，具有较高素质和认真工作态度的社区基层工作人员以调查员的身份直接参与了调查。当地政府的支持和重视是调查得以顺利开展的重要保障。

二　调查地概况

厦门市 HL 区以传统工业为主，经济发达，城镇化水平非常高，外商投资密集。截至 2009 年，区内有三资企业 2000 多家，占整个厦门市三资企业总数的 32%，投资总额 44 亿多美元，世界 500 强企业中有 24 家 35 个项目落户 HL 区。经过多年的发展，HL 区已经迅速地完成了工业化的进程，逐步实现了"退一优二强三"的产业发展战略，现第一产业全部退出，第二、三产业的比重为 66∶34，第二产业对经济增长的贡献率为 69.6%，成为拉动经济增长和财政收入的主要力量。

按照当地的统计口径，2008 年全年完成地区生产总值 422.8 亿元，增长 9.5%。财政总收入 40.0 亿元，增长 8.4%，其中区级财政收入 9.5 亿元，增长 11.4%；工业总产值 1019.5 亿元，增长 5.4%；商贸营业额 559.5 亿元，增长 28.9%；社会消费品零售额 110.5 亿元，增长 16.9%；合同利用外资 29972 万美元，增长 17.4%；实际利用外资 18231 万美元，增长 77.8%；引进内资 72.8 亿元，增长 2.8%；城镇居民人均可支配收入 26143 元，增长 11.4%；城镇登记失业率 4.14%。

HL 区现辖 5 个街道：HL 街道、DQ 街道、HS 街道、JT 街道、JS 街道，每个街道都有自己的特色。HL 街道面积约 12 平方公里，总人口 17.1 万人（其中常住人口 8.4 万人，流动人口 8.7 万人），现有 18 个社区居民委员会。HL 街道海陆空环待，交通十分便捷。HL 街道形成了以电子轻工业为龙头，商务运营、仓储物流、研发中心、展示中心和知识型中介服务机构等第三产业为主导的第二、三产业配置合理的经济框架。

DQ 街道三面环海，面积 13.82 平方公里，下辖共 6 个社区，户籍人口 3 万人，外来人口 17 万多人。辖区内有国际机场、保税区、火炬高科技园区、火车北站、台湾水果销售集散中心、闽台渔轮避风港等 2200 多家重要企业和单位，是交通重地。

HS 街道是 HL 区政府办公所在地。该街道于 2004 年 9 月设立，下辖 6 个社区，辖区面积为 11.8 平方公里，常住人口 2 万余人，外来人口 10 万余人。辖区交通便利，北面紧临国际机场，该机场是华东地区航空枢纽之一。目前厦门海岛可供开发的地块大部分集中在 HS 街道辖区。

JT 街道是由 HS 镇撤镇改街设立的一个新街道，辖区面积 10.41 平方公里，辖区内现有 8 个社区，现有常住人口 4.3 万人，流动人口 10.3 万人。经过几十年的发展和积淀，JT 已成为当地最繁荣的商贸区之一。

JS 街道同样是由原 HS 镇撤镇改街而设立的一个新街道。JS 街道下辖 5 个社区。JS 街道辖区面积 11.8 平方公里，其中陆地面积 10.2 平方公里，湖面面积 1.6 平方公里，已建城区面积 1.5 平方公里。目前辖区总人口 6.86 万人，其中，常住人口 2.34 万人，外来人口 4.52 万人。辖区现有企业 949 家，规模以上工业企业 47 家，年纳税 100 万元人民币以上企业 37 家。2008 年全年实现财政总收入 37876 万元，引进内资 10.3 亿元，引进外资 3629 万美元。JS 街道处于独特地理区域，拥有丰富的生态资源和旅游资源。表 3 - 1 显示了厦门市 HL 区被调查街道的人口基本信息。

表 3 – 1　厦门市 HL 区被调查街道的基本情况

单位：人

	HL 街道	HS 街道	DQ 街道	JT 街道	JS 街道
总人口数量	171639	75816	196083	177306	21986
总出生人口数	1606	795	1954	1880	330
流动人口数量	141330	53140	142555	93279	96104
流动人口出生数	1088	374	1132	634	1517
流动人口主要来源省份					
1	福建	江西	福建	福建	江西
2	江西	贵州	江西	江西	湖南
3	四川	河南	四川	河南	安徽

资料来源：厦门市 HL 区人口计生局。

第二节　厦门农村流动人口问卷抽样调查

一　调查对象和抽样过程

在福建省厦门市农村流动人口调查中，接受调查的对象是 16 周岁以上，持有农村户口，来到厦门市的外来务工、经商人员。因为调查目的之一是对农村流动人口的婚姻进行研究，所以希望调查样本中 5 类农村流动人口（已婚男性、27 岁及以下的小龄未婚男性、27 岁以上的大龄未婚男性、已婚女性和未婚女性）能够均匀分布。这种调查设计最终导致样本中农村男性流动人口的比例大约为 60%。调查采用宽松的配额（Quota Sampling）抽样方法，预定的样本量为 1500 个，每类农村流动人口的最低样本要求为 200 个。

为了提高样本的代表性和多样性，使调查尽量覆盖农村流动人口所从事的所有典型行业，调查分别在社区和企业进行。本书将在社区和企业调查的农村流动人口分别称为社区农村流动人口和企业农村流动人口。社区农村流动人口是指那些居住在社区的农村流动人口（不考虑他们所从事的工作类型），不仅包括受雇就业的工人和职员等，也包括自雇就业的农村流动人口、失业或正在找工作的农村流动人口；企业农村流动人口是指那些被工厂或者其他商业组织雇用的工人或职员。那些从事"受雇职业"的年轻的、尚未结婚的、居住在由工厂或企业提供的宿舍或工棚的农村流动人口往往被囊括在企业样本中，这类样本通常无法在社区中找到。而那些年龄较大或已婚的受雇工人或职员则往往居住在社区中。

调查实施中，总样本的 1/3（500 个）由企业调查获取，另外的 2/3（1000 个）通过社区调查获取。在被调查企业的选择中，为了使调查尽量覆盖农村流动人口所从事的典型行业并保证男性和女性具有相对比较均匀的分布，企业调查选择在 6 个不同类型的企业进行，包括 1 个服装厂、1 个电子厂、1 个机械制造厂、1 个健身器材制造厂、1 个建筑工地和 1 个娱乐中心（提供住宿、餐饮和卡拉 OK 服务），总计获得 489 个样本，其中 17% 来自服务业、55% 来自制造业、28% 来自建筑业，农村男性流动人口比例为 60%。在社区调查中，每个街道的社区农村流动人口的预定样本量为 200 个。调查在 15 个社区展开，包括 HL 街道的 3 个社区、HS 街道的 2 个社区、DQ 街道的 4 个社区、JT 街道的 2 个社区和 JS 街道的 4 个社区。排除掉不合格的调查样本后，在社区总计获得 1018 个样本，其中 24% 来自 HL 街道、23% 来自 HS 街道、21% 来自 DQ 街道、15% 来自 JT 街道、17% 来自 JS 街道。

调查最终总计获得社区样本与企业样本 1507 个。对流动人口样本就业情况的统计显示：16% 为自雇就业者、37% 受雇于制造业、32% 受雇于服务业、9% 受雇于建筑业、6% 为其他情况就业。这种分布与厦门市 HL 区的农村流动人口的行业分布情况基本一致，即大部分农村流动人口从事服务业和制造业；由于大规模的城市建设已在几年前完成，因此仅有小部分的农村流动人口从事建筑业。整个样本中 16 ~ 35 岁的农村流动人口的比例超过80%，这与 2009 年全国农村流动人口的年龄分布基本一致（见表 3 -2）。

表 3 - 2　厦门市农村流动人口抽样调查样本分布

单位：人

抽样目标人群	HL 街道	HS 街道	DQ 街道	JT 街道	JS 街道	数量
小龄未婚男性（27 岁及以下）	57	54	66	56	84	317
19 岁及以下	19	5	10	14	19	67
20 ~ 27 岁	38	49	56	42	65	250
年龄缺失	0	0	0	0	0	0
大龄未婚男性（28 岁及以上）	50	39	47	15	45	196

续表

抽样目标人群	HL 街道	HS 街道	DQ 街道	JT 街道	JS 街道	数量
28~30 岁	29	26	30	8	26	119
31~40 岁	19	13	16	7	17	72
41 岁及以上	0	0	1	0	2	3
年龄缺失	2	0	0	0	0	2
已婚男性(49 岁及以下)	64	47	66	39	158	374
30 岁及以下	18	15	17	14	30	94
31~40 岁	33	21	43	16	69	182
41~49 岁	13	11	5	9	59	97
年龄缺失	0	0	1	0	0	1
未婚女性	68	41	64	61	43	277
25 岁及以下	64	39	57	55	39	254
25 岁以上	4	2	7	6	3	22
年龄缺失	0	0	0	0	1	1
已婚女性(49 岁及以下)	70	53	66	63	72	324
30 岁及以下	36	33	29	24	30	152
31~40 岁	27	17	32	29	36	141
41~49 岁	7	3	5	10	6	31
年龄缺失	0	0	0	0	0	0
离异人群	4	3	3	2	4	16
男	0	3	2	1	4	10
女	4	0	1	1	0	6
丧偶人群	1	0	0	0	2	3
男	0	0	0	0	2	2
女	1	0	0	0	0	1
总数	314	237	312	236	408	1507

资料来源：厦门市农村流动人口调查。

二 调查内容

对农村流动人口的调查主要包括个人基本信息、婚姻观念与行为、生育观念与行为、养老观念与行为、心理福利、社会融合愿望与行为、社会支持状况等（见表3-3）。

表 3 - 3 厦门市农村流动人口问卷调查内容

厦门市流动人口调查	主要调查内容
个人基本信息	人口特征、健康、职业、经济状况、居住环境
婚姻观念与行为	婚恋认识途径、结婚年龄、通婚圈、择偶标准、婚姻花费、成婚困难、夫妻互动、婚姻满意度、婚姻稳定性、家庭暴力
生育观念与行为	对纯女户家庭的态度、男孩偏好、生育行为
养老观念与行为	养老模式意愿、居住意愿、代际支持行为(经济支持、情感支持)
心理福利	抑郁度、生活满意度
社会融合愿望与行为	文化融合(方言掌握、现代性、文化适应)、社会经济融合、心理融合
社会支持	实际支持网、情感支持网、社会交往网、借贷支持网、求婚支持网

三 调查执行

1. 调查时间安排

本次调查时间为 2009 年 11 月 3 ~ 14 日，具体时间和日程安排如下：

11 月 3 日：前期筹备。相关教师提前到达厦门市，进行调查前的准备。

11 月 4 日：上层沟通。相关教师与厦门市、HL 区两级的计生部门及相关综合治理部门分别进行座谈，并与街道工作人员进行深访。

11 月 5 日：社区级培训。西安交通大学人口与发展研究所相关工作人员全部到达，召开"厦门市 HL 区流动人口调查动员会暨培训会"，对各社区的调查员进行详尽的培训与指导。

11 月 6 ~ 14 日：正式调查阶段，完成所有调查任务。

2. 参加人员

本次调查参加人员由西安交通大学人口与发展研究所师生、厦门市人口计生委、HL 区人口计生局工作人员及社区工作人员组成。

在本次调查中，西安交通大学人口与发展研究所共派出 17 名师生参与调查工作，李树茁教授为总负责人，西安交通大学人口与发展研究所师生担任调查指导员、个人与小组访谈主持人。其中，由 7 名博士生、7 名硕士生担任的调查指导员分成 5 组，分别进驻 5 个街道，负责该调查点的调查指导工作和个人访谈工作。3 位老师承担各类小组访谈和协调工作。

厦门市人口计生委及 HL 区人口计生局负责帮助组织抽调协调员和调查员，从区人口计生局工作人员中抽调 2 人，每个街道抽调 1 人（5 街道共 5人）担任调查协调员，负责相关事宜的协调。调查员则由各街道从计生服务人员中抽调 12～15 人作为调查员，5 个街道共 60 人。

四　调查质量控制与评价

整个实地调查以及数据录入过程如图 3－1 所示，在现场调查以及数据录入、清洗过程中均执行了严格的质量控制程序。调查数据虽然存在一些误差，但在一个可接受的水平上。

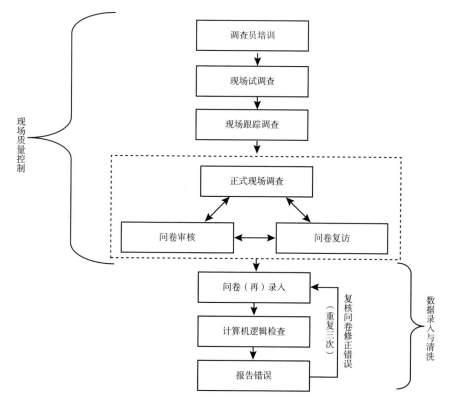

图 3－1　厦门市调查数据质量控制流程

1. 调查质量控制

本次调查共有 15 位调查指导员参与农民工调查，调查组在调查实施前对所有调查员进行培训。他们均由西安交通大学人口与发展研究所的博士或硕士担任。调查员共 60 位，均为社区计生服务人员。培训会上，调查指导员对调查执行程序、问卷填写规则、问卷中的关键概念、调查员的提问方式和方法等方面进行了详细讲解并就调查员提出的问题进行了解答。然后，组织调查员进行现场试调查，由调查指导员扮演被访对象，由参加培训的调查员依据问卷轮流提问，在完成每个部分之后，调查指导员公布合适的调查方式，对调查员的提问方式和答案填答情况等进行点评，并再次强调调查操作中的注意事项。

在调查实施的第 1 天，由调查指导员带领调查员（一般为 4~5 位）共同选定一个被访对象，调查指导员请调查员轮流向被访者提问，同时所有调查员都要独立填答问卷。在调查员询问过程中，指导员会及时纠正出现的错误，包括询问方式、概念理解和问卷填写等方面的错误。通过对实际被访对象进行调查，再次强化和提高了调查员独自实施调查的能力。

在开始调查的前 2 天，调查指导员分别与每个调查员一起到调查现场，针对调查过程中调查员处理不当的问题及时进行纠正，并且针对存在的特殊情况确定处理办法。调查指导员必须对每个调查员进行 1~2 次跟访，对调查指导员的跟访顺序依据培训会上调查员对问卷的理解和处理的娴熟程度由低到高排列，跟访次数依据调查员的操作情况决定，若调查员在调查中问题较多，则须跟访 2 次，以保证所有调查员正确理解问卷，顺利实施调查。

问卷审核是指调查指导员每天对调查员所完成的问卷进行审核，并当天返回所有不合格问卷，针对遗漏信息和错误信息请调查员再联系被访者，重新确认相关信息，以确保问卷质量。在调查的前几天，每个调查指导员随机抽取 2 名已接受调查的被访者进行复访，以便检查调查效果，评估数据质量。复访完成后，调查指导员会立刻将调查员完成的原始卷和指导员的复访卷进行比对并及时将质量问题反馈给调查员，以纠正调查员对问卷的错误理解并调整调查员在调查中的不当访问方法。分析发现，现场调查复访与正式访问的信息一致率为 87.5%，说明数据质量是基本可靠的。

2. 数据录入与清洗

数据由调查指导员录入 Epidata 数据库中，通过 Epidata 的附带程序对数据的合法范围和跳问进行了检验。在数据录入完毕之后，每位调查指导员采用等距抽样对 5% 的样本进行重复录入来检验数据录入的准确性。农民工问卷的不一致率为 0.7%，说明数据录入质量比较可靠。

在数据录入完成以后，针对问卷内容和结构的逻辑性编制计算机程序，对问卷的逻辑一致性进行检验，并生成错误报告，随后根据报告对有逻辑问题的记录，寻找原始问卷进行核对，根据问卷内容进行修改并再录入。问卷修改后再次运用计算机程序对有问题的记录进行检验、生成错误报告、复核问卷并修正错误。数据清洗程序总计运行 3 次后，逻辑检错全部通过，程序再无错误报告生成。

第三节 百村系列调查

百村系列调查包括"百村社区调查"和"百村个人调查"，调查涉及全国 28 个省（自治区、直辖市）的上百个村庄。"百村社区调查"是中观层面的村庄环境调查，为了解婚姻挤压现状和大龄未婚男性的分布、特征提供了数据支持；"百村个人调查"则是微观层面的个体调查，为系统分析大龄未婚男性的婚姻、生育、养老和社会融合提供了数据支持。

一 百村社区调查

本调查由西安交通大学人口与发展研究所组织，由招募自陕西和山西 4 所高校的大学生作为调查员于 2009 年 7～8 月在全国 28 个省（自治区、直辖市）实施，被选中的大学生调查员的家乡均在农村，他们利用暑假回乡的机会进行调查。4 所高校的组织协调人分别对各自学校的调查工作进行指导与培训，自愿参加的调查员共 364 名学生，来自 28 个不同的省份。此次调查的目的是通过对村小组长或村干部的调查访问，收集有关行政村的人口、经济、社会、婚姻挤压状况与社会治安等信息，旨在研究男性婚姻挤压对其所在的农村社区的影响，探析大龄未婚男性的群体特征。

在抽样方式上，根据 4 所高校提供的自愿报名参与调查的、生源地为农村的学生登记表（包含学生的姓名、班级、生源地详细地址、联系电话），在综合考虑地域、省份分布以及学生自愿的原则下进行抽样，具体抽样过程如下：高校 A、高校 D 面向全国招生，生源覆盖省份较多，抽样以非陕西籍学生为主，不排斥部分陕西籍学生参与调查；高校 B 的陕西籍学生占绝大多数，该校抽取的学生的所在村庄大部分在陕西；高校 C 的生源主要来自山西，该校抽取的学生的所在村庄大部分在山西。高校 B 和高校 C 除了抽取陕西及山西地区的学生外，在学生自愿前提下也抽取来自其他省份的学生。整体上看，调查采用的是一种非概率方便抽样方法。由于 4 所高校的生源差异导致调查抽样存在一定偏差，其中山西及陕西的村庄占到54.7%，其他 26 个省份的分布较均匀。调查虽然存在一定偏差，但调查涵盖省份较广，山西和陕西可分别作为中国中、西部省份的缩影，故调查数据具有一定代表性，能够初步揭示目前性别失衡背景下中国农村婚姻挤压的基本特征和相关人口社会后果。

在调查工具选择和内容设置上，本调查设计并运用了"村庄基本情况问卷"和"大龄未婚男性情况登记表"。"村庄基本情况问卷"的内容主要包括村庄的基本人口、经济、社会信息、婚姻习俗与治安等；"大龄未婚男性情况登记表"的内容主要包括行政村所有大龄未婚男性的姓名、年龄、住址与身体状况等。每个行政村由大学生调查员对村干部和熟悉情况的村民进行调查，填写完成"村庄基本情况问卷"和"大龄未婚男性情况登记表"。

根据已有研究及前期调查经验，目前中国农村有关"光棍"的问题依然是比较隐私且负面的话题。有"光棍"的家庭通常会被其他村民看不起；而在其他村民眼里，"光棍"则被贴上了"高危群体"的标签，大家很少去了解和谈论有关"光棍"的话题。然而，村干部作为一个村庄的"管家"，对本村的整体情况更为了解，对"光棍"群体的了解和管理也是其日常工作中不可缺少的部分。因此我们认为在全国性调查受人力、物力、财力和时间所限的条件下，通过调查村干部，能够最大限度地收集村庄中有关"光棍"群体和社会治安的准确信息。

调查共收集有效村问卷 364 份，范围覆盖了 28 个省份。依据中国"七五"计划以及 1999 年西部大开发策略对东、中、西部的界定，此次调查涉及东部 9 个省份的 46 个村、中部 8 个省份的 149 个村、西部 11 个省份的169 个村，东、中、西部村庄所占比重分别为 13%、41%、46%。此次共调查了 3362 个大龄未婚男性的基本情况（见表 3 - 4）。

表 3-4 百村社区调查村庄和大龄未婚男性分布

项目	样本量	项目	样本量
村问卷数量(份)	364	光棍所在地区分布(人)	3362
光棍数量(人)	3362	东部(人)	354
平均光棍数量(人)	9.03	中部(人)	1228
村所在地区分布	364	西部(人)	1780
东部(个)	46		
中部(个)	149		
西部(个)	169		

资料来源:百村社区调查。

本次调查在调查员的选取中综合考虑地域、省份分布以及学生自愿的原则,但由于 4 所参与调查的高校存在生源地的差异,抽样结果存在一定的偏差,其中,山西及陕西的村庄占到 54.7%。但是调查组认为,山西及陕西省作为中国中、西部的缩影,具有一定代表性;其他 26 个省份的村庄样本分布较均匀,因此,调查虽存在一定偏差,但调查涵盖省份较广,调查数据具有一定代表性,能够初步揭示目前"光棍"聚集的基本特征及其对公共安全带来的影响。

二 百村个人调查

"百村个人调查"是在"百村社区调查"的基础上进行的微观层次的调查,同样由参与"百村社区调查"的大学生作为调查员,于 2010 年在全国 27 个省份的 149 个村庄中展开。基于自愿原则,被选中的大学生利用寒假回乡的时间进行调查。为了控制数据质量,4 所高校的组织协调人对大学生调查员进行了指导、培训,并抽取西安交通大学人口与发展研究所的部分教师、博士生与硕士生进行现场的随机复访和跟访。本次调查的目的在于揭示婚姻挤压背景下农村人口的基本生活状况,调查对象为 16 岁以上、非在校学生的农村人口。按照年龄、性别和婚姻状况,调查对象被分为大龄未婚男性、已婚男性、已婚女性、小龄未婚男性、未婚女性 5 类人群。调查方式以个人问卷调查为主,内容涉及个人基本信息、婚姻、生育、养老、社会支持和社会融合等。

在抽样方式上,问卷调查的调查对象以男性为主,女性为辅,采用简单

的多阶抽样和配额抽样：一方面，被调查村庄是从"百村社区调查"的 364
个村庄中抽取的，由于"百村社区调查"中村庄的抽取是有偏向性的——
较多村庄来自陕西和山西，为了克服这一问题，使抽样能尽可能覆盖较多省
份，本次抽样采取非等比例抽样的方式，即增加非陕西和山西村庄的抽中概
率，以便各个省份被抽取的村庄尽可能分布均匀。按照这一原则，调查组从
来自 28 个省份的 364 个村庄中抽取了来自 27 个省份的 149 个村庄。另一方
面，对调查对象的选取采用配额抽样，即按照性别、婚姻状况和年龄，分别
抽取未婚男性、已婚男性、未婚女性和已婚女性，其中，各类调查对象都按
照 27 岁及以下、28～49 岁和 50 岁及以上 3 个年龄层分别抽样。大龄未婚男性
的抽取以"百村社区调查"获取的"大龄未婚男性"为抽样框，进行随机抽
样。由于其他被调查对象抽样框难以获得，因此对其他调查对象的抽取，是
在控制年龄、数量的原则上进行配额抽样，即每个村庄内部，各个年龄段已
婚男性数量的确定与相应年龄段未婚男性保持一致；女性的抽取保证每个村
庄各年龄段分别有 1 个未婚女性和 1 个已婚女性被抽取（见表 3 - 5）。

表 3 - 5　分地区和类型的百村个人调查样本量

单位：人

项目	东部	中部	西部	合计
小龄未婚男性	24	100	76	200
大龄未婚男性	103	308	368	779
未婚女性	22	51	62	135
已婚男性	94	249	274	617
已婚女性	24	51	61	136
合计	267	759	841	1867

资料来源：百村个人调查。

第四章 农村大龄未婚男性
群体的整体分析

　　频繁的城乡人口流动和女性婚姻迁移导致男性婚姻挤压现象主要存在于农村地区。已有研究对留守农村的大龄未婚男性的生存环境与微观个体特征进行了研究，发现他们多生活在经济落后、交通不便、性别比失衡严重的农村，他们自身的条件也较差，普遍具有经济状况差、文化程度低、性格内向、以从事体力劳动为主等特征。很少有研究使用定量的中观数据和流动视角对大龄未婚男性进行系统研究，因此流动的大龄未婚男性在人口、劳动就业、生活状况等方面具有哪些特征有待深入研究。为了更好地了解性别失衡背景下大龄未婚男性的生存环境和流动大龄未婚男性的基本现状与特征，本章将基于"百村系列调查"数据和福建省厦门市"农村流动人口调查"数据，纳入性别、婚姻和流动的视角，通过分析揭示农村大龄未婚男性的整体特征和个体特征。

第一节　研究设计

一　研究思路和内容

　　由于定量数据获取的难度较大，关于大龄未婚男性的生存环境及个体特征的已有研究多基于质性数据进行分析，而从中观层次对农村大龄未婚男性现状和从微观层次对流动的农村大龄未婚男性特征的定量研究极为少见。本章将分别从中观和微观两个层面对农村大龄未婚男性的基本特征进行分析。首先，基于中观社区数据对全国农村大龄未婚男性的分布趋势、人口特征及群体特征进行区域差异分析;其次,基于微观数据对流动的农村大龄未婚男性的基本人口特征、流动特征、劳动就业状况、生活状况及健康状况进行分析。为了更好把握农村大龄未婚男性的基本特征与现状,微观层次的研究纳入了性别、婚姻和流动这三个视角。

二 数据与方法

首先,本章利用 2009 年"百村社区调查"数据对全国农村大龄未婚男性的分布趋势和群体特征的区域差异进行描述性分析。该数据共涉及 28 个省(自治区、直辖市)的 364 个村庄的 3362 个农村大龄未婚男性。其次,利用 2009 年厦门市"农村流动人口调查"数据,基于性别、婚姻和流动三个视角,从人口特征、流动特征、劳动就业状况、生活状况和健康状况五个方面对流动的农村大龄未婚男性的基本现状和特征进行描述分析。需要强调的是,流动视角的对比分析是通过对厦门市"农村流动人口调查"中的流动的农村大龄未婚男性与"百村个人调查"中的留守农村的大龄未婚男性这两类人群的比较完成的。前者共调查了 1507 个农村流动人口,后者的大龄未婚男性样本为 308 个。

本章主要采用描述性统计分析方法,利用 LR 检验和 T 检验对农村大龄未婚男性的整体特征与个体特征进行分析。

第二节 全国农村大龄未婚男性分布与特征

表 4 - 1 提供了"百村社区调查"中农村大龄未婚男性所在的地区及省份分布情况。

表 4 - 1 农村大龄未婚男性所在的地区及省份分布情况

东部			中部			西部		
省份	村庄数(个)	大龄未婚男性数量(人)	省份	村庄数(个)	大龄未婚男性数量(人)	省份	村庄数(个)	大龄未婚男性数量(人)
福建	5	26	安徽	11	116	甘肃	11	116
海南	2	15	山西	94	685	重庆	3	48
河北	7	68	湖北	7	52	宁夏	4	65
江苏	5	74	湖南	10	154	青海	7	115

续表

东部			中部			西部		
省份	村庄数（个）	大龄未婚男性数量（人）	省份	村庄数（个）	大龄未婚男性数量（人）	省份	村庄数（个）	大龄未婚男性数量（人）
辽宁	2	9	江西	8	34	陕西	105	944
山东	15	109	黑龙江	4	41	四川	12	106
上海	1	2	吉林	5	48	新疆	3	31
天津	6	30	河南	10	98	云南	6	55
浙江	3	21	—	—	—	贵州	10	121
—	—	—				内蒙古	1	1
—	—	—				广西	7	178
小计	46	354	小计	149	1228	小计	169	1780

资料来源：根据百村社区调查数据计算。

　　百村社区调查显示，被调查的 364 个村庄涵盖了我国 28 个省（自治区、直辖市），其中包括 9 个东部省份的 46 个村庄，8 个中部省份的 149 个村庄以及 11 个西部省份的 169 个村庄，东、中、西部村庄所占比重分别为 13%、41%、46%。该调查共调查了农村大龄未婚男性 3362 人，平均每个村庄的大龄未婚男性达 9.03 人。西部村庄平均大龄未婚男性数量最高，为 10.30 人；东部村庄的平均大龄未婚男性数量最低，为 7.35 人；中部村庄平均大龄未婚男性数量处于东、西部之间，为 8.11 人。农村大龄未婚男性规模的地区分布特征是与经济发展水平的地区差异相契合的。

　　表 4 - 2 提供了农村大龄未婚男性的基本人口特征与行为表现特征，主要包括年龄、身体状况、行为习惯等。

表 4 - 2　农村大龄未婚男性的群体特征分析

项目	总体	东部	中部	西部
人口特征	—	—	—	—
样本量（个）	3318	351	1202	1765
年龄	—	—	—	—
平均年龄（岁）	41.4	44.3	42.6	39.9
年龄段分布	—	—	—	—
28~39 岁（%）	51.2	41.0	45.8	56.9
40~49 岁（%）	25.3	25.4	27.7	23.7

项目	总体	东部	中部	西部
50~59 岁(%)	15.4	21.1	17.1	13.1
60 岁及以上(%)	8.1	12.5	9.4	6.3
身体状况	—	—	—	—
有残疾(%)	20.1	28.0	19.4	19.0
没有残疾(%)	79.9	72.0	80.6	81.0
行为表现	—	—	—	—
样本量(个)	362	46	147	169
是否有所不同(%)	49.3	43.5	48.3	51.8
习惯与行为	—	—	—	—
助人为乐(%)	40.4	45.7	38.8	40.5
勤俭节约(%)	52.5	60.9	52.4	50.3
孝顺父母(%)	62.2	65.2	65.3	58.7
沉默寡言(%)	63.2	50.0	61.2	68.5
吵架、乱发脾气(%)	31.8	23.9	28.6	36.7
终日游荡(%)	45.6	43.5	43.5	47.9
赌博(%)	35.6	37.0	29.3	40.8

注: 人口特征来自被调查村庄的大龄未婚男性个体数据, 行为表现来自被调查村庄村干部的主观评价。

资料来源: 根据百村社区调查数据计算。

由表 4-2 可知, 所调查村庄的农村大龄未婚男性的平均年龄为 41.4 岁, 超过一半的年龄在 28~39 岁; 西部的农村大龄未婚男性最年轻 (平均年龄 39.9 岁), 东部平均年龄则最大 (44.3 岁), 这与当地的人口结构、自然环境、经济发展水平等有关。在身体状况上, 接近 80% 的农村大龄未婚男性并无身体残疾。其中, 西部地区农村大龄未婚男性的残疾比例最低而东部最高, 由此推断绝大多数农村大龄未婚男性成婚困难并非由身体残疾造成, 而可能与人口、社会等其他因素有关。

农村大龄未婚男性的行为表现出明显的群体性特征: 接近一半的被访村干部认为本村的大龄未婚男性群体的行为不同于已婚人群; 多数农村大龄未婚男性具有孝顺父母、勤俭节约、沉默寡言、终日游荡等特征。在沉默寡言及赌博的特性上存在区域差异: 更多西部村干部认为自己村庄的大龄未婚男性沉默寡言、染上赌博恶习。由此可见，农村大龄未婚男性群体尤其是处于西部贫困农村的大龄未婚男性群体，需要被给予更多的关注。

第三节　流动的农村大龄未婚男性的基本特征

一　人口特征

表4－3提供了福建省厦门市流动人口调查中受访对象和百村个人调查中留守农村的大龄未婚男性的基本人口信息，主要包含性别、婚姻状况、年龄、民族、受教育年限5个方面。

表4－3　农村大龄未婚男性人口基本特征

项目	全部流动人口		农村男性流动人口				农村大龄未婚男性		
	男性	女性	小龄未婚	大龄未婚	已婚	LR/T	留守	流动	LR/T
年龄样本量（个）	898	606	317	196	374	***	308	196	***
17岁及以下（%）	1.8	2.5	5.1	0.0	0.0	—	0.0	0.0	—
18～29岁（%）	52.4	63.7	94.9	45.9	20.9	—	6.2	45.9	—
30～39岁（%）	31.6	27.1	0.0	50.0	48.7	—	27.9	50.0	—
40岁及以上（%）	14.2	6.8	0.0	4.1	30.5	—	65.9	4.1	—
平均年龄（岁）	30.0	27.2	22.3	30.8	35.8	***	46.2	30.8	***
民族样本量（个）	898	606	317	195	374	ns	308	195	ns
汉族（%）	97.3	97.7	97.2	97.4	97.6	—	94.8	97.4	—
少数民族（%）	2.7	2.3	2.8	2.6	2.4	—	5.2	2.6	—
受教育程度样本量（个）	898	606	317	195	374	***	306	195	***
不识字（%）	1.1	1.5	0.0	1.0	1.9	—	31.4	1.0	—
小学（%）	7.4	7.6	0.3	7.2	13.1	—	39.9	7.2	—

续表

项目	全部流动人口		农村流动男性人口				农村大龄未婚男性		
	男性	女性	小龄未婚	大龄未婚	已婚	LR/T	留守	流动	LR/T
初中(%)	45.8	55.6	43.9	42.6	48.9	—	22.9	42.6	—
高中(%)	32.7	30.0	37.9	37.4	26.5	—	3.6	37.4	—
大专及以上(%)	13.0	5.3	17.9	11.8	9.6	—	2.3	11.8	—

注：***，在 0.001 水平显著；**，在 0.01 水平显著；*，在 0.05 水平显著；+，在 0.1 水平显著；ns，不显著；如无特殊说明，本说明对后面的表均适用。

资料来源：厦门市农村流动人口调查和百村个人调查中的留守农村的大龄未婚男性数据。

厦门市 HL 区流动人口调查样本为 1507 个，其中男性 899 人，女性 608 人；小龄未婚男性 317 人，大龄未婚男性 196 人，已婚男性 374 人。百村个人调查中从未流动过的留守农村的大龄未婚男性为 308 人。流动的被访者的年龄主要集中在 18～39 岁，并且 18～39 岁的样本占到所有男性样本的 84.0%，占到全部女性样本的 90.8%。从婚姻视角来看，不同婚姻状况的流动男性的年龄分布和均值均有显著差异，流动的农村大龄未婚男性平均年龄为 30.8 岁，与全部男性样本的平均年龄非常接近，已婚男性的平均年龄为 35.8 岁，这也表明外出务工人群的年龄段大部分在 18～40 岁。从流动的视角看，留守农村的大龄未婚男性平均年龄为 46.2 岁，显著大于流动的农村大龄未婚男性。由此可见，较为年轻的农村大龄未婚男性更有流动的资本。由于调查地区是汉族聚居地，因此受访对象几乎都是汉族，只有极少数的受访对象为土家族、回族等少数民族。

表 4-3 中数据还显示，此次调查的流动人口的文化程度主要集中在初中和高中。45.8% 的男性和 55.6% 的女性人群受教育程度集中在初中阶段，而高中水平的男女也分别占到了 32.7% 和 30.0%。相比流动的已婚男性，流动的农村大龄未婚男性的受教育程度相对较高：已婚男性的受教育程度为小学及以下的比例为 15.0%，但农村大龄未婚男性群体受教育程度为小学及以下的比例仅有 8.2%；在高中阶段，农村大龄未婚男性群体的比例是 37.4%，但相同教育程度的已婚男性仅占 26.5%。从流动视角来看，流动的农村大龄未婚男性的受教育程度显著高于留守农村的大龄未婚男性，留守农村的大龄未婚男性中接近三分之一未接受过正规教育。由此可见，流动的农村大龄未婚男性相对于留守农村的大龄未婚男性处于较高的社会经济地位。

二　流动特征

表 4-4 表明了受访对象的流动特征，主要包括务工前干农活的时间、外出原因、外出前的职业、和谁一起来厦门市、在厦门市生活的时间和未来发展意愿 6 个方面。

表 4-4　流动人口的流动特征

项目	全部样本		男性			
	男性	女性	小龄未婚	大龄未婚	已婚	LR/T 检验
务工前农活时间样本量（个）	895	608	317	193	373	***
从来没干（%）	44.7	50.8	59.6	41.5	34.3	—
不到 1 年（%）	23.0	24.3	23.0	29.0	20.4	—
不到 5 年（%）	17.1	11.5	10.7	20.2	20.6	—
5 年以上（%）	15.2	13.3	6.6	9.3	24.7	—
外出原因样本量（个）	897	606	317	195	373	***
学手艺（%）	24.8	24.4	45.1	16.4	12.3	—
挣钱养家（%）	41.5	38.0	15.5	28.7	69.2	—
挣钱结婚（%）	12.0	4.0	14.5	20.0	6.2	—
结婚（%）	0.2	0.3	0.3	0.0	0.3	—
照顾家人（%）	3.1	8.8	3.8	2.6	2.9	—
见世面（%）	15.2	21.8	19.2	23.6	7.2	—
其他（%）	3.2	2.6	1.6	8.7	1.9	—
外出务工前职业样本量（个）	895	608	316	194	368	***
务农（%）	26.7	22.0	6.7	25.3	43.8	—
工人（%）	6.2	5.8	2.9	8.3	7.6	—
学生（%）	48.4	56.4	76.9	41.9	28.8	—
待业（%）	8.7	11.7	7.9	12.4	7.6	—
个体（%）	4.2	2.6	0.6	7.2	5.2	—
军人（%）	2.9	0	2.9	1.6	3.8	—
其他（%）	2.9	1.5	2.2	3.6	3.3	—
和谁来厦门市样本量（个）	896	606	317	195	372	***
自己单独来（%）	45.2	25.7	47.6	51.3	39.8	—
随配偶/对象来（%）	8.2	22.4	3.5	1.5	15.3	—
随家人来（%）	22.1	31.2	28.4	17.4	19.6	—
随老乡来（%）	21.9	17.8	18.9	27.7	21.2	—
其他（%）	2.7	2.5	1.6	2.1	4.0	—

项目	全部样本		男性			
	男性	女性	小龄未婚	大龄未婚	已婚	LR/T 检验
在厦门市生活时间样本量(个)	439	230	132	87	211	***
3 年以下(%)	43.7	55.2	78.0	42.5	23.7	—
3~5 年(%)	16.2	14.4	13.6	24.1	14.7	—
5 年以上(%)	40.1	30.4	8.3	33.3	61.6	—
均值(年)	5.5	4.2	2.2	4.9	7.8	***
未来的发展样本量(个)	899	608	317	194	374	***
回家继续务农(%)	7.0	5.9	0.6	5.2	12.8	—
回去找工作(%)	11.0	11.5	18.3	6.7	7.2	—
回家干个体(%)	13.2	11.8	11.0	17.0	13.4	—
回去办企业(%)	5.6	4.3	8.5	5.2	3.5	—
在厦门市安家立业(%)	34.3	31.3	35.7	38.1	30.8	—
到其他城市(%)	1.8	1.2	2.8	2.1	0.8	—
不打算回去(%)	6.1	5.6	3.5	5.7	8.8	—
没想法(%)	20.6	27.8	19.6	19.1	22.2	—
其他(%)	0.3	0.5	0.0	0.5	0.5	—

资料来源：根据厦门市农村流动人口调查数据计算。

从表 4-4 可以看出，已婚群体和未婚群体在务工前做农活的时间和外出原因上均表现出了显著的差异。从务工前做农活时间数据中可以看到，女性务农时间略短于男性群体，已婚男性务农时间长于未婚男性；大多数已婚男性在流动前干过较长时间的农活，而小龄未婚男性和大龄未婚男性中分别有近 60% 和 42% 外出前从没干过农活；约 25% 的已婚男性做过 5 年以上的农活，而这一比例在大龄未婚男性和小龄未婚男性中分别仅为 9.3% 和 6.6%。除了已婚男性，大部分男性流动人口在外出务工之前的身份是学生。

受访对象外出的原因也存在一定的性别差异：12% 的男性是为了"挣钱结婚"，但女性给出这一答案的比例仅占 4%；女性回答"见世面"的比例达到 21.8%，但给出相同答案的男性仅占 15.2%。在已婚群体和未婚群体中，外出原因也表现出显著的差异，如小龄未婚男性多选择学手艺，比例占到 45% 左右；但已婚男性大都选择了挣钱养家，比例占到近 70%。值得注意的是，大龄未婚男性的答案集中在学手艺、挣钱养家、挣钱结婚、见世面 4 个选项上且分布较匀，说明大龄未婚男性外出的目的是较为复杂和多元化的。

在"和谁来厦门市"方面，小龄未婚男性、大龄未婚男性和已婚男性呈现了显著的差异。有超过一半的大龄未婚男性回答"自己单独来"，高于其他两个群体，"随老乡来"的大龄未婚男性的比例也要高于其他两个群体。而已婚男性"随配偶或对象"等举家迁移的比例则要远高于其他两个群体。对于小龄未婚男性来说"随家人来"的比例则要高于其他两个群体。在"在厦门市的流动时间"上，主要集中于 3 年以下和 5 年以上两段中，78% 的小龄未婚男性选择"3 年以下"，远远高于大龄未婚男性和已婚男性；而 61.6% 的已婚男性在厦门市生活的时间已经超过 5 年。已婚人群在厦门市生活的平均年限也显著高于其他类型的人群，婚姻的缔结或许在一定程度上可以减少流动地的频繁更变。

受访对象的"发展意愿"主要集中在"在厦门市安家立业""没想法"、"回家干个体"、"回家找工作"和"回家继续务农"5 个方面。小龄未婚男性、大龄未婚男性和已婚男性三类群体在未来发展意愿的选择上有显著差异，大龄未婚男性更倾向于"在厦门市安家立业"，而已婚男性选择"回家继续务农"的比例要远高于大龄未婚和小龄未婚男性，大龄未婚男性选择"回家干个体"的比例也要远高于其他两类群体。

三　劳动就业状况

表 4 - 5 提供了调查受访对象在厦门市的就业状况，主要包括换工作次数、找工作是否困难、第一份工作和目前职业、目前工作单位的性质和是否有劳动合同等信息。

调查发现，在职业类型上，已婚男性和未婚男性呈现显著差异，已婚男性做个体户老板的比例要远高于其他两类群体，大龄未婚男性无固定职业的比例也高于小龄未婚男性和已婚男性。在找工作是否困难、换工作次数和是否有劳动合同方面，已婚男性、大龄未婚男性和小龄未婚男性三类群体并不存在显著差异。流动人口在城市的第一份工作主要集中于非技术工人、技术工人和服务业劳动者，女性从事服务业的比例高于男性，大龄未婚男性从事非技术职业的比例高于小龄未婚男性和已婚男性。

与第一份工作相比，在目前所从事的职业类型中，非技术工人的比例在各类人群中均有所下降，女性从事服务行业的比例仍然较高，大龄未婚男性和已婚男性中个体户的比例均有所上升，已婚男性中为个体户的高达25.4%。

在单位性质分布上，流动人口主要集中于外商、私营和个体企业，女性在个体企业的比例高于男性。未婚男性在私营企业的比例显著高于已婚男性，其中大龄未婚男性在私营企业的比例高达39.2%。已婚男性的就业单位性质更加多元，有相当比例的已婚男性在国营的企事业单位工作。

表 4 – 5　流动人口的职业信息

项目	全部样本		男性			
	男性	女性	小龄未婚	大龄未婚	已婚	LR/T 检验
换工作次数（次）	1.9	1.8	1.8	2.1	1.8	ns
找工作是否困难样本数（个）	898	608	317	196	373	ns
是(%)	59.9	52.3	60.6	65.8	56.6	—
否(%)	40.1	47.7	39.4	34.2	43.4	—
第一份工作职业样本量（个）	382	266	136	100	142	*
非技术工人(%)	40.1	35.2	33.1	43.0	45.1	—
技术工人(%)	23.3	10.2	26.5	22.0	21.1	—
服务业劳动者(%)	17.8	39.5	23.5	20.0	10.6	—
个体户(%)	5.5	7.4	1.5	6.0	9.2	—
私营企业主(%)	1.3	2.0	2.9	0.0	0.7	—
办事人员(%)	3.9	2.1	3.7	4.0	3.5	—
专业技术人员(%)	3.7	1.2	3.7	2.0	4.9	—
企事业负责人(%)	0.5	0.0	0.7	0.0	0.7	—
军人(%)	0.3	0.0	0.0	0.0	0.7	—
党政事业负责人(%)	0.0	0.0	0.0	0.0	0.0	—
城乡失业半失业(%)	0.8	0.8	0.7	0.0	1.4	—
其他(%)	2.6	1.6	3.7	3.0	2.1	—
目前职业样本量（个）	891	593	314	192	369	***
非技术工人(%)	27.3	25.3	25.4	30.7	27.6	—
技术工人(%)	23.8	8.6	23.5	23.4	23.0	—
服务业劳动者(%)	20.2	38.1	31.4	21.4	10.5	—
个体户(%)	15.2	17.4	5.7	12.0	25.4	—
私营企业主(%)	1.2	1.4	0.6	1.0	1.9	—

续表

项目	全部样本		男性			
	男性	女性	小龄未婚	大龄未婚	已婚	LR/T 检验
办事人员(%)	2.6	1.9	3.2	1.6	2.4	—
专业技术人员(%)	5.5	0.7	6.4	5.2	5.1	—
企业事业负责人(%)	1.8	0.2	1.3	1.0	2.7	—
军人(%)	0.0	0.0	0.0	0.0	0.0	—
党政事业负责人(%)	0.0	0.0	0.0	0.0	0.0	—
城乡失业半失业(%)	1.0	4.6	1.0	2.1	0.5	—
其他(%)	1.1	2.0	1.3	1.6	0.5	—
目前工作单位性质样本量(个)	895	593	316	194	371	***
党政机关(%)	1.0	0.7	1.6	0.5	0.8	—
国营企业(%)	10.3	2.2	5.4	6.7	15.6	—
国营事业(%)	5.8	1.5	2.2	0.5	11.9	—
集体企业(%)	1.8	1.4	1.6	2.6	1.35	—
外商企业(%)	21.5	25.1	24.4	22.7	18.3	—
私营企业(%)	28.3	26.6	35.8	39.2	16.2	—
个体企业(%)	27.5	34.9	27.2	20.6	32.1	—
无单位(%)	3.4	5.9	1.3	6.7	3.2	—
其他(%)	0.5	1.5	0.6	0.5	0.3	—
是否有劳动合同样本量(个)	880	561	313	191	364	ns
是(%)	52.2	46.4	51.4	60.2	48.4	—
否(%)	47.7	53.5	48.6	39.8	51.4	—

资料来源：根据厦门市农村流动人口调查数据计算。

表4-6显示了受访对象的培训情况，包括是否参加过培训、培训是否免费、培训的组织者3个方面。分析发现，在培训方面，已婚群体和未婚群体均没有显著的差异。没有参加过培训的比例略高于参加过培训的，大部分培训都是免费的，大部分培训都是在自己所在的企事业单位进行的。

表4-6 流动人口受到的培训

项目	全部样本		男性			
	男性	女性	小龄未婚	大龄未婚	已婚	LR/T 检验
是否参加过培训样本量(个)	898	608	317	195	374	ns
是(%)	48.1	47.5	48.9	45.1	48.1	—
否(%)	51.9	52.3	51.1	54.9	51.9	—
培训是否免费样本量(个)	431	288	155	88	179	ns

续表

项目	全部样本		男性			
	男性	女性	小龄未婚	大龄未婚	已婚	LR/T 检验
是(%)	65.4	73.8	67.7	70.5	60.9	—
否(%)	34.6	26.0	32.3	29.6	39.1	—
培训的组织者样本量(个)	427	287	155	87	177	ns
自己(%)	16.4	12.6	10.9	14.9	20.9	—
家乡政府(%)	2.1	2.1	0.7	4.6	2.3	—
城市政府(%)	10.3	6.3	7.7	9.2	12.9	—
企事业单位(%)	59.3	70.9	68.4	56.3	53.1	—
民间组织(%)	7.3	5.6	6.5	9.2	7.3	—
其他(%)	4.5	2.5	5.2	5.8	3.4	—

资料来源：根据厦门市农村流动人口调查数据计算。

表4-7显示了受访对象的劳动时间情况，包括总务工时间、一年工作的月份数、每周平均工作天数、每天平均工作时长等。

表4-7 流动人口的劳动时间

项目	全部样本		男性			
	男性	女性	小龄未婚	大龄未婚	已婚	LR/T 检验
总务工时间样本量(个)	899	608	316	193	372	***
3 年以下(%)	17.7	22.3	41.8	8.8	2.4	—
3~5 年(%)	17.9	23.9	33.5	13.5	7.3	—
6~10 年(%)	30.5	31.5	23.4	40.9	30.7	—
10 年以上(%)	33.9	22.3	1.3	36.8	59.7	—
均值(年)	8.8	6.9	3.6	9.2	12.7	***
一年工作月份数样本量(个)	893	606	317	193	370	***
10 个月以下(%)	22.2	30.4	32.2	24.9	11.9	—
10 个月(%)	13.4	12.7	14.5	12.4	13.2	—
11 个月(%)	12.7	10.7	13.6	11.4	12.2	—
12 个月(%)	51.7	46.2	39.8	51.3	62.7	—
均值(月)	10.2	9.4	9.4	10.2	10.9	***
每周平均工作天数样本量(个)	895	605	316	194	371	***
5 天以下(%)	2.2	6.9	1.6	1.6	2.9	—
5 天(%)	16.9	15.7	16.8	25.3	12.7	—
6 天(%)	37.9	36.0	43.4	43.8	30.7	—
7 天(%)	42.9	41.3	38.3	29.4	53.6	—
均值(天)	6.2	5.9	6.2	6.0	6.3	**

续表

项目	全部样本		男性			
	男性	女性	小龄未婚	大龄未婚	已婚	LR/T 检验
每天平均工作时长样本量(个)	896	605	316	194	372	—
8 小时以下(%)	3.6	11.1	3.8	4.6	3.0	—
8～12 小时(%)	89.7	83.3	90.2	91.8	87.9	—
12 小时以上(%)	6.7	5.6	6.0	3.6	9.1	—
均值(小时)	9.5	9.0	9.4	9.2	9.9	***

资料来源：根据厦门市农村流动人口调查数据计算。

从表4－7可以看出，男性的总务工时间平均是8.8年，高于女性（6.9年）。另外，无论从每年工作几个月、每周工作几日，还是每日工作几个小时，男性的工作时间都要显著长于女性。值得注意的是，大龄未婚男性、已婚男性和小龄未婚男性的工作时间也显著不同，大龄未婚男性每周工作天数和每天工作时长均少于其他两类群体。

四　生活状况

表4－8显示了受访对象的月收入和月支出状况。在个人收入方面，男女表现出了较显著的性别差异：男性的月收入在2892元左右，但女性的月均收入仅有1621元。婚姻类型对个人收入没有显著影响，即已婚男性和未婚男性的收入并不存在显著的差异。在消费方面，无论是日常消费、社会交往、汇款还是储蓄，男性的消费支出都要高于女性。在日常消费上，小龄未婚男性、大龄未婚男性和已婚男性有较显著的差异：已婚男性消费最高，其次是大龄未婚男性，小龄未婚男性的消费最低；给家里的汇款和储蓄也表现出类似的规律。三类群体在社会交往和最低生活标准上并没有显著的差异。

表 4 - 8　流动人口的收入和消费

项目	全部样本		男性			
	男性	女性	小龄未婚	大龄未婚	已婚	LR/T 检验
月收入样本量(个)	788	586	290	167	317	***
1000 元及以下(%)	13.2	27.3	23.1	8.4	7.3	—
1001～1500 元(%)	28.1	40.8	34.1	28.1	22.7	—
1501～2000 元(%)	34.1	23.2	30.0	35.3	37.2	—

续表

项目	全部样本		男性			LR/T 检验
	男性	女性	小龄未婚	大龄未婚	已婚	
2001~3000 元(%)	11.2	4.1	4.8	10.8	17.4	—
3000 元以上(%)	13.5	4.6	7.9	17.4	15.5	—
均值(元)	2892.2	1621.1	2433.1	2573.7	3369.6	ns
日常消费样本量(个)	899	608	317	194	374	***
1000 元及以下(%)	82.5	85.5	89.9	79.9	77.5	—
1000 元以上(%)	17.6	14.5	10.1	20.1	22.5	—
均值(元)	834.8	734.8	709.0	889.9	908.7	**
社会交往消费样本量(个)	899	608	317	194	374	—
500 元及以下(%)	83.8	91.5	85.5	78.4	85.6	—
500 元以上(%)	16.2	8.6	14.5	21.7	14.4	—
均值(元)	393.3	214.9	397.9	456.9	354.9	ns
汇款样本量(个)	899	608	317	194	374	***
500 元及以下(%)	82.4	83.1	74.8	63.9	56.4	—
500 元以上(%)	17.6	16.9	25.2	36.1	43.6	—
均值(元)	333.7	277.6	454.0	571.5	695.4	**
储蓄样本量(个)	899	608	317	194	374	***
500 元及以下(%)	64.7	74.3	88.3	84.0	77.5	—
500 元以上(%)	35.3	25.7	11.7	15.9	22.5	—
均值(元)	580.9	433.9	224.1	324.3	408.8	**
最低生活标准样本量(个)	899	608	317	194	374	***
500 元及以下(%)	4.9	8.7	6.3	2.6	4.8	—
501~1000 元(%)	28.0	29.4	31.6	22.7	28.1	—
1001~2000 元(%)	42.7	38.8	44.8	49.5	36.9	—
2001~3000 元(%)	16.0	16.1	11.7	13.4	21.1	—
3000 元以上(%)	8.3	6.9	5.7	11.9	9.1	—
均值(元)	1954.4	1853.6	1661.9	2191.8	2090.2	ns

资料来源：根据厦门市农村流动人口调查数据计算。

　　表4-9呈现了受访对象的居住情况，主要包括住房的产权和住房内的设施情况，如电、自来水、煤气等的拥有情况。大多数受访对象都是租房居住，比例超过了80%。多数流动人口的住房里有自来水、电、煤气、厨房和洗澡设施。不同婚姻状况的男性只在煤气/液化气、厨房和厕所这三类设施上存在显著差异，其中已婚男性的住处设施要优于未婚男性。

表 4 – 9　流动人口的居住情况

项目	全部样本		男性			
	男性	女性	小龄未婚	大龄未婚	已婚	LR/T 检验
住房						
房屋产权样本量(个)	899	608	317	196	374	ns
自己购买(%)	1.9	1.8	1.9	1.2	2.4	—
租住(%)	83.5	84.1	80.4	87.2	83.9	—
借住(%)	2.2	2.5	2.8	3.1	1.3	—
宿舍(%)	10.9	9.9	12.9	7.6	10.9	—
简易房(%)	0.1	0.2	0.3	0.0	0.0	—
雇主家(%)	0.8	1.6	0.9	1.0	0.5	—
其他(%)	0.6	0.0	0.63	0.0	0.80	—
居住情况						
电样本量(个)	898	608	316	196	374	ns
有(%)	99.8	99.8	100	100	99.5	—
自来水样本量(个)	898	608	317	196	374	ns
有(%)	99.6	99.5	100	99.0	99.5	—
煤气/液化气样本量(个)	896	607	316	196	372	***
有(%)	56.2	63.8	41.8	60.7	66.4	—
厨房样本量(个)	896	607	316	195	373	***
没有(%)	14.5	14.8	21.5	11.3	10.2	—
合用(%)	23.4	19.1	20.9	23.6	26.0	—
独用(%)	62.1	66.1	57.6	65.1	63.81	—
厕所样本量(个)	896	607	316	195	373	*
没有(%)	1.5	0.8	1.6	0.5	1.6	—
合用(%)	26.7	22.2	30.4	24.1	24.9	—
独用(%)	71.9	76.5	68.0	75.4	73.5	—
洗澡设施样本量(个)	896	606	316	195	373	ns
没有(%)	4.9	6.6	4.8	5.6	4.7	—
合用(%)	27.3	22.0	30.4	25.6	25.5	—
独用(%)	67.8	71.5	64.9	68.7	69.9	—
住房用途样本量(个)	897	607	315	196	374	
兼用(%)	17.7	18.1	15.6	12.2	22.9	—
专用(%)	82.3	81.9	84.4	87.8	77.0	—

资料来源：根据厦门市农村流动人口调查数据计算。

表4-10反映了受访对象的居住情况，主要包括居住环境和现住所的邻居两个方面。由表4-10可以看出，受访对象多居住在与厦门市本地人混居的环境中，但大多数受访对象的邻居并不是厦门人。在居住方式上，男性和女性、未婚与已婚者并没有显著的差异。

表4-10 流动人口的居住方式

项目	全部样本		男性			
	男性	女性	小龄未婚	大龄未婚	已婚	LR/T检验
居住环境样本量(个)	898	607	317	196	373	ns
多为外地人(%)	16.5	18.6	16.4	15.8	16.6	—
各占一半(%)	27.6	24.9	27.4	31.2	26.5	—
多为厦门市人(%)	53.5	56.2	53.6	52.0	53.6	—
其他(%)	2.5	0.3	2.5	1.0	3.2	—
现住所的邻居样本量(个)	898	607	316	196	374	ns
多为外地人(%)	64.6	55.9	63.6	58.7	68.5	—
各占一半(%)	28.9	34.3	30.4	32.7	25.7	—
多为厦门市人(%)	6.1	9.9	5.7	8.7	5.5	—

资料来源：根据厦门市农村流动人口调查数据计算。

五 健康信息

表4-11提供了本次调查受访对象的健康信息，包括慢性病的情况和受访对象的健康自评情况。

表4-11 流动人口的健康信息

项目	性别		男性				农村大龄未婚男性		
	男性	女性	小龄未婚	大龄未婚	已婚	LR/T检验	留守	流动	LR/T检验
慢性病样本量(个)	899	607	317	196	374	ns			
无(%)	95.3	95.2	96.5	95.4	94.7				
有,不影响工作(%)	2.3	1.7	1.6	2.6	2.7				
有,不影响生活(%)	2.0	2.0	1.6	1.5	2.4				
有,且影响生活(%)	0.3	1.2	0.3	0.5	0.3				

续表

项目	性别		婚姻				农村大龄未婚男性		
	男性	女性	小龄未婚	大龄未婚	已婚	LR/T检验	留守	流动	LR/T检验
健康自评样本量(个)	899	607	317	196	374	+	308	196	***
非常好(%)	45.7	34.8	52.4	43.9	41.2		10.4	43.9	—
较好(%)	37.5	44.3	35.0	38.3	39.3		39.3	38.3	—
一般(%)	16.2	19.9	12.3	16.8	18.9		36.4	16.8	—
较差(%)	0.6	0.8	0.3	1.0	0.5		11.4	1.0	—
非常差(%)	0.0	0.2	0.0	0.0	0.0		2.6	0.0	—

注：由于百村个人调查未提供慢性病信息，因此不进行留守和流动的农村大龄未婚男性之间的比较。

资料来源：根据厦门市农村流动人口调查和百村个人调查中的留守农村的大龄未婚男性数据计算。

结果显示，各类流动群体中，绝大多数没有慢性病，各群体健康状况没有显著的差异。绝大多数流动人口认为自己健康状况"非常好"或"较好"；不同婚姻状况的男性之间略有差异，小龄未婚男性认为自己身体状况"非常好"的比例最高，为52.4%，大龄未婚男性和已婚男性的这一比例分别为43.9%和41.2%。从流动视角来看，不同流动状况的农村大龄未婚男性在健康状况上差异显著，留守农村的大龄未婚男性的身体健康状况明显不如流动的农村大龄未婚男性。

第四节　本章小结

本章对全国农村大龄未婚男性和厦门市流动的农村大龄未婚男性的基本特征进行了整体分析、研究，发现以下几点。

第一，基于"百村社区调查"数据，发现"百村社区调查"中的大部分农村大龄未婚男性并非20世纪80年代以来持续偏高的出生性别比导致女性缺失的直接后果，但农村大龄未婚男性群体的存在已不容忽视，男性婚姻挤压现象在广大农村地区普遍存在，西部地区尤为严重，大量劳动力外流及女性婚迁有可能进一步加剧问题的严重性和复杂性。当前中国农村大龄未婚男性呈现年轻化、高残疾比例的特征，多数农村大龄未婚男性处于青壮年阶段，其中半数左右集中在28～39岁，初步反映出20世纪80年代初以来出生性别比升高对男性婚姻市场的影响。五分之一的农村大龄未婚男性为残疾人，这一比例远远高于全国残疾人口比例，反映了残疾人口在身体和婚姻市场上处于双重劣势。此外，农村大龄未婚男性已经表现出与已婚人群不同的群体特征，多数农村大龄未婚男性具有沉默寡言、终日游荡等特征，这对其自身的发展和社会的稳定都会有一定的负面影响。

第二，基于厦门市"流动人口调查"数据，从性别、婚姻及流动3个视角对农村男性的人口特征、流动特征、劳动就业状况、生活状况和健康状况等5个方面进行分析发现以下几点。

总体来看，农村流动人口的社会经济地位有所提高，但在城市社区中仍处于弱势地位。一方面，绝大多数的流动人口是"80后"新生代农民工，他们接受过初中以上的教育，身体健康，超过60%的农村流动人口与用人单位签订了劳动合同，近半数接受过职业培训。另一方面，农村流动人口面临工作强度大、工作时间过长、经常超时加班等问题，其工作稳定性也较差，工作更换频率较高；他们的职业阶层较低，就业类型以受雇就业为主，自雇经营居次；职业类型主要集中在产业工人、商业服务业劳动者和个体工商户三大类。

从性别视角来看，农村流动人口在社会经济地位方面存在着明显的性别差异，就业和权益保护方面的"男女平等"仍有待提高。男性流动人口在年龄、受教育程度、务农时间、收入及消费水平等方面均高于女性，他们的身体状况也好于女性。男性流动人口为了挣钱结婚而流动的比例高于女性，可见即使流动到城市，农村男性的结婚压力仍大于女性。女性流动人口从事技术能力要求较低的行业（如服务业）的比例明显高于男性流动人口，她们与用人单位签订劳动合同的比例也低于男性流动人口。可见，教育资本的欠缺及性别身份使得女性流动人口的社会经济地位较低，自身权益难以得到保护。

从婚姻视角来看，流动的农村大龄未婚男性在城市的工作与生活显示出更为复杂和多元的特征，他们具备了一定的在城市生活的能力与条件，但与流动的已婚男性相比仍处于较为弱势的地位。流动的农村大龄未婚男性较为年轻，大多在30岁左右，其所受的教育程度也多为初中及以上，同时他们还具有务农时间短、外出原因多、单独流动比例高等特征。其中，流动的农村大龄未婚男性中有高达20%的人希望通过在城市工作、挣钱进而结婚，他们成婚的意愿依旧很强烈。然而，与流动的农村已婚男性相比，流动的农村大龄未婚男性在城市工作较不稳定，工作更换频繁、收入较低、居住环境也较差。

从流动视角来看，流动虽然没有改变农村大龄未婚男性被迫失婚的状况，但显著改善了他们的社会经济地位，使得他们的社会经济状况明显优于留守农村的大龄未婚男性。多数流动在外的农村大龄未婚男性较为年轻、受教育程度较高且身体健康，而留守农村的大龄未婚男性则年龄较大、健康状况较差、未接受正规化教育的比例较高。由此可见，留守农村的大龄未婚男性处于更弱势的地位，他们的生活状况应引起社会的更多关注。

第五章 婚姻挤压对客观社会
支持的影响

第一节 研究设计

一 研究思路与分析框架

本章主要研究城乡流动背景下农村流动人口的社会支持现状以及婚姻状况对其社会支持的影响，尤其关注婚姻挤压背景下农村大龄未婚男性流动人口的社会支持状况及其影响因素。本章研究内容主要包括多维视角下农村流动人口的社会支持现状的比较分析，农村男性流动人口社会支持网的影响因素分析（见图5-1）。

二 数据

本章的数据主要来源于西安交通大学人口与发展研究所 2009 年 11 月在厦门市进行的"农村流动人口调查"。需要说明的是，为了比较流动与留守农村的大龄未婚男性所获得社会支持的差异，在"外出务工对农村大龄未婚男性社会支持的影响"部分还使用了 2010 年"百村个人调查"中留守农村的大龄未婚男性数据（共 521 个样本）。另外，为了更清晰地分析"被动失婚"对流动的农村大龄未婚男性社会支持的净影响，在本章第三节"社会支持影响因素分析"中，剔除了 92 个"主动不婚"的大龄未婚男性样本，只保留"有过成婚困难经历"的 103 个大龄未婚男性样本。

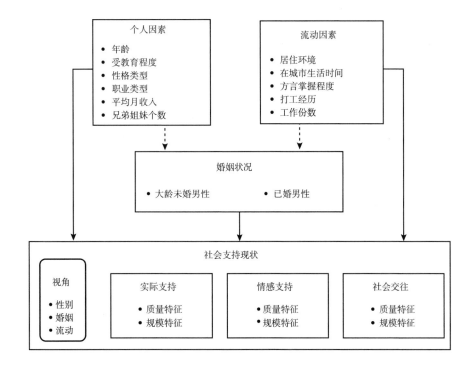

图 5 - 1　婚姻状况对农村男性流动人口社会支持的影响分析框架

三　变量设置、分析方法与模型设计

1. 变量设置

（1）社会支持

本书对社会支持规模和构成的度量是基于范德普尔的社会支持标准问卷，包括实际支持、情感支持和社会交往 3 个方面。在问卷中通过分别询问"您如果要借东西（如借钱、白糖、钳子）或请人帮助做些屋里屋外的小事（如搬东西、买日常用品），下面的几类人群中分别有多少人帮助您""您如果为某些问题心情不好时，比如跟别人吵架、工作上不愉快、生活不如意等，下面的几类人群中，您分别会跟多少人诉说""如果您要串门聊天、打牌、喝酒、看戏、看电影等，您通常会找的各类人的个数"3 个问题，要求被访者在"家人或亲属、老乡、朋友、相识"4 个选项后依次填写可求助对象的数量，以便对其可获得的社会支持规模进行测度。

本书对社会支持质量特征的分析包括网顶得分、网差和广泛性 3 个指标。网顶得分是最高的职业声望值，网差是用受访者网络中列示的最高职业声望减去最低职业声望的差值，表示受访者的社会网络幅度，广泛性测量的是网络成员来自多少种职业类型。对于社会支持网质量的度量，本书采用"定位法"（Lin and Dumin，1986），结合边燕杰等在拜年网中的测量方法，请受访者回答"在厦门市，您的亲属、朋友和熟人中有没有从事所列出的18 种职业的人"。这 18 种职业的选择考虑了不同职业的代表性和职业声望的差异。

（2）自变量和控制变量

自变量为婚姻状况，是二分类变量，选项包括大龄未婚男性和已婚男性两类。

个体因素包括年龄、受教育程度、性格、职业、月均收入和兄弟姐妹个数。流动因素包括居住环境、在城市生活时间、方言掌握程度、有无流动经历和工作份数。分婚姻状况的控制变量的具体描述性信息如表 5 - 1所示。

表 5 - 1　控制变量的描述性信息

变量	大龄未婚男性	已婚男性	变量	大龄未婚男性	已婚男性
个体因素			流动因素		
年龄样本量(个)	103	373	居住环境样本量(个)	104	373
均值(岁)	31.0	35.9	散居(%)	65.4	71.3
受教育程度样本量(个)	104	374	聚居(%)	34.6	28.7
小学及以下(%)	8.7	15.0	在城市生活时间样本量(个)	103	369
初中(%)	41.4	48.9	均值(年)	6.6	9.8
高中及以上(%)	50.0	36.1	方言掌握程度样本量(个)	104	373
性格样本量(个)	104	372	听不懂(%)	57.7	50.7
内向(%)	19.1	12.1	仅能听懂(%)	19.2	21.7
一般(%)	53.9	53.5	会说(%)	23.1	27.6
外向(%)	26.9	34.4	流动经历样本量(个)	104	374

续表

变量	大龄未婚男性	已婚男性	变量	大龄未婚男性	已婚男性
个体因素			流动因素		
职业样本量（个）	104	373	无（％）	48.1	42.2
工人阶层（％）	83.7	62.3	有（％）	51.9	57.8
非工人阶层（％）	16.4	37.7	工作份数样本量（个）	103	365
平均月收入样本量（个）	103	373	均值（份）	2.1	1.8
均值（元）	2641	2785	—	—	—
兄弟姐妹个数样本量（个）	104	372	—	—	—
均值（个）	2.9	3.5	—	—	—

注：聚居指外来流动人口相对聚集的居住环境，主要包括工棚式和村落式居住；散居包括进入家庭式居住和租房居住。

资料来源：厦门市农村流动人口调查。

2. 分析方法与模型设计

本章首先使用 LR/T 检验分析外出务工对农村大龄未婚男性社会支持的影响；其次，引入性别、婚姻的视角，采用 LR 检验/单因素方差分析比较农村流动人口社会支持状况的差异；再次，采用 OLS 回归分析婚姻状况对农村男性流动人口社会支持的影响；最后，采用 OLS 回归比较分析流动的农村大龄未婚男性与已婚男性流动人口社会支持影响因素的差异。

第二节　社会支持的现状分析

一　外出务工对农村大龄未婚男性社会支持的影响

外出务工拓展了农村大龄未婚男性社会支持的规模（见表 5 - 2）。流动的农村大龄未婚男性实际支持网、情感支持网和社会交往网的规模均值均高于留守农村的大龄未婚男性。但值得注意的是，无论是流动的农村大龄未婚男性还是留守农村的大龄未婚男性，其情感支持网的规模均最低。另外，外出务工明显扩展了农村大龄未婚男性人际交往的范围，三种类型支持网中亲缘关系的比例明显降低。

表 5 - 2 不同流动状况农村大龄未婚男性的社会支持网规模

项目	留守农村的大龄未婚男性	流动的农村大龄未婚男性	LR/T 检验
实际支持网			
规模频数分布样本量(个)	510	190	+
0(%)	1.2	3.2	—
1~10(%)	40.0	41.0	—
11~20(%)	36.5	24.1	—
21 及以上(%)	22.4	31.7	—
总规模均值	16.1	24.0	**
亲缘关系比重均值	48.8	31.1	***
情感支持网			
规模频数分布样本量(个)	511	190	ns
0(%)	5.5	6.3	—
1~10(%)	62.0	62.7	—
11~20(%)	21.7	27.1	—
21 及以上(%)	10.8	12.9	—
总规模均值	10.1	10.2	ns
亲缘关系比重均值	52.7	27.4	***
社会交往网			
规模频数分布样本量(个)	513	191	ns
0(%)	5.1	3.7	—
1~10(%)	50.9	48.7	—
11~20(%)	27.7	26.8	—
21 及以上(%)	16.4	20.8	—
总规模均值	12.7	16.9	+
亲缘关系比重均值	44.3	20.0	***

资料来源:厦门市农村流动人口调查和百村个人调查。

二 不同性别、婚姻状况的农村流动人口社会支持状况比较

1. 社会支持网规模特征现状

(1) 规模数量特征

农村男性流动人口社会支持网规模的均值高于女性;未婚男性社会支

持网的规模均值低于已婚男性（见表 5－3）。无论是男性还是女性、未婚还是已婚，其情感支持网规模的均值均最小，这说明流动到城市的农村人口产生烦恼时主要依靠自己进行调节，缺乏有力的情感支持。对流动的农村大龄未婚男性而言，在三大网络中，实际支持网规模均值最大且规模为零所占的比重也最低，表明他们在日常生活中遇到困难时基本上都能找到帮助者。

表 5－3 不同性别和婚姻状况农村流动人口的社会支持网规模分布状况

项目	性别		婚姻状况			
	男性	女性	小龄未婚	大龄未婚	已婚	LR 检验/单因素方差分析
实际支持网样本量(个)	883	601	312	190	368	—
频数分布	—	—	—	—	—	ns
0(%)	2.4	2.7	2.2	3.2	1.9	—
1～10(%)	34.3	42.8	32.4	41.0	33.2	—
11～20(%)	22.5	25.1	25.0	24.1	20.9	—
21 及以上(%)	40.8	29.5	40.4	31.7	44.0	—
均值	26.7	17.9	23.6	24.0	30.7	*
情感支持网样本量(个)	881	600	311	190	367	—
频数分布	—	—	—	—	—	ns
0(%)	4.8	2.8	4.5	6.3	3.8	—
1～10(%)	64.5	72.3	66.6	62.7	64.6	—
11～20(%)	16.9	16.8	15.8	27.1	16.6	—
21 及以上(%)	13.8	8.0	13.2	12.9	15.0	—
均值	11.1	8.8	10.2	10.2	12.3	ns
社会交往网样本量(个)	885	602	312	191	369	—
频数分布	—	—	—	—	—	ns
0(%)	3.2	2.7	1.9	3.7	4.1	ns
1～10(%)	45.9	57.1	46.2	48.7	44.4	—
11～20(%)	25.2	24.3	27.2	26.8	23.8	—
21 及以上(%)	25.8	15.9	24.7	20.8	27.6	—
均值	17.5	12.7	16.2	16.9	18.8	ns

资料来源：厦门市农村流动人口调查。

（2）规模构成特征

友缘类型的关系已成为农村流动人口社会支持网关系构成的主体（见表5-4）。与女性农村流动人口相比，男性社会支持网中地缘比重较高而亲缘关系和友缘关系的比重则较低。

在所有支持网中，流动的农村大龄未婚男性依靠朋友支持的比重均高于已婚男性，但低于小龄未婚男性；其依靠亲戚帮助的比重则低于已婚男性但高于小龄未婚男性，尤其是在情感支持和社会交往中，已婚男性依靠亲戚的比重明显高于农村大龄未婚男性。

表5-4　不同性别和婚姻状况中农村流动人口社会支持网规模构成比例状况

项目	性别		婚姻状况			
	男性	女性	小龄未婚	大龄未婚	已婚	单因素方差分析
实际支持网样本量(个)	867	586	307	186	363	—
亲缘关系比重(%)	31.2	34.3	30.4	31.3	32.1	ns
地缘关系比重(%)	25.6	22.3	23.8	25.6	27.3	ns
友缘关系比重(%)	43.1	43.5	45.8	43.1	40.6	ns
情感支持网样本量(个)	845	585	299	181	355	—
亲缘关系比重(%)	31.8	35.7	27.1	27.8	38.0	*
地缘关系比重(%)	21.8	17.7	19.9	24.0	22.0	ns
友缘关系比重(%)	46.4	46.6	53.0	48.2	40.1	ns
社会交往网样本量(个)	858	587	307	186	353	—
亲缘关系比重(%)	22.1	26.0	19.5	19.9	25.4	*
地缘关系比重(%)	27.1	22.6	25.3	28.8	27.9	+
友缘关系比重(%)	50.7	51.3	55.2	51.3	46.7	ns

资料来源：厦门市农村流动人口调查。

2. 社会支持网质量特征现状

农村男性流动人口的社会支持网的质量高于女性（见表5-5），其网顶、网差和广泛性得分均值均高于女性。未婚男性流动人口可获得社会支持的质量高于已婚男性，小龄未婚男性社会支持的质量高于大龄未婚男性。

表5-5　不同性别、婚姻状况农村流动人口社会支持网质量分布特征

项目	性别		婚姻状况			
	男性	女性	小龄未婚	大龄未婚	已婚	单因素方差分析
网顶样本量(个)	899	608	316	194	366	+
均值	59.8	57.1	62.8	59.9	57.5	—
标准差	30.8	30.6	30.0	30.4	31.5	—
网差样本量(个)	899	608	316	194	366	*
均值	43.6	40.0	47.4	43.9	40.5	—
标准差	33.5	32.6	32.4	32.8	34.3	—
广泛性样本量(个)	899	608	316	194	366	ns
均值	4.5	3.8	4.6	4.8	4.3	—
标准差	3.9	3.3	3.7	4.0	3.8	—

资料来源：厦门市农村流动人口调查。

三　小结

本节研究发现：农村男性流动人口可获得的社会支持的规模均值和质量均值高于女性；未婚农村男性流动人口社会支持的规模小于已婚男性，但其可获得的社会支持的质量高于已婚男性。友缘类型的关系已成为农村流动人口社会支持网关系构成的主体。外出务工扩大了农村大龄未婚男性社会支持的规模以及人际交往的范围，亲缘关系的比重明显降低；但外出务工没有明显改善农村大龄未婚男性情感支持方面的窘境。

第三节　社会支持影响因素分析

一　男性社会支持的影响因素分析

1. 社会支持规模特征的影响因素分析

婚姻对男性社会支持的规模有显著影响，表现为流动的农村大龄未婚男性可获得的实际支持规模以及社会交往的规模显著小于已婚男性（见表5-6）。一方面，这可能是由于"被迫失婚"的大龄未婚男性自身的人际交往能力有限，且其特殊的身份不利于其融入人群；另一方面，这可能是由于其没有娶妻成家，缺少纵向的亲子关系或者横向的姻亲关系的支持，从而弱化

了其社会支持的规模。

控制变量中，受教育程度仅对实际支持的规模具有显著的正向影响；外向的性格有利于扩大实际支持和情感支持的规模，但对扩大人际交往的规模则无显著影响；收入越高，农村男性流动人口可获得实际支持和社会人际交往的规模越大；对流入地方言掌握得越好越有助于农村男性流动人口在城市获得更多的实际支持和社会交往支持；兄弟姐妹数量对社会支持的规模具有显著的正向影响。

表 5 - 6　社会支持网络规模特征影响因素 OLS 回归结果

变量	实际支持	情感支持	社会交往
婚姻因素			
婚姻状况(已婚)			
大龄未婚	- 0.112 *	- 0.002	- 0.114 *
个体因素			
年龄	- 0.029	0.027	0.008
受教育程度(小学及以下)			
初中	0.054 +	0.099	0.063
高中及以上	0.091 +	0.115	0.123
性格(内向)			
一般	0.121 +	0.151 *	0.027
外向	0.115 +	0.154 *	0.004
职业(工人阶层)			
非工人阶层	0.014	- 0.004	- 0.055
平均月收入(ln)	0.084 +	0.049	0.098 +
兄弟姐妹个数	0.102 +	0.092 +	0.111 *
流动因素			
居住环境(散居)			
聚居	0.029	0.014	0.006
在城市生活时间	- 0.067	- 0.000	- 0.059
方言掌握程度(听不懂)			
仅能听懂	0.109 *	0.014	0.113 *
会说	0.036	0.019	0.009
流动经历(无)			
有	- 0.001	- 0.002	- 0.011
工作份数	0.012	0.010	- 0.017
R^2	0.055 +	0.028 +	0.050 +
样本量	444	463	458

资料来源：厦门市农村流动人口调查。

2. 社会支持质量特征的影响因素分析

婚姻对农村男性流动人口社会支持的质量没有显著影响（见表5-7）。这可能是由于农村流动人口在城市中处于底层，是否已婚很难改善其社会支持的质量。

控制变量中，受教育程度对社会支持的质量具有显著的正向影响；职业阶层方面，与工人阶层的男性相比，非工人阶层的男性可得到社会支持的质量更高；收入越高，农村男性流动人口可获得的社会支持的质量越高；对流入地方言掌握得越好越有助于农村男性流动人口在城市获得更高质量的社会支持。

表5-7 社会支持网络质量特征影响因素 OLS 回归结果

变量	网顶	网差	广泛性
婚姻因素			
婚姻状况(已婚)			
大龄未婚	0.011	0.025	0.066
个体因素			
年龄	-0.011	-0.043	-0.057
受教育程度(小学及以下)			
初中	0.104	0.129 +	0.105
高中及以上	0.321 ***	0.289 **	0.255 ***
性格(内向)			
一般	0.043	0.046	0.024
外向	0.007	0.007	0.052
职业(工人阶层)			
非工人阶层	0.102 *	0.09 +	0.068
平均月收入(ln)	0.08 +	0.142 **	0.142 **
兄弟姐妹个数	0.025	0.039	0.05
流动因素			
居住环境(散居)			
聚居	-0.022	-0.045	-0.103 *
在城市生活时间	0.014	0.03	0.042
方言掌握程度(听不懂)			
仅能听懂	0.058	0.052	0.093 +
会说	0.135 **	0.148 **	0.195 ***
流动经历(无)			

续表

变量	网顶	网差	广泛性
有	0.014	0.002	− 0.009
工作份数	0.031	0.048	0.059
R^2	0.130 ***	0.139 ***	0.165 ***
样本量	447	447	446

资料来源：厦门市农村流动人口调查。

二 流动的农村大龄未婚男性社会支持的影响因素分析

1. 社会支持规模特征的影响因素分析

为辨识影响大龄未婚男性社会支持规模特征的因素，本部分分别对流动的农村大龄未婚男性和已婚男性的社会支持规模进行分析（见表5-8）。需要说明的是，表5-8仅展示显著模型，已婚男性社会交往网的整体模型不显著，因此并不展示。

在流动的农村大龄未婚男性社会支持规模的影响因素分析中，具有性格外向、收入高、居住在市民小区或市民与外来人口混合居住区、在城市生活时间较长等特征的流动的农村大龄未婚男性的实际支持网规模更大；年龄越小、兄弟姐妹越多的流动的农村大龄未婚男性可获得的情感支持较多；性格越外向、收入越高的流动的农村大龄未婚男性的社会交往网规模越大。兄弟姐妹数量对其社会支持网规模的显著影响在一定程度上说明，流动的农村大龄未婚男性的社会支持可能更多来自至亲的兄弟姐妹。

相比之下，收入、居住环境和在城市生活的时间这几个影响流动的农村大龄未婚男性实际支持网规模的变量并不影响已婚男性的实际支持网规模，但方言掌握程度对已婚男性的实际支持规模具有显著的正向影响。除了年龄和兄弟姐妹数量这两个变量之外，受教育程度和居住环境对已婚男性的情感支持网具有显著影响。

表5-8 分群体社会支持规模特征影响因素 OLS 回归结果

变量	大龄未婚男性			已婚男性	
	实际网	情感网	社交网	实际网	情感网
个体因素					
年龄	− 0.068	− 0.194 *	0.072	0.039	− 0.172 *
受教育程度(小学及以下)					
初中	0.135	0.063	0.094	0.037	0.238 +

续表

变量	大龄未婚男性			已婚男性	
	实际网	情感网	社交网	实际网	情感网
高中及以上	0.138	0.082	0.124	0.09	0.236 +
性格(内向)					
一般	0.091	0.012	0.215 *	0.155 +	0.094
外向	0.19 +	0.048	0.223 *	0.146 +	0.067
职业(工人阶层)					
非工人阶层	− 0.123	− 0.105	0.013	0.047	− 0.068
平均月收入(ln)	0.164 +	0.050	0.116 *	0.076	0.06
兄弟姐妹个数	0.256 **	0.177 *	0.054	0.031	0.185 *
流动因素					
居住环境(散居)					
聚居	− 0.192 *	− 0.115	0.05	0.069	− 0.196 *
在城市生活时间	0.147 **	0.068	− 0.023	− 0.089	0.093
方言掌握程度(听不懂)					
仅能听懂	− 0.029	− 0.120	0.002	0.123 *	− 0.02
会说	− 0.06	− 0.204 *	0.051	0.034	− 0.191 *
流动经历(无)					
有	0.047	− 0.120	0.055	0.011	− 0.091
工作份数	0.031	− 0.046	0.039	0.012	− 0.017
R^2	0.171 **	0.125 +	0.051 *	0.05 +	0.153 *
样本量	98	101	99	346	362

资料来源：厦门市农村流动人口调查。

2. 社会支持质量特征的影响因素分析

为分辨影响流动的农村大龄未婚男性社会支持质量的因素，本部分分别对流动的农村大龄未婚男性和已婚男性的社会支持质量进行分析（见表5－9）。在流动的农村大龄未婚男性社会支持质量的影响因素分析中，处于非工人阶层获得高质量的社会支持的可能性更高，说明职业阶层相对较高的流动的农村大龄未婚男性更有可能接触到城市中社会地位较高的人群；年龄仅对网差具有显著的负向影响；聚居的居住方式不利于扩大其社会支持的广泛性；兄弟姐妹的数量对网络的广泛性具有显著的正向影响，但对网差具有显著的负向影响。

表 5 - 9　分群体社会支持质量特征影响因素 OLS 回归结果

变量	流动的农村大龄未婚男性			已婚男性		
	网顶	网差	广泛性	网顶	网差	广泛性
个体因素						
年龄	- 0.136	- 0.160 +	- 0.058	- 0.009	0.020	- 0.033
受教育程度(小学及以下)						
初中	- 0.182	- 0.168	- 0.043	0.164 *	0.132 +	0.138 +
高中及以上	0.027	0.061	0.178	0.315 ***	0.363 ***	0.275 ***
性格(内向)						
一般	- 0.064	- 0.107	- 0.096	0.087	0.073	0.065
外向	0.141	0.097	0.101	- 0.011	- 0.015	0.051
职业(工人阶层)						
非工人阶层	0.239 *	0.230 *	0.252 *	0.060	0.068	0.026
平均月收入(ln)	0.067	0.134	0.114	0.114 *	0.051	0.114 *
兄弟姐妹个数	0.152	0.172 +	0.205 *	- 0.004	- 0.016	- 0.001
流动因素						
居住环境(散居)						
聚居	0.005	0.000	- 0.237 *	- 0.061	- 0.041	- 0.071
在城市生活时间	0.07	0.107	0.143	0.002	- 0.010	0.017
方言掌握程度(听不懂)						
仅能听懂	- 0.023	0.007	0.029	0.035	0.046	0.091 +
会说	- 0.01	0.018	- 0.023	0.176 **	0.167 **	0.245 ***
流动经历(无)						
有	0.158	0.127	0.056	- 0.025	- 0.024	- 0.017
工作份数	- 0.156	- 0.101	- 0.025	0.076	0.07	0.076
R^2	0.247 *	0.298 **	0.362 ***	0.148 ***	0.154 ***	0.157 ***
样本量	99	99	98	348	348	347

资料来源:厦门市农村流动人口调查。

　　相比之下,职业阶层、年龄、兄弟姐妹数量和居住环境这四个影响流动的农村大龄未婚男性社会支持的变量并不影响已婚男性社会支持的质量,但受教育程度、收入及方言掌握程度对已婚男性的社会支持网质量有显著的正向影响：受教育程度越高、平均月收入越高、方言掌握得越好的已婚男性社会支持的质量越好。

三 小结

第一，婚姻状况对农村男性流动人口可获得的社会支持的网络规模具有显著影响，但对改善社会支持的网络质量无显著影响。

第二，流动的农村大龄未婚男性和已婚男性在社会支持规模和质量的影响因素上存在较大差异。性格外向、散居的流动的农村大龄未婚男性更容易获得大规模和高质量的社会支持；高收入有利于扩大流动的农村大龄未婚男性社会支持的规模，但对改善其社会支持的质量无显著作用；职业阶层相对较高的流动的农村大龄未婚男性获得高质量社会支持的可能性也较高。相比之下，已婚男性社会支持的规模和质量主要受到自身受教育程度和方言掌握程度的影响。

第四节 本章小结

本章主要研究城乡流动背景下农村流动人口的社会支持现状以及婚姻状况对其社会支持的影响，并重点关注婚姻挤压背景下流动的农村大龄未婚男性社会支持状况以及影响因素。研究发现以下几点。

第一，农村男性流动人口可获得社会支持的规模和社会支持的质量均高于女性；友缘类型的关系已成为农村流动人口社会支持网关系构成的主体；流动的农村大龄未婚男性可获得社会支持的规模小于已婚男性，但其可获得社会支持的质量高于已婚男性，流动的农村大龄未婚男性在情感支持和社会交往方面依靠亲戚的比重明显低于已婚男性。

第二，外出务工扩大了农村大龄未婚男性社会支持的规模；丰富了其人际交往的范围，亲缘关系的比重明显降低；但外出务工没有明显改善农村大龄未婚男性情感支持方面的劣势状况。

第三，流动的农村大龄未婚男性社会支持网的数量和质量特征除了受其在婚姻市场上的劣势地位影响，还会因其个体特征和流动特征的不同而有所差异。

第六章 婚姻挤压对感知社会融合的影响

第一节 研究设计

一 研究思路与分析框架

本章主要研究城乡流动背景下农村流动人口的感知社会融合现状以及社会支持对感知社会融合的影响，尤其关注婚姻挤压背景下流动的农村大龄未婚男性的感知社会融合状况以及社会支持对其感知社会融合的影响。本章研究内容主要包括多维视角下农村流动人口的感知社会融合现状的比较分析、社会支持对农村男性流动人口感知社会融合的影响分析（见图 6 - 1）。

二 数据

本章的数据主要来源为西安交通大学人口与发展研究所 2009 年 11 月在厦门市 HL 区进行的"农村流动人口调查"。需要说明的是，与第五章相同，为了简要比较分析流动与留守农村的大龄未婚男性感知社会融合的差异，本章在第二节"外出务工对农村大龄未婚男性感知社会融合的影响"部分还使用了 2010 年百村个人调查中的留守农村的大龄未婚男性数据（共计 521 个样本）。另外，为了更清晰地分析"被动失婚"对流动的农村大龄未婚男性感知社会融合的净影响，在本章第三节"感知社会融合的影响因素"的回归分析中，剔除 92 个"主动不婚"流动的

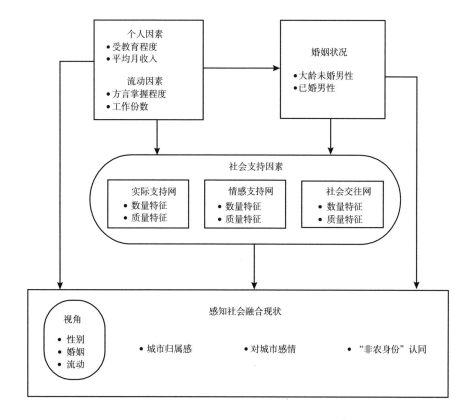

图 6 - 1　农村男性流动人口感知社会融合的影响分析框架

农村大龄未婚男性样本，只保留有过成婚困难经历的 103 个流动的农村大龄未婚男性样本。

三　变量设置、分析方法与模型设计

1. 变量设置

（1）感知社会融合

借鉴王春光（2001）的研究，本书认为，农村流动人口是否认同户籍制度强加的"农民"身份反映了农村流动人口对自己实际身份，即市民身份的认同情况。"感知融合"是一个普适性较强的概念，包含"归属感"和"情感"两个维度，分别为"个人对某个群体的归属感"和"个人对作为某个群体的成员所产生的感情或情感"（Bollen and Hoyle,

1990）。因此，本书从心理融合的角度，从"城市归属感""对城市的感情"和"非农身份认同" 3 个维度来测度农村流动人口感知社会融合的水平。

"城市归属感"包括 3 个题项：①我感觉我是属于城市的；②我觉得我是城市的成员；③我把自己看作城市的一部分。3 个题项均要求被访者用 5 级李克特量表从"1 = 非常同意"到"5 = 非常不同意"来回答。调查组将 3 个题项的得分加总后作为城市归属感的指标，得分越高，说明对城市的归属感越弱。"对城市的感情"包括 3 个题项：①我对城市充满感情；②居住在城市令我感到高兴；③与农村相比，我更喜欢生活在城市。3 个题项均要求被访者用 5 级李克特量表从"1 = 非常同意"到"5 = 非常不同意"来回答。调查组将每个维度的 3 个题项的总分加总，得分越高，说明对城市的感情越弱。为了测量农村流动人口对"非农身份"的认同情况，调查组询问被访者"您觉得自己还是不是农民"这一问题。

在这里需要说明的是，在崇尚普婚文化的中国农村地区，农村大龄未婚男性往往被贴上"另类人群"的标签，其在生活和工作中或多或少会受到议论或歧视（Jacoby，1975）。因此，对流动的农村大龄未婚男性而言，其在城市社会融合的障碍不仅包括农村户籍身份带来的制度性歧视，也包括不被周围人群接纳。为了更有针对性地分析流动对农村大龄未婚男性感知社会融合的影响，调查组在厦门市"农村流动人口调查"和"百村个人调查"中均收集了其"与周围人相处情况"的信息。在厦门市 HL 区调查中，调查组询问被访者"与市民共同生活在一个城市，您与市民相处得如何""在工作和生活中，您是否受到过市民的歧视"。在百村个体调查中，调查组询问被访者"您和村里人（如邻居、朋友和同学等）的关系怎么样""您有没有感到被村里人看不起"。

（2）社会支持

社会支持网络是衡量个体社会支持状况的主要测量指标，能直接反映个体的社会支持状况。本章采用范德普尔的分类方法，把社会支持网分为实际支持网、情感支持网和社会交往网三类，各类支持网的测度主要通过网络规模和网络质量特征来进行。网络规模是个体在各类支持网中可获得支持人数的总和，网络质量特征包括网顶、网差和广泛性。

（3）控制变量

个体因素包括受教育程度、职业类型、平均月收入；流动因素包括方言掌握程度和工作份数；婚姻因素包括大龄未婚和已婚。具体变量的描述性信息见表6－1。

表6－1　变量的描述性信息

变量	大龄未婚男性	已婚男性
社会支持因素		
网络规模样本量（个）	103	371
均值	15.4	20.6
网顶样本量（个）	104	366
均值	59.9	57.5
网差样本量（个）	104	366
均值	43.9	40.5
广泛性样本量（个）	104	366
均值	4.8	4.3
个体因素		
受教育程度样本量（个）	104	374
小学及以下（%）	8.7	15.0
初中（%）	41.4	48.9
高中及以上（%）	50.0	36.1
职业类型样本量（个）	104	373
工人阶层（%）	83.7	62.3
非工人阶层（%）	16.4	37.7
平均月收入样本量（个）	103	373
均值（元）	2641	2785
流动因素		
方言掌握程度样本量（个）	104	373
听不懂（%）	57.7	50.7
仅能听懂（%）	19.2	21.7
会说（%）	23.1	27.6
工作份数样本量（个）	103	365
均值（份）	2.1	1.8

资料来源：厦门市农村流动人口调查。

2. 分析方法与模型设计

本章首先使用 LR 检验分析外出务工对农村大龄未婚男性感知社会融合的影响；然后引入性别、婚姻的视角，采用 LR 检验/单因素方差分析方法比较农村流动人口感知社会融合状况的差异；再次采用 OLS 回归和 Logistic 回归法分析不同类型的社会支持网（实际支持、情感支持和社会交往）对农村男性流动人口感知社会融合的影响；最后使用 OLS 回归和 Logistic 回归法比较不同类型的社会支持对流动的农村大龄未婚男性和已婚男性感知社会融合影响的差异。

第二节 感知社会融合的现状分析

一 外出务工对农村大龄未婚男性感知社会融合的影响

农村大龄未婚男性与周围人的相处状况较差，外出务工对农村大龄未婚男性的感知社会融合产生较为复杂的影响：流动的农村大龄未婚男性中，与市民/村民相处较好的仅有 39.7%，低于留守农村的大龄未婚男性的比例（47.2%）；与市民/村民相处一般或不好的比例则高于留守农村的大龄未婚男性（见表 6 - 2）。另外，流动显著影响大龄未婚男性受到周围人歧视的程度。从表 6 - 2 中可以看出，流动的农村大龄未婚男性在城市遭受歧视程度显著低于留守农村的大龄未婚男性。

表 6 - 2　不同流动状况农村大龄未婚男性的感知社会融合

项目	留守农村的大龄未婚男性	流动的农村大龄未婚男性	LR 检验
与市民/村民相处样本量（个）	521	194	
好(%)	47.2	39.7	+
不好(%)	52.8	60.3	
被市民/村民歧视样本量（个）	520	194	
有(%)	59.6	30.9	***
没有(%)	40.4	69.1	

资料来源：厦门市农村流动人口调查和百村个人调查。

二 不同性别、婚姻状况的农村流动人口感知社会融合状况

农村流动人口整体感知社会融合的水平不是很高，在心理上还处于
"边缘人"地位，对城市的归属感也不强（见表6－3）。与农村男性流动人
口相比，女性农村流动人口的感知社会融合程度较好。在农村男性流动人口
内部，流动的农村大龄未婚男性的感知社会融合程度最差，更可能被边缘
化。

表6－3 不同性别、婚姻状况农村流动人口感知社会融合

项目	性别		婚姻状况			
	男性	女性	小龄未婚	大龄未婚	已婚	LR 检验/单因素方差分析
城市归属感样本量(个)	898	606	316	194	366	**
均值	7.47	7.26	7.39	7.90	7.38	—
标准差	2.23	1.99	2.09	2.24	2.28	—
对城市感情样本量(个)	897	606	316	194	365	***
均值	6.51	6.46	6.72	6.89	6.19	—
标准差	2.07	1.81	2.13	2.11	1.97	—
非农身份样本量(个)	896	607	316	194	364	***
不是(%)	61.3	51.9	52.1	61.0	69.1	—
是(%)	38.7	48.1	47.9	39.0	30.9	—

资料来源：厦门市农村流动人口调查。

三 小结

本节基于性别、婚姻和流动的视角比较分析了农村流动人口的感知社会
融合。研究发现：虽然大部分农村流动人口对城市产生了浓厚的感情，但对
城市的归属感较弱，且仍然认可户籍制度所强加的"农民"身份。与农村
男性流动人口相比，女性对城市的归属感和"非农身份"的认同更强。值
得注意的是，与其他农村流动人群相比，流动的农村大龄未婚男性在对城市
归属感和情感方面都是最差的。

第三节 感知社会融合的影响因素

一 农村男性流动人口感知社会融合的影响因素

1. "城市归属感"的影响因素

婚姻状况对农村男性流动人口的"城市归属感"有显著影响（见表6 - 4），流动的农村大龄未婚男性的"城市归属感"远远弱于已婚男性。

社会支持质量中的网差和广泛性对农村男性流动人口的城市归属感具有显著的正向影响。这表明，与城市较高社会阶层的接触会增强农村男性流动人口的城市归属感；另外，网络成员的职业类型的多样化，有助于农村男性流动人口加强对城市的了解和认识，从而在心理上融入城市社会。

控制变量方面，个体因素中，受教育程度对农村男性流动人口在城市的感知社会融合方面有一定的积极作用，高中文化程度的流动人口的城市归属感高于小学以下文化程度的农村流动人口。流动因素中，方言掌握程度和先后从事的工作份数会影响农村男性流动人口的城市归属感。会说方言的农村男性流动人口比听不懂方言的城市归属感强；先后从事的工作份数越多，农村流动人口的城市归属感越弱。这可能是由于不停地变换工作使得农村流动人口总是处于一种更加漂泊不定的状态，他们因为缺乏固定的交往人群及对城市的深入了解，和城市的关系反而变得更加疏远。

表6 - 4 城市归属感影响因素回归结果

变量	模型1	模型2	模型3	模型4	模型5	模型6
婚姻因素						
婚姻状况(已婚)						
大龄未婚	- 0.133 **	- 0.139 **	- 0.148 ***	- 0.135 **	- 0.143 ***	- 0.139 ***
社会支持因素						
实际支持网规模	0.027	—	—	—	—	—
情感支持网规模	—	0.066	—	—	—	—
社会交往网规模	—	—	0.007	—	—	—
网顶	—	—	—	0.052	—	—
网差	—	—	—	—	0.092 +	—
广泛性	—	—	—	—	—	0.096 *
个体因素	—	—	—	—	—	—

续表

变量	模型 1	模型 2	模型 3	模型 4	模型 5	模型 6
受教育程度(小学及以下)	—	—	—	—	—	—
初中	0.003	0.022	0.022	− 0.020	− 0.005	− 0.006
高中及以上	0.090	0.110	0.139 +	0.072	0.079	0.081
平均月收入(ln)	− 0.061	− 0.046	− 0.053	− 0.051	− 0.066	− 0.068
流动因素						
方言掌握程度(听不懂)	—	—	—	—	—	—
仅能听懂	0.059	0.064	0.064	0.039	0.052	0.042
会说	0.092 +	0.062	0.075	0.067	0.075	0.063
工作份数	− 0.098 *	− 0.125 **	− 0.114 *	− 0.098 *	− 0.109 *	− 0.110 *
Adjusted R^2	0.030	0.038	0.040	0.030	0.041	0.040
F 值	2.65 **	3.13 **	3.22 ***	2.69 **	3.49 ***	3.41 ***
样本量	431	432	433	441	463	462

资料来源：厦门市农村流动人口调查。

2. "对城市的感情" 的影响因素

婚姻状况对农村男性流动人口的"对城市的感情"有显著影响（见表 6 - 5），流动的农村大龄未婚男性对城市的感情远远弱于已婚男性。

社会支持因素中，情感支持的规模和网络的广泛性对农村男性流动人口"对城市的感情"具有显著的正向影响，具体表现为：情感支持网规模越大、网络成员的职业类型越多，农村男性流动人口对城市的感情越深。

控制变量中仅有"方言掌握程度"这一变量对其"对城市的感情"具有显著的正向影响，表现为方言掌握程度较好的农村男性流动人口对城市的感情更深。

表 6 - 5　"对城市的感情"影响因素回归结果

变量	模型 1	模型 2	模型 3	模型 4	模型 5	模型 6
婚姻因素						
婚姻状况(已婚)	—	—	—	—	—	—
大龄未婚	− 0.153 ***	− 0.145 ***	− 0.166 ***	− 0.139 ***	− 0.149 ***	− 0.159 ***
社会支持因素						
实际支持网规模	0.017	—	—	—	—	—

续表

变量	模型 1	模型 2	模型 3	模型 4	模型 5	模型 6
情感支持网规模	—	0.074 *	—	—	—	—
社会交往网规模	—	—	0.009	—	—	—
网顶	—	—	—	0.008	—	—
网差	—	—	—	—	0.034	—
广泛性	—	—	—	—	—	0.08 +
个体因素						
受教育程度(小学及以下)	—	—	—	—	—	—
初中	- 0.071	- 0.077	- 0.034	- 0.048	- 0.053	- 0.088
高中及以上	- 0.084	- 0.091	- 0.046	- 0.069	- 0.069	- 0.110
平均月收入(ln)	- 0.049	- 0.046	- 0.044	- 0.041	- 0.046	- 0.021
流动因素						
方言掌握程度(听不懂)	—	—	—	—	—	—
仅能听懂	0.044	0.051	0.037	0.056 +	0.047	0.001
会说	0.069 +	0.062 +	0.058 +	0.051 +	0.054 +	0.003
工作份数	- 0.022	- 0.028	- 0.021	- 0.026	- 0.024	- 0.057
Adjusted R^2	0.021	0.026	0.022	0.014	0.016	0.017
F 值	2.15 *	2.46 **	2.20 *	1.78 +	1.93 *	2.02 *
样本量	431	432	433	441	463	462

资料来源：厦门市农村流动人口调查。

3. "非农身份"认同的影响因素

婚姻状况对农村男性流动人口的"非农身份"认同有显著影响（见表6-6），流动的农村大龄未婚男性对"非农身份"认同感明显高于已婚男性。

社会支持因素中仅有社会交往的规模对农村男性流动人口"非农身份"的认同有显著影响，社会交往规模越大的农村男性流动人口，认为自己仍然是农民的可能性越小。

控制变量中，受教育程度和方言掌握程度对农村男性流动人口"非农身份"认同具有显著影响。受教育程度越高，越认同自身的"非农身份"，这说明受教育程度高的农村男性流动人口已经能够在一定程度上重新审视自己的现实身份，而不再以"农民"这一制度性的身份来约束自己。与听不懂所在城市方言的农村流动人口相比，方言掌握程度较高的农村男性流动人口认为自己不再是"农民"的可能性更大。

表 6－6　"非农身份"认同影响因素回归结果

变量	模型 1	模型 2	模型 3	模型 4	模型 5	模型 6
婚姻因素						
婚姻状况（已婚）						
大龄未婚	1.600 ***	1.574 **	1.525 ***	1.540 ***	1.536 ***	1.554 **
社会支持因素						
实际支持网规模	0.895	—	—	—	—	—
情感支持网规模	—	0.908	—	—	—	—
社会交往网规模	—	—	0.872 +	—	—	—
网顶	—	—	—	0.965	—	—
网差	—	—	—	—	0.992	—
广泛性	—	—	—	—	—	0.903
个体因素						
受教育程度（小学及以下）	—	—	—	—	—	—
初中	1.860 +	1.729	1.622	1.795	1.821 +	1.848 +
高中及以上	3.939 ***	3.731 ***	3.647 ***	3.657	3.768 ***	3.954 ***
平均月收入（ln）	0.906	0.913	0.917	0.928	0.922	0.932
流动因素						
方言掌握程度（听不懂）	—	—	—	—	—	—
仅能听懂	1.291	1.251	1.252	1.159 +	1.211	1.230
会说	1.376 +	1.218	1.319	1.167 ***	1.245	1.274
工作份数	0.988	0.955	0.974	0.972	0.964	0.967
－2LL	509.467 ***	519.834 ***	516.150 ***	525.532 ***	552.962 ***	552.742 ***
样本量	431	432	433	441	463	462

资料来源：厦门市农村流动人口调查。

二　流动的农村大龄未婚男性感知社会融合的影响因素

为辨明社会支持对流动的农村大龄未婚男性感知社会融合的影响，本部分仅选取流动的农村大龄未婚男性样本进行分析。需说明的是，表 6－7 仅列示影响显著的模型。

社会支持因素中，情感支持的规模对提高流动的农村大龄未婚男性的感知社会融合具有显著的积极作用：情感支持的规模越大，其对城市的归属感越强、对城市的感情越深、对"非农身份"的认同也越强。

高收入有助于提高流动的农村大龄未婚男性的城市归属感，这可能是由于良好的经济状况为其留在城市提供了坚实的经济保障。方言的掌握程度对于流动的农村大龄未婚男性在城市的感知社会融合具有显著的正向作用，会说或能够听懂所在城市方言的流动的农村大龄未婚男性更有可能挣脱"农民"这一制度性身份的束缚，从而在心理上更好地融入城市生活。

表 6-7 流动的农村大龄未婚男性感知社会融合影响因素回归结果

变量	归属感	对城市感情	非农身份	非农身份	非农身份	非农身份	非农身份
社会支持因素							
实际支持网规模	—	—	1.020	—	—	—	—
情感支持网规模	0.292**	0.247*	—	1.028*	—	—	—
社会交往网规模	—	—	—	—	1.019	—	—
网顶	—	—	—	—	—	1.006	—
网差	—	—	—	—	—	—	1.006
个体因素							
受教育程度(小学及以下)	—	—	—	—	—	—	—
初中	0.135	0.170	1.824	1.713	1.711	1.865	1.868
高中及以上	0.228	0.130	3.340	3.334	3.050	3.449	3.426
平均月收入(ln)	0.200+	0.133	1.644	1.845	1.730	1.566	1.539
流动因素							
方言掌握程度(听不懂)							
仅能听懂	-0.016	-0.096	1.544	1.646	1.541	1.428	1.396
会说	0.138	-0.046	3.076*	3.449*	3.389*	2.820+	2.762+
工作份数	-0.032	-0.096	0.967	0.975	0.962	0.934	0.929
Adjusted R^2	0.083	0.027	—	—	—	—	—
F 值	2.17*	1.37+	—	—	—	—	—
-2LL	—	—	114.832+	117.742*	118.362+	122.554+	122.61+
样本量	98	101	97	101	99	102	102

资料来源：厦门市农村流动人口调查。

三　小结

第一，婚姻状况显著影响农村男性流动人口在城市的感知社会融合。流动的农村大龄未婚男性感知社会融合的程度明显弱于已婚农村男性流动人口。较已婚农村男性流动人口而言，流动的农村大龄未婚男性对城市缺乏归属感、对城市的感情较弱，并且从心理上比已婚男性更难以跳出"农民"这一制度性身份的束缚。这一结果表明，"被迫失婚"的特殊身份给农村大龄未婚男性在流动到城市后的社会融合带来了负面的消极影响。

第二，社会支持因素对农村男性流动人口的感知社会融合具有显著影响。社会支持的质量主要影响农村男性流动人口对城市的归属感和对城市的感情，对"非农身份"的认同则无显著影响；社会交往支持的规模则对其"非农身份"的认同具有显著影响。

第三，流动的农村大龄未婚男性情感支持的规模对提高其感知社会融合具有显著的积极影响。

第四节　本章小结

本章主要研究城乡流动背景下农村流动人口的感知社会融合现状以及婚姻状况、社会支持因素对感知社会融合的影响，并重点关注同期开始的婚姻挤压背景下流动的农村大龄未婚男性感知社会融合状况以及影响因素。研究发现以下几点。

第一，虽然大部分农村流动人口对城市产生了深厚的感情，但对城市的归属感较弱，且仍然认可户籍制度所强加的"农民"身份。与农村男性流动人口相比，女性对城市的归属感和"非农身份"的认同更强。值得注意的是，与其他农村流动人群相比，流动的农村大龄未婚男性在对城市归属感和对城市情感方面都是最差的。

第二，婚姻状况对农村男性流动人口的感知社会融合状况有着显著的影响，流动的农村大龄未婚男性的感知社会融合程度明显弱于已婚农村男性流动人口，表现在"城市归属感""对城市的感情"和"非农身份"的认同三个维度上。

第三，社会支持的规模和质量特征是影响农村男性流动人口在城市里感知社会融合的重要因素，情感支持网规模大小与农村男性流动人口对城市的感情成正比，社会支持网的网差大小与农村男性流动人口城市归属感成正比。

第四，流动的农村大龄未婚男性的自身因素，如受教育程度和方言掌握程度，对其感知社会融合也有显著的正向影响。

第七章 婚姻挤压对婚姻缔结 与婚姻质量的影响

　　人口性别结构失衡下的女性缺失会造成初婚市场中的男性婚姻挤压，其潜在的人口社会后果可能成为社会可持续发展的隐患。男性婚姻挤压将迫使中国农村传统的婚姻观念和行为发生改变，进而影响两性关系和婚姻质量，对中国农村人口的婚姻家庭产生深远影响。男性婚姻挤压问题在中国历史上一直存在，而由近 30 年来持续升高的出生性别比所引发的婚姻市场中男性过剩对婚姻市场的冲击问题，在城乡流动人口规模日益扩大的背景下变得更加严重和复杂。本章分别从婚前和婚后两个方面，探讨婚姻挤压对婚姻缔结和婚姻质量的影响。

第一节　研究设计

一　研究思路和内容

　　男性婚姻挤压下，农村男性是婚姻挤压后果的直接承担者，部分农村男性（含已婚和未婚）在成婚的过程中遭遇成婚困难。婚姻挤压对婚姻的影响首先表现在婚前，即在择偶和婚姻缔结中，婚姻市场上女性数量的短缺导致可婚女性的婚姻价值提高和男性婚姻花费的提高。农村男性面临巨大的成婚压力，为了增加结婚机会，他们可能会调整婚姻策略——包括择偶观念或行为，以增加结婚机会。其次，婚姻挤压的影响也可能延续到婚后，对已婚家庭的婚姻质量和婚姻稳定性产生影响。

　　由于 20 世纪 80 年代以来出生队列的男性刚刚进入婚育阶段，中国婚姻挤压现象刚刚出现，程度也较轻。因此，关于婚姻挤压的婚姻后果的研究较少，缺乏系统、全面的研究。从方法上来看，已有的研究以质性或案例研究为主，缺乏定量数据和基于定量数据的分析；从内容来看，已有的研究多关注男性不能结婚的原因，而缺乏关于婚姻挤压对未婚群体择偶观念及行为、已婚群体婚姻质量的研究。本章将依次从婚前和婚后出发，系统探讨婚姻挤压对婚姻缔结和婚姻质量的影响。研究内容主要包括以下几个部分：农村男性流动人口成婚困难的现状和原因分析；婚姻缔结的要素分析，内容包括婚恋认识途径、结婚年龄、通婚圈、择偶标准和婚姻花费等；婚姻策略，包括初婚年龄、通婚圈和夫妻年龄差；婚姻质量分析。

在本章的第二节和第三节，纳入了性别、婚姻和流动三大视角，即首先对男性和女性流动人口进行对比，以发现性别间的差异；其次，根据婚姻和年龄状况，将农村男性流动人口分为小龄未婚男性、大龄未婚男性和已婚男性三类，以比较大龄未婚男性与其他男性的差异；最后，为了比较流动经历的影响，本书将厦门市"农村流动人口调查"和"百村个人调查"的相关数据进行匹配，以揭示流动因素对农村大龄未婚男性婚姻缔结的影响。在第四节对已婚农村人口婚姻策略的研究中，本书纳入了性别、出生队列、地域分布和婚姻经历的视角。

二　数据和方法

本章主要采用 2009 年厦门市"农村流动人口调查"数据，并辅之以对应的"百村个人调查"数据进行对比分析。具体来说，在第二节和第三节，留守农村的大龄未婚男性数据来自于"百村个人调查"，其他数据均来自厦门市"农村流动人口调查"。在第四节和第五节，本书将两次调查数据合并，并综合分析城乡人口流动等因素的影响。分析所需数据包括农村男性流动人口的成婚困难现象、婚姻缔结的要素、婚姻策略、婚姻稳定性和家庭暴力等方面的内容。本章主要采用描述性统计分析方法（包括 T 检验、LR 似然比检验和单变量方差分析），分析婚姻挤压对农村男性流动人口在婚姻方面的影响。

第二节　成婚困难

表 7-1 分析了农村流动人口是否遭遇成婚困难及主要影响因素。农村男性流动人口中，50% 以上的大龄未婚男性遭遇过或者正在遭遇成婚困难，这一比例

明显高于小龄未婚男性和已婚男性（分别为18.8%和23.2%），但大大低于留守农村的大龄未婚男性（89.7%）。这表明在农村流动人口中，大龄未婚男性群体是婚姻挤压的主要承受者，他们中较高比例的人口是被迫保持单身的。与留守农村的大龄未婚男性相比，流动的农村大龄未婚男性保持未婚的原因更为复杂，既可能是受婚姻挤压影响而被迫单身，同时也有可能是自愿单身或主动推迟结婚年龄。总之，流动在客观上可能起到推迟男性初婚年龄的作用。

表7-1 成婚困难及影响因素

项目	农村男性流动人口				农村大龄未婚男性		
	小龄男	大龄男	已婚男	LR检验	留守	流动	LR检验
是否遭遇（过）成婚困难样本量（个）	314	195	371	—	311	195	—
是（%）	18.8	53.3	23.2	***	89.7	53.3	***
成婚困难的因素样本量（个）	59	104	86	—	307	103	—
长相/身高/性格/年龄等(%)	45.8	48.5	50.0	ns	63.5	48.5	*
个人和家庭经济条件(%)	74.6	66.3	62.8	ns	82.5	66.3	**
兄弟数量太多(%)	16.9	22.3	23.3	ns	33.7	22.3	*
家乡交通不便、落后(%)	44.1	38.8	45.3	ns	50.2	38.8	*
家乡同年龄适婚异性少(%)	35.6	62.1	37.2	***	34.2	62.1	***
没时间认识或交往异性(%)	50.8	65.0	57.6	ns	—	—	—
让自己满意的异性太少(%)	45.8	57.8	37.6	*	—	—	—

资料来源：厦门市农村流动人口调查和百村个人调查数据，其中留守未婚男性数据来自百村个人调查。

本次调查也请被调查者报告影响自己成婚困难的因素，包括"长相/身高/性格/年龄等""个人和家庭经济条件""兄弟数量太多"等个人因素、家乡社区因素和流入地因素。首先，影响农村流动男性成婚困难的最主要因素分别是"个人和家庭经济条件""没时间认识或交往异性"，有50%~75%的男性受这两个因素影响；此外，受"长相/身高/性格/年龄等""家乡交通

不便、落后""家乡同年龄适婚异性少""让自己满意的异性太少"等因素
的影响也较多；而受"兄弟数量较多"影响的则相对较少。其次，影响流
动的农村大龄未婚男性成婚困难的主要因素更多，既包括"长相/身高/性
格/年龄等""个人和家庭经济条件""家乡同年龄适婚异性少"等个人因素
和家乡来源地因素，也包括"没时间认识或交往异性"和"让自己满意的
异性太少"等流入地工作和环境因素。这表明除了一般性的个人、家庭和
迁出地因素外，在城乡流动的背景下，繁重的工作、行业之间的隔离以及交
往范围狭小，也增加了流动人口融入城市后恋爱、结婚的难度。再次，影响
流动的农村大龄未婚男性成婚困难的因素也因流动经历的不同而表现出显著
的差异，如与留守农村的大龄未婚男性相比，流动的农村大龄未婚男性受
"长相/身高/性格/年龄"等个人生理特征的影响较小，而受"家乡同年龄
适婚异性少"的影响更大。

　　总之，本节分别从婚姻和流动视角，揭示了流动的农村大龄未婚男性成
婚困难状况及影响因素，发现：①就婚姻视角来看，在农村流动人口中，流
动的农村大龄未婚男性在婚姻市场中处于较劣势地位，面临较高的遭遇成婚
困难的风险；②就流动视角来看，流动本身起到提高农村男性结婚机会的作
用，流动的农村大龄未婚男性在婚姻市场中的地位依然高于留守农村的大龄
未婚男性。由于流动在外，流动的农村大龄未婚男性遭遇成婚困难的影响因
素更为复杂，不但包括个人和家庭经济因素、家乡社区的人口性别结构因
素，也包括流动相关的因素，如工作时间长、与异性交往机会少等。

第三节　婚姻缔结的要素分析

一　理想和实际婚恋认识途径

　　表 7 - 2 分析了理想婚姻认识途径。婚姻途径包括"自己认识""别人
介绍""父母安排""方式不重要"和"其他"。就全部流动人口来看，"自
己认识"是农村流动人口最主要的理想的婚姻认识途径，共占样本的 60%
以上，而选择"别人介绍"和"父母安排"的比例合计不足 10%。这反映
了流动人口择偶观念日趋现代化和独立化，传统的依赖父母和他人的婚姻认
识途径已经被替代。在男性样本中，虽然"自己认识"是各类男性最主要
的理想的婚姻认识途径，但是与小龄未婚男性和已婚男性相比，大龄未婚男

性选择"自己认识"的比例最低;同时他们选择"方式不重要"的比例显著高于小龄未婚男性和已婚男性,这反映了面对婚姻挤压和较少的婚姻机会,他们希望通过更多的认识途径,以扩大结识异性的机会,增加结婚的概率。

虽然较高比例的流动的农村大龄未婚男性认为择偶方式不重要,但对留守农村的大龄未婚男性和流动的农村大龄未婚男性的比较发现,他们理想的婚姻认识途径存在着显著差异。留守农村的大龄未婚男性更倾向于选择"别人介绍",而选择"自己认识"的比例较低;流动的农村大龄未婚男性则更倾向于选择"自己认识",约半数表示理想的婚姻认识途径是"自己认识",而选择"别人介绍"和"父母安排"的比例非常低(分别为4.1%和1.5%)。这表明流动对农村大龄未婚男性的理想择偶方式产生了影响,有流动经历的男性在择偶态度上更加独立,更注重感情因素而不愿意受传统的认识途径的制约。

表 7 - 2　理想婚姻认识途径

项目	全部流动人口		农村男性流动人口				农村大龄未婚男性		
	男性	女性	小龄男	大龄男	已婚男	LR 检验	留守	流动	LR 检验
认识途径样本量(个)	699	457	317	196	374	***	313	196	***
自己认识(%)	65.6	60.2	73.2	49.5	68.7	—	18.8	49.5	—
别人介绍(%)	6.7	8.1	1.0	4.1	12.4	—	23.6	4.1	—
父母安排(%)	1.1	1.8	0.3	1.5	1.3	—	7.7	1.5	—
方式不重要(%)	26.5	29.8	25.6	44.4	17.5	—	48.2	44.4	—
其他(%)	0.1	0.2	0.0	0.5	0.0	—	1.6	0.5	—

资料来源:厦门市农村流动人口调查和百村个人调查数据,其中留守未婚男性数据来自百村个人调查。

表 7 - 3 分析了已婚人口的实际婚恋认识途径。在已婚农村流动人口中,不管对男性还是女性而言,"自己认识"都是最主要的实际婚恋途径,其次是"别人介绍",这表明农村流动人口的占主导地位的实际择偶途径正在由"别人介绍"向"自己认识"转变。在已婚农村男性流动人口中,成婚困难经历对已婚男性实际婚恋认识途径没有显著的影响,但流动经历则有显著的影响。对留守在农村的已婚男性而言,"别人介绍"仍然是主要的婚恋认识途径;但对已婚农村男性流动人口而言,"自己认识"的比例高于别人介

绍，说明他们的主要婚恋认识途径已经实现了从传统的由"别人介绍"向"自己认识"的转变，自由恋爱正在成为主要的婚恋认识途径。

表7-3　实际婚恋认识途径

项目	已婚流动人口		已婚农村男性流动人口			农村已婚男性		
	男性	女性	成婚困难	无成婚困难	LR检验	留守	流动	LR检验
认识途径样本量(个)	370	323	84	285	ns	221	370	***
自己认识(%)	53.9	57.6	54.8	53.7	—	23.5	53.8	
别人介绍(%)	42.3	37.5	41.7	42.5	—	64.3	42.4	
父母安排(%)	3.5	4.3	3.6	3.5	—	11.8	3.5	
其他(%)	0.3	0.6	0.0	0.4	—	0.5	0.3	

资料来源：厦门市农村流动人口调查和百村个人调查数据，其中留守已婚男性数据来自百村个人调查。

二　理想结婚年龄和通婚圈

表7-4分析了不同性别、婚姻状况和流动状况的人们对男、女理想初婚年龄的看法。就全部流动人口来看，男性和女性关于不同性别人口理想初婚年龄的看法是基本上一致的，即男性理想的初婚年龄均值为26岁，女性理想结婚年龄为23.6~23.7岁，男性的理想初婚年龄比女性大2岁多。这表明流动人口理想的初婚年龄遵循男高女低的夫妻年龄匹配模式。

农村男性流动人口中，大龄未婚男性关于理想初婚年龄的态度不同于小龄未婚男性和已婚男性。小龄未婚男性和已婚男性关于男性和女性理想初婚年龄的看法基本是一致的，即25.9岁和23.5岁左右分别是男性和女性的理想初婚年龄；但大龄未婚男性关于男性、女性理想初婚年龄的均值分别为27.9岁和24.5岁，均显著大于小龄未婚男性和已婚男性，这反映了流动的农村大龄未婚男性群体在初婚年龄上观念的变化，他们更能接受初婚年龄的推迟。流动经历对农村大龄未婚男性理想初婚年龄的影响十分显著，流动的农村大龄未婚男性认知的男性和女性理想初婚年龄均明显大于留守农村的大龄未婚男性。

表 7 - 4 理想初婚年龄

项目	全部流动人口		农村男性流动人口			农村大龄未婚男性		
	男性	女性	小龄男性	大龄男性	已婚男性	留守	流动	T 检验
男性样本量(个)	894	606	316	194	372	313	194	***
理想初婚年龄均值(岁)	26.3	26.0	25.9	27.9	25.9	24.6	27.9	—
女性样本量(个)	894	606	316	194	372	535	565	***
理想初婚年龄均值(岁)	23.7	23.6	23.4	24.5	23.5	22.3	24.5	—

资料来源：厦门市农村流动人口调查和百村个人调查数据；其中留守未婚男性数据来自百村个人调查。

表 7 - 5 分析了未婚群体对理想配偶来源地的态度。理想配偶来源地选项包括"本村""本镇""本县""本市""本省""外省""国外"和"无所谓"。

首先，多数未婚男性和未婚女性流动人口并不在乎未来配偶的来源地，这意味着在未来一段时间里，远距离的婚姻比例可能会进一步增加；与女性相比，未婚男性的理想通婚圈较小，其理想的通婚半径在"本县"以内，而未婚女性的理想通婚圈则较大，选择理想配偶来自"本市"和"本省"的比例均较高。流动经历对农村大龄未婚男性的理想通婚圈影响显著。与留守农村的大龄未婚男性相比，更多的流动的农村大龄未婚男性对理想配偶来源地持"无所谓"的态度，这表明他们对配偶来源地持更为宽容的态度；与此同时，多数留守农村的大龄未婚男性则期望配偶来自较近的距离，包括"本村"和"本镇"。

表 7 - 5 未婚人口理想配偶来源地

项目	未婚流动人口		男性农村未婚流动人口			农村大龄未婚男性		
	男性	女性	小龄男	大龄男	LR 检验	留守	流动	LR 检验
来源地样本量(个)	979	135	315	195	*	313	195	***
本村(%)	4.6	0.7	2.5	2.1	7.3	2.1	—	—
本镇(%)	18.6	6.7	6.0	9.7	24.3	9.7	—	—
本县(%)	19.1	14.9	8.6	10.3	19.2	10.3	—	—

续表

项目	未婚流动人口		男性农村未婚流动人口			农村大龄未婚男性		
	男性	女性	小龄男	大龄男	LR 检验	留守	流动	LR 检验
本市(%)	8.0	16.4	9.5	6.2	5.8	6.2	—	—
本省(%)	6.5	11.9	13.0	9.7	2.2	9.7	—	—
外省(%)	2.4	5.2	3.5	1.0	0.6	1.0	—	—
国外(%)	0.6	1.5	0.6	0.0	0.3	0.0	—	—
无所谓(%)	40.3	42.5	56.2	61.0	40.3	61.0	—	—

资料来源：厦门市农村流动人口调查和百村个人调查数据；其中留守未婚男性数据来自百村个人调查。

三　未婚男性择偶标准

表7－6统计分析了未婚男性对"婚娶有婚史女性""婚娶残障女性""做上门女婿"的态度。

表7－6　未婚男性择偶观念

项目	未婚农村男性流动人口			农村大龄未婚男性		
	小龄男	大龄男	LR 检验	留守	流动	LR 检验
结过婚没有孩子的女性样本量(个)	304	187	**	309	187	***
愿意(%)	39.5	51.9	—	75.7	51.9	—
不愿意(%)	60.5	48.1	—	24.3	48.1	—
结过婚有女孩的女性样本量(个)	304	188	ns	309	188	***
愿意(%)	11.5	16.0	—	57.3	16.0	—
不愿意(%)	88.5	84.0	—	42.7	84.0	—
结过婚带男孩的女性样本量(个)	304	188	ns	309	188	***
愿意(%)	10.2	14.9	—	46.9	14.9	—
不愿意(%)	89.8	85.1	—	53.1	85.1	—
婚娶残疾女性样本量(个)	304	190	ns	312	190	***
愿意(%)	13.8	13.2	—	32.1	13.2	—
无所谓(%)	12.8	10.5	—	25.3	10.5	—

项目	未婚农村男性流动人口			农村大龄未婚男性		
	小龄男	大龄男	LR 检验	留守	流动	LR 检验
不愿意(%)	73.4	76.3	—	42.6	76.3	—
上门女婿样本量(个)	308	189	+	312	189	***
愿意(%)	15.2	24.3	—	34.9	24.3	—
无所谓(%)	27.9	24.3	—	31.1	24.3	—
不愿意(%)	56.8	51.3	—	34.0	51.3	—

资料来源：厦门市农村流动人口调查和百村个人调查数据；其中留守未婚男性数据来自百村个人调查。

　　"婚娶有婚史女性"包括"结过婚没有孩子的女性""结过婚带女孩的女性""结过婚带男孩的女性"共计3个题项。首先，农村流动人口中，不管是小龄未婚男性还是大龄未婚男性，较多的人可以接受"结过婚没有孩子的女性"（分别为39.5%和51.9%）；而愿意婚娶"结过婚且有孩子"（不管男孩还是女孩）的仅在10%~16%。这说明，随着社会的发展，婚娶"再婚女性"正在被广泛地接受，但是"带有孩子"仍成为女性再婚的阻碍。其次，关于婚娶三类有婚史女性的态度，与小龄未婚男性相比，较多的大龄未婚男性表示可以接受。其中，愿意婚娶"结过婚没有孩子的女性"的大龄未婚男性占51.9%。这表明，降低择偶标准，婚娶有婚史女性可能成为他们增加结婚机会的应对策略。最后，对各类有婚史女性，留守农村的大龄未婚男性表现出更能接受的态度，而流动的农村大龄未婚男性表示可以接受的比例明显较低。这反映了流动经历使得流动的农村大龄未婚男性在婚姻市场中的地位仍然高于留守农村的大龄未婚男性，因此他们婚娶有婚史女性的意愿并不强烈。

　　对于"婚娶残疾女性"，小龄和大龄流动的农村未婚男性的态度基本一致，即绝大多数持不能接受的态度。农村大龄未婚男性的态度因流动经历的不同而表现出显著的差异，只有13.2%的流动的农村大龄未婚男性对"婚娶残疾女性"持接受的态度，远远低于留守农村的大龄未婚男性。

　　对于"做上门女婿"，24.3%的流动的农村大龄未婚男性表示愿意接受，高于小龄未婚男性的15.2%，统计检验结果略显著。农村大龄未婚男性对"做上门女婿"的态度因流动经历的不同而表现出显著的差异，

34.9% 以上的留守农村的大龄未婚男性能够接受"做上门女婿",而在流动的农村大龄未婚男性中这一比例只有 24.3%。

以上分析表明,一方面,农村大龄未婚男性由于面临更大的婚配压力,因此也更期望通过降低择偶标准,实施包括接受有婚史女性、招赘婚姻在内的灵活多样的择偶策略以提高自身的结婚机会;另一方面,流动打工经历使得流动的农村大龄未婚男性面临较多的择偶和结婚机会,其在婚姻市场中的地位仍然高于留守农村的大龄未婚男性,因此他们中的多数仍然不愿意降低择偶标准。

四　婚姻花费

1. 找对象的花费

表 7 - 7 分析了找对象的花费和花费来源。首先,就性别差异来看,农村流动人口的婚姻花费表现出明显的男性高于女性的特征,男性的婚姻花费均值为 8111 元,远远高于女性的花费(3409 元),这说明,在找对象和恋爱过程中,男性是花费的主要承担者。就婚姻状态来看,已婚群体的花费明显高于未婚群体。已婚男性找对象的花费为 11760 元,分别是大龄未婚男性和小龄未婚男性的两倍以上。留守农村和流动的农村大龄未婚男性找对象的花费相差很小,表明流动并没有对农村大龄未婚男性找对象的花费总额产生显著的影响。

花费来源选项包括"父母""自己和父母""自己""储蓄和借贷""全部借贷""不适用",其中"不适用"表示找对象过程中没有什么花费。就全部流动人口来看,分别有 33.5% 的男性和 64.1% 的女性选择"不适用",这也表明与男性相比,大多数的女性在找对象的过程中是没有什么费用支出的。在找对象有花费的样本中,花费来源主要来自"自己"和"自己和父母",其中较多的男性(37.2%)找对象的花费来源为"自己"。就流动的农村已婚男性来看,自己和父母是花费的主要来源,只有 16.7% 的已婚男性在找对象过程中没有花费;而未婚男性没有花费的比例较高,这可能反映了他们中相当一部分人并没有找对象的经历。流动经历对婚姻花费来源也有显著的影响,流动的农村大龄未婚男性经济更独立,他们找对象的花费主要来自自己,而靠父母的比例较小。

表 7-7 找对象花费及花费来源

项目	全部流动人口		农村男性流动人口				农村大龄未婚男性		
	男性	女性	小龄男	大龄男	已婚男	LR/T检验	留守	流动	LR/T检验
找对象花费样本量(个)	804	527	277	168	349	—	301	168	ns
均值(元)	8111	3409	5103	5748	11760	—	5614	5748	—
花费来源样本量(个)	872	596	305	191	366	***	307	191	***
父母(%)	8.5	6.5	3.0	1.6	16.9	—	9.1	1.6	—
自己和父母(%)	18.6	10.2	10.2	11.5	29.5	—	34.5	11.5	—
自己(%)	37.2	19.1	36.4	47.6	32.2	—	30.0	47.6	—
储蓄和借贷(%)	1.6	0.0	0.0	0.0	3.6	—	3.6	0.0	—
全部借贷(%)	0.7	0.0	0.3	0.5	1.1	—	0.7	0.5	—
不适用(%)	33.5	64.1	50.2	38.7	16.7	—	22.1	38.7	—

资料来源：厦门市农村流动人口调查和百村个人调查数据；其中留守未婚男性数据来自百村个人调查。

2. 初婚花费

表 7-8 分析了已婚群体的初婚花费。彩礼、嫁妆和新房花费是结婚的主要费用，彩礼和新房费用往往由男方承担，而嫁妆由女方提供。已婚群体中，彩礼、嫁妆和新房的平均花费分别是 10867.3 元、9810.5 元和 30538.7 元，婚姻总花费合计约 52783.7 元。这说明，新房是结婚的最主要花费，男方的彩礼费用高于女方的嫁妆，因此男方家庭是婚姻花费的最主要承担者。在已婚农村流动人口中，不管是从彩礼、新房还是从初婚总花费来看，遭遇过成婚困难的男性的婚姻花费较高。这从侧面反映了那些遭遇过成婚困难（往往个人或家庭状况较差）、在婚姻市场上处于劣势的男性需要支付更高的花费才能赢得结婚机会。通过对留守在农村和流动到城市的农村已婚男性的婚姻花费的比较发现，已婚农村流动男性的婚姻总花费为 57000 元，约为留守农村男性婚姻花费的 5 倍。这可能是由于流动的农村男性不管是在经济能力上还是在结识异性机会上均优于留守农村的男性，因此有能力支付更高的婚姻费用，并在婚姻市场中处于较优势地位。

表 7-8　初婚花费

项目	已婚流动人口	已婚农村男性流动人口			农村已婚男性		
		成婚困难	无成婚困难	T检验	留守	流动	T检验
样本量(个)	628	78	269	—	219	344	—
彩礼(元)	10867.3	12460.3	10107.2	ns	—	—	—
嫁妆(元)	9810.5	8402.6	8358.0	ns	—	—	—
新房(元)	30538.7	39717.3	27534.3	ns	—	—	—
男性家庭总花费(元)	52783.7	111674.0	41424.4	***	11261.5	57000.3	**

注：百村个人调查没有提供各项婚姻花费信息，因此，该表未进行流动视角的对比分析。彩礼、嫁妆、新房是初婚花费的最主要支出项目，本表中彩礼嫁妆、新房指夫妻双方共同花费，而"男性家庭总花费"只包括男性和男性父母的花费。

资料来源：厦门市农村流动人口调查和百村个人调查数据；其中，留守未婚男性数据来自百村个人调查。

表 7-9 分析了农村流动人口初婚花费的地域差异。对东、中、西部省份已婚农村流动人口来讲，彩礼在 10000~11500 元，其中，中部的彩礼最高，东部最低；嫁妆花费平均在 9000~11500 元，其中，中部嫁妆花费最高，东部最低；西部的新房花费最高，平均将近 4 万元，东部最低，为 28246 元。值得关注的是，经济发展水平较高的东部，初婚花费反而较低，而在经济状况较差的西部和中部地区，婚姻花费反而更高。这从侧面反映了在男性婚姻挤压的背景下，女性可以通过婚姻迁移嫁到经济状况较好的地区。因此，东部地区本身具有明显的地域和经济优势，吸引女性嫁入；而中部和西部地区的男性就有限的女性可婚资源展开竞争，从而刺激了婚姻花费的整体提高。

表 7-9　不同来源地初婚花费比较

项目	东部省份	中部省份	西部省份
初婚花费样本量(个)	363	154	101
彩礼(元)	10527.2	11418.3	10727.3
嫁妆(元)	8896.6	11239.2	10335.0
新房(元)	28245.9	30020.8	39970.0

注：百村调查没有提供各项婚姻花费信息，因此未进行流动视角的对比分析。

资料来源：厦门市农村流动人口调查。

五　小结

首先，厦门市农村外来流动人口的婚恋途径和通婚圈表现出趋于独立和注重感情因素的特点。"自己认识"已经替代"别人介绍"成为占据主流的婚姻认识途径，理想和实际通婚圈都表现出明显的向外扩散的趋势。另外，与其他农村男性流动人口相比，流动的农村大龄未婚男性更少在乎婚姻认识途径和通婚半径；但是与留守农村的大龄未婚男性相比，流动的农村大龄未婚男性却表现出较高的择偶标准。他们的理想婚姻认识途径更强调自己认识和感情因素，更愿意同家乡本地人缔结婚姻。

其次，厦门市农村外来流动人口理想的平均初婚年龄为男性26岁左右，女性23岁多，传统男大女小的年龄匹配模式仍然存在。流动的大龄未婚男性理想的初婚年龄明显高于留守农村的大龄未婚男性和已婚男性，反映了流动本身可能推迟农村流动人口的初婚时间。

再次，与流动的小龄未婚男性人口相比，流动的农村大龄未婚男性更倾向于降低择偶标准，接受宽松、灵活多样的婚姻策略，如接受有婚史女性、残疾女性以及做上门女婿。但由于外出流动和打工经历改善了流动的大龄未婚男性的经济状况，因此在择偶标准上，相对于留守农村的大龄未婚男性他们表现出较高的择偶标准，对婚娶有婚史女性、招赘婚姻等持较不接纳的态度。

最后，婚姻花费表现出男性花费高于女性，有成婚困难经历的男性的花费高于无成婚困难的男性，流动在城市的已婚男性的花费高于留守在农村的男性的特征。这些结果分别从性别、婚姻和流动三个视角揭示了男性婚姻挤压和婚姻市场地位对婚姻花费的影响。一方面，由于婚姻市场上男性相对于女性处于劣势地位，男性的婚姻花费不断上升，他们成为婚姻花费的主要承担者。另一方面，与遭遇成婚困难或留守农村的已婚男性相比，未遭遇成婚困难或流动在城市的已婚男性在婚姻市场中处于较优势地位。

第四节　婚姻策略

本书对婚姻策略的测度包括初婚年龄、地理通婚圈和夫妻年龄差。

一　性别和出生队列视角下的婚姻策略

1. 农村男性的初婚年龄和通婚圈

伴随 1980 年以来中国出生性别比的持续升高，农村男性倾向于采取早婚和扩大通婚圈的婚姻策略以应对婚姻挤压危机：与 1980 年前出生的男性相比，1980 年及以后出生的男性的平均初婚年龄较低，早婚（22 岁以前结婚）比例较高、通婚范围更广、跨市通婚的比例几乎是前者的 2 倍（见表 7 - 10）。需要说明的是，数据显示 1980 年及以后出生的农村男性中，28 岁及以上结婚的比例低于 1980 年以前出生男性近 12%，这可能是由于 1980 年以后出生的男性刚进入婚姻市场没多久（调查时最大 30 岁），随着时间的推移，婚姻市场中 1980 年及以后出生的男性样本将在后续调查中相应增加，28 岁及以上结婚的比例会稍有上升。但根据已有研究结果发现，27 岁是男性初婚的拐点，28 岁及以后成婚的概率大大降低（刘利鸽、靳小怡，2011），因此，男性婚姻挤压越严重，农村男性越会通过早婚抢占婚姻资源。

通过对不同地区、流动经历下 1980 年及以后出生的农村男性初婚年龄和通婚圈的分析可知，婚前有流动经历的男性结婚年龄偏晚（但婚前流动对农村男性初婚年龄的影响并不显著），婚前流动明显扩大了他们的通婚圈，跨市通婚的比例是婚前无流动经历男性的 3 倍。不同地区的农村男性的初婚年龄存在显著差异：东部地区男性的初婚年龄集中在 25 ~ 27 岁，中部地区在 23 ~ 24 岁，西部地区则在 21 ~ 22 岁，在某种程度上反映出地区经济较差的农村男性在面对"男多女少"的婚姻市场环境时，更易采取早婚策略以抢占婚姻市场的女性资源。

表 7 - 10　不同出生队列农村男性的初婚年龄和通婚圈

项目	不同出生队列的农村男性			1980 年及以后出生的农村男性					
				婚前有无流动			区域		
	1980 年之前	1980 年之后	LR/t 检验	有	无	LR/t 检验	东部	中部	西部	LR 检验/单因素方差分析
初婚年龄样本量（个）	665	256	***	206	48	ns	64	99	91	**
20 岁及以下（%）	11.0	13.7	—	11.7	22.9	—	6.2	17.2	15.4	—
21 ~ 22 岁（%）	24.5	29.7	—	30.1	27.1	—	25.0	30.3	33.0	—
23 ~ 24 岁（%）	26.6	27.3	—	27.7	25.0	—	21.9	33.3	24.2	—

续表

项目	不同出生队列的农村男性			1980 年及以后出生的农村男性						
				婚前有无流动			区域			
	1980 年之前	1980 年之后	LR/t 检验	有	无	LR/t 检验	东部	中部	西部	LR 检验/单因素方差分析
25～27 岁(%)	16.2	19.5	—	19.4	20.8	—	28.1	12.1	20.9	
28 岁以上(%)	21.7	9.8	—	11.2	4.2	—	18.8	7.1	6.6	
平均初婚年龄(岁)	24.2	23.2	***	23.3	22.7	ns	24.1	22.8	22.9	**
通婚圈样本量(个)	666	258	***	206	48	**	65	100	91	ns
本村(%)	16.4	10.9	—	11.2	8.3	—	15.4	8.0	11.0	
本乡他村(%)	38.3	31.0	—	30.6	33.3	—	33.8	25.0	34.1	
本县他乡(%)	25.5	24.0	—	23.3	25.0	—	21.5	30.0	19.8	
本市他县(%)	8.1	12.0	—	9.2	25.0	—	6.2	14.0	14.3	
本省他市/外省(%)	11.7	22.1	—	25.7	8.3	—	23.1	23.0	20.9	

资料来源：厦门市农村流动人口调查和百村个人调查数据。

2. 农村女性的初婚年龄和通婚圈

伴随 1980 年以来中国出生性别比的持续偏高，男性婚姻挤压加剧，婚姻市场中农村女性的初婚年龄和通婚圈受到影响，其变动与男性基本保持一致，即早婚、通婚圈扩大的现象明显增多。通过对不同地区、流动经历下 1980 年及以后出生的农村女性初婚年龄和通婚圈的分析可知（见表7-11），婚前流动明显推迟了女性初婚年龄、扩大了通婚圈，婚前有流动经历的农村女性选择跨市通婚的比例几乎是婚前无流动经历女性的 6 倍。总之，与男性相比，流动对农村女性初婚年龄和通婚圈的影响程度高于男性。不同地区农村女性的初婚年龄和通婚圈也存在显著差异：中西部地区女性早婚的比例高于东部地区；东部地区女性跨市通婚的比例最高。这可能是由于东部地区经济较发达，会吸引较多的女性发生婚姻迁移的缘故。

表 7 – 11　不同出生队列农村女性的初婚年龄和通婚圈

项目	不同出生队列的农村男性			1980 年及以后出生的农村男性						
				婚前有无流动			区域			
	1980年之前	1980年之后	LR/t检验	有	无	LR/t检验	东部	中部	西部	LR 检验/单因素方差分析
初婚年龄样本量(个)	260	175	***	134	41	*	82	66	27	*
20 岁及以下(%)	18.8	15.4	—	11.2	29.3	—	2.4	27.3	25.9	—
21～22 岁(%)	30.8	34.9	—	34.3	36.6	—	39.0	28.8	37.0	—
23～24 岁(%)	23.5	36.6	—	41.0	22.0	—	45.1	31.8	22.2	—
25～27 岁(%)	14.6	9.1	—	10.4	4.9	—	9.8	9.1	7.4	—
28 岁以上(%)	12.3	4.0	—	3.0	7.3	—	3.7	3.0	7.4	—
平均初婚年龄(岁)	23.1	22.4	*	22.6	21.9	*	22.8	22.0	22.3	*
通婚圈样本量(个)	259	175	***	134	41	***	82	66	27	*
本村(%)	16.2	13.1	—	11.2	19.5	—	17.1	9.1	11.1	—
本乡他村(%)	34.7	22.9	—	20.9	29.3	—	17.1	31.8	18.5	—
本县他乡(%)	23.9	20.0	—	16.4	31.7	—	19.5	19.7	22.2	—
本市他县(%)	8.5	10.3	—	9.7	12.2	—	7.3	6.1	29.6	—

资料来源：厦门市农村流动人口调查和百村个人调查数据。

3. 夫妻年龄差

"男大女小"是目前农村人口择偶的主流模式。伴随 1980 年以来中国出生性别比的持续升高，丈夫比妻子大 3～4 岁的比例有所增加，但比妻子大 5 岁及以上的比例却没有增加（见表 7 – 12）。这可能是由于 1980 年以后出生的农村人口进入婚姻市场没多久，比男性小 10 岁及以上的女性还未进入婚姻市场。相关后续调查很可能表现出如下明显趋势：随着男性婚姻挤压日益严重，夫妻年龄差扩大，越来越多的男性被迫到下一年龄组择偶。

通过对不同地区、不同流动经历的 1980 年及以后出生的农村人口夫妻年龄差的分析可知（见表 7 – 12），婚前流动对农村人口夫妻年龄差有显著影响：婚前流动既增加同龄择偶的可能性，也增加在下一个年龄组择偶的可能性。这表明，流动可以扩大农村人口择偶的年龄范围，但也很可能加重婚姻市场中的不同年龄组之间男性的竞争。相比之下，不同地区农村人口间的夫妻年龄差不存在明显差异。

表 7 – 12　不同出生队列农村人口的夫妻年龄差

项目	不同出生队列的农村人口			1980 年及以后出生的农村人口						
				婚前有无流动			区域			
	1980年之前	1980年之后	LR检验	有	无	LR检验	东部	中部	西部	LR检验
夫妻年龄差样本量(个)	928	430	*	339	88	*	146	164	118	ns
–1岁及以下(%)	13.7	11.4	—	11.2	11.4	—	8.9	14.6	10.2	—
0岁(%)	17.1	19.8		21.5	13.6	—	21.9	18.3	19.5	
1岁(%)	17.6	16.0		16.5	14.8	—	13.7	14.6	20.3	
2岁(%)	17.1	19.8		16.2	28.4		17.1	20.7	19.5	
3~4岁(%)	18.9	23.0		22.4	26.1		25.3	23.8	19.5	
5岁及以上(%)	15.6	10.7		12.1	5.7		13.0	7.9	11.0	

注：夫妻年龄差 = 丈夫年龄 – 妻子年龄。
资料来源：厦门市农村流动人口调查和百村个人调查数据。

二　婚姻挤压下遭遇成婚困难男性的婚姻策略

与没有遭遇成婚困难的男性相比，遭遇成婚困难的男性平均初婚年龄晚 0.9 岁，晚婚（25 岁及以后结婚）比例更高，被迫到下一年龄组择偶（"男大女小"）的比例更高，通婚圈较大（见表 7 – 13）。通过对不同地区、不同流动经历的遭遇成婚困难男性的婚姻策略的分析可知（见表 7 – 13），婚前流动使这部分遭受婚姻挤压的弱势男性群体离开了相对封闭的社区，扩大了择偶范围。婚前有流动经历的男性，其跨市通婚比例几乎是婚前没有流动经历男性的 3 倍。值得注意的是，流动并没有显著增加他们早婚以及在婚姻市场中选择同龄配偶的机会。不同地区遭遇成婚困难的男性初婚年龄存在显著差异，东部地区遭遇成婚困难男性的平均初婚年龄最晚。

表 7 - 13 婚姻挤压下遭遇成婚困难男性的婚姻策略

项目	是否遭遇成婚困难			遭遇成婚困难的农村男性						
				婚前有无流动			区域			
	是	否	LR/t 检验	有	无	LR/t 检验	东部	中部	西部	LR 检验/单因素方差分析
初婚年龄样本量(个)	231	688	+	125	103	ns	59	96	73	**
20 岁以下(%)	9.5	12.5	—	8.0	11.7	—	6.8	13.5	6.8	—
21 ~ 22 岁(%)	22.1	27.3	—	20.8	24.3	—	15.3	19.8	31.5	—
23 ~ 24 岁(%)	25.5	27.3	—	23.2	26.2	—	15.3	35.4	20.5	—
25 ~ 27 岁(%)	21.2	15.7	—	29.6	26.2	—	45.8	14.6	24.7	—
28 岁以上(%)	21.6	17.2	—	18.4	11.7	—	16.9	16.7	16.4	—
平均初婚年龄样本量(个)	24.6	23.7	**	24.8	24.5	ns	25.6	23.9	24.7	*
通婚圈样本量(个)	230	692	ns	124	102	**	59	95	73	ns
本村(%)	12.2	15.8	—	9.7	15.7	—	15.3	9.5	13.7	—
本乡他村(%)	36.1	36.4	—	32.3	41.5	—	27.1	36.8	41.1	—
本县他乡(%)	23.9	25.4	—	23.4	22.5	—	25.4	23.2	24.7	—
本市他县(%)	10.0	9.0	—	8.9	11.8	—	11.9	11.6	6.8	—
本省他市/外省(%)	17.8	13.4	—	25.8	8.8	—	20.3	18.9	13.7	—
夫妻年龄差样本量(个)	230	689	*	123	103	**	58	94	75	ns
-1 岁及以下(%)	11.3	14.7	—	9.8	13.6	—	12.1	12.8	9.3	—
0 岁(%)	16.5	18.6	—	17.9	15.5	—	10.3	20.2	16.0	—
1 岁(%)	18.7	17.6	—	20.3	16.5	—	17.2	16.0	22.7	—
2 岁(%)	12.2	17.4	—	13.0	9.7	—	13.8	10.6	13.3	—
3 ~ 4 岁(%)	21.3	19.2	—	19.5	23.3	—	25.9	22.3	17.3	—
5 岁及以上(%)	20.0	12.6	—	19.5	21.4	—	20.7	18.1	21.3	—

注:"夫妻年龄差" = 丈夫年龄 - 妻子年龄。

资料来源:厦门市农村流动人口调查和百村个人调查数据。

第五节 婚姻质量

婚姻质量分为主观婚姻质量和客观婚姻质量。对客观婚姻质量的测度使用婚姻暴力并分为实施婚姻暴力和遭受婚姻暴力两个方面，对主观婚姻质量的测度使用婚姻满意度和婚姻稳定性两个指标。

对婚姻暴力的测度本书借鉴目前国际较流行的"冲突策略量表"（Straus et al.，1996）并进行了简化修改。在问卷调查中，询问被访者"近一年来，当您与配偶发生争吵或产生矛盾后，您有没有采用过下列行为"和"近一年来，当您与配偶发生争吵或产生矛盾后，您有没有遭受过下列行为"来获取被访对象是否实施和遭受婚姻暴力的信息。以婚姻暴力实施形式为例，将采用过"推搡、打耳光、拳打脚踢"中任何一种暴力形式界定为实施肢体暴力；将采用过"长时间不和对方说话的行为"方式界定为实施冷暴力；将只采用"讲道理"方式界定为不实施暴力。在这里需要说明的是，若被访者回答既采用过冷暴力也采用过肢体暴力，将其界定为"实施肢体暴力"。对遭受婚姻暴力的形式划分与实施婚姻暴力的形式划分相同。

对婚姻满意度的测量采用的是 Kansas 婚姻满意感量表（Schumm et al.，1986），量表包括三个题目，询问受访者"您对您婚姻的满意程度有多少？""您的丈夫/妻子作为一个配偶，您对他/她的满意程度有多少？""您对你们夫妻之间关系的满意程度有多少？"，其答案类别从"1"（很不满意）到"5"（很满意），分数越高表示其婚姻满意度越高。量表的 Alpha 值在 2009年调查和 2010 年调查中分别为 0.93 和 0.91。

对婚姻稳定性的测量改编自 Booth 婚姻稳定性量表（Booth et al.，1983），量表包括四个题目，询问被访者"近一年来，您或您的配偶是否正式提出过离婚的问题""近一年来，您是否和您的好友讨论过您打算离婚的事情""近一年来，您是否想过您的婚姻可能会出现问题""近一年来，您是否有过离婚的念头"，其答案类别从"1"（从无）到"5"（经常），分数越高，表示其婚姻稳定性越差。量表的 Alpha 值在 2009 年的调查中为 0.86。

一 性别和出生队列视角下的婚姻质量

1. 农村男性的婚姻质量

已有学者认为，婚姻挤压会使婚姻的不稳定因素增加，可能会造成家庭暴力增多、离婚率上升（陈友华，2004），但本次调查的结果显示，农村男性的婚姻质量尚未受到男性婚姻挤压的显著影响（见表 7 - 14），这可能是由于目前 1980 年及以后出生的农村男性人口的婚姻持续时间较短，其中不足 2 年的比例超过一半，性别失衡对婚姻质量的影响效应还尚未显现或尚未积累到产生明显影响的程度。通过对不同地区、流动经历下 1980 年及以后出生的农村男性婚姻质量的分析可知（见表 7 - 14）：流动对婚姻质量没有造成显著影响；不同地区农村男性间的婚姻质量不存在显著差异。

表 7 - 14 不同出生队列农村男性的婚姻质量

| 项目 | 不同出生队列的农村男性 | | | 1980 年及以后出生的农村男性 | | | | | | |
| | | | | 婚前有无流动 | | | 区域 | | | |
	1980 年以前	1980 年以后	LR/t 检验	有	无	LR/t 检验	东部	中部	西部	LR 检验/单因素方差分析
客观婚姻质量										
实施婚姻暴力样本量(个)	656	251	ns	161	90	ns	62	97	90	ns
无暴力(%)	57.9	57.4	—	57.8	56.7	—	61.3	52.6	58.9	—
实施冷暴力(%)	23.9	23.9	—	23.0	25.6	—	21.0	23.7	26.7	—
实施肢体暴力(%)	18.1	18.7	—	19.3	17.8	—	17.7	23.7	14.4	—
遭受婚姻暴力样本量(个)	655	254	ns	162	92	ns	63	99	90	ns
无暴力(%)	53.1	49.2	—	51.2	45.7	—	60.3	47.5	42.2	—
实施冷暴力(%)	30.8	35.8	—	37.0	33.7	—	28.6	34.3	43.3	—
实施肢体暴力(%)	16.0	15.0	—	11.7	20.7	—	11.1	18.2	14.4	—
主观婚姻质量										
婚姻满意度样本量(个)	665	257	ns	165	92	ns	65	99	91	ns
均值	12.2	12.4	—	12.3	12.6	—	12.4	12.4	12.5	—
标准差	2.5	2.3	—	2.3	2.3	—	2.2	2.4	2.2	—
婚姻稳定性样本量(个)	283	78	ns	—	—	—	40	25	13	ns
均值	4.7	4.9	—	—	—	—	4.8	5.0	5.2	—
标准差	1.6	2.1	—	—	—	—	1.6	2.4	2.9	—

注：百村个人调查中的婚姻质量部分不含婚姻稳定性信息。

资料来源：厦门市农村流动人口调查和百村个人调查数据。

2. 农村女性的婚姻质量

与上述农村男性的情况相似，农村女性的婚姻质量尚未受到男性婚姻挤压的显著影响，其可能的原因也与前者相同。通过对 1980 年及以后出生的不同地区、不同流动经历的农村女性婚姻质量的分析可知（见表7－15）：流动对婚姻质量没有造成显著影响；不同地区农村女性间的婚姻质量不存在显著差异。

表 7－15　不同出生队列农村女性的婚姻质量

项目	不同出生队列的农村女性			1980 年及以后出生的农村女性						
				婚前有无流动			区域			
	1980 年之前	1980 年之后	LR/ t 检验	有	无	LR/ t 检验	东部	中部	西部	LR 检验/ 单因素方差分析
客观婚姻质量										
实施婚姻暴力样本量(个)	252	171	ns	137	34	ns	78	66	27	ns
无暴力(%)	53.2	49.7	—	48.9	52.9	—	51.3	50.0	44.4	—
实施冷暴力(%)	34.1	36.8	—	37.2	35.3	—	37.2	33.3	44.4	—
实施肢体暴力(%)	12.7	13.5	—	13.9	11.8	—	11.5	16.7	11.1	—
遭受婚姻暴力样本量(个)	252	171	ns	137	34	ns	78	66	27	ns
无暴力(%)	54.4	60.2	—	59.9	61.8	—	65.4	59.1	48.1	—
实施冷暴力(%)	32.5	28.7	—	29.9	23.5	—	28.2	27.3	33.3	—
实施肢体暴力(%)	13.1	11.1	—	10.2	14.7	—	6.4	13.6	18.5	—
主观婚姻质量										
婚姻满意度样本量(个)	260	175	ns	141	34	ns	82	66	27	ns
均值	11.6	11.9	—	12.0	11.6	—	12.1	11.8	11.6	—
标准差	2.55	2.61	—	2.6	2.9	—	2.6	2.4	2.9	—
婚姻稳定性	189	128	ns	—	—	—	74	45	9	ns
均值	4.9	5.2	—	—	—	—	4.9	5.6	4.8	—
标准差	1.9	2.1	—	—	—	—	1.9	2.5	1.4	—

资料来源：厦门市农村流动人口调查和百村个人调查数据。

二　婚姻挤压下遭遇成婚困难男性的婚姻质量

遭遇成婚困难男性的婚姻质量明显低于没有遭遇成婚困难的男性（见表 7－16）：与没有遭遇成婚困难的男性相比，遭遇成婚困难的男性实施婚姻暴力和遭受婚姻暴力的比例均明显较高，婚姻满意度明显较低，婚姻稳定性也较差。

通过对不同地区、流动经历下的遭遇成婚困难男性的婚姻质量的分析可知（见表 7－16），流动对遭遇成婚困难男性的婚姻满意度有显著的负面影响；东部地区男性的婚姻满意度最低、婚姻稳定性最差，西部地区男性的婚姻满意度最高、婚姻稳定性最好。

表 7－16　婚姻挤压下遭遇成婚困难男性的婚姻质量

项目	是否遭遇成婚困难			遭遇成婚困难的农村男性						
				婚前有无流动			区域			
	是	否	LR/t 检验	有	无	LR/t 检验	东部	中部	西部	LR 检验／单因素方差分析
客观婚姻质量										
实施婚姻暴力样本量（个）	232	673	***	115	117	ns	60	93	76	ns
无暴力（％）	46.1	61.8	—	45.2	47.0	—	41.7	41.9	52.6	—
实施冷暴力（％）	31.0	21.5	—	31.3	30.8	—	31.7	29.0	34.2	—
实施肢体暴力（％）	22.8	16.6	—	23.5	22.2	—	26.7	29.0	13.2	—
遭受婚姻暴力样本量（个）	231	676	**	115	116	ns	59	93	76	ns
无暴力（％）	42.9	55.3	—	47.8	37.9	—	40.7	36.6	50.0	—
实施冷暴力（％）	39.4	29.7	—	39.1	39.7	—	42.4	39.8	38.2	—
实施肢体暴力（％）	17.7	15.0	—	13.0	22.4	—	16.9	23.7	11.8	—
主观婚姻质量										
婚姻满意度样本量（个）	232	688	***	114	118	+	59	96	74	*
均值	11.6	12.5	—	11.3	11.9	—	10.9	11.7	12.2	—

续表

项目	是否遭遇成婚困难			遭遇成婚困难的农村男性						
				婚前有无流动			区域			
	是	否	LR/t 检验	有	无	LR/t 检验	东部	中部	西部	LR 检验/单因素方差分析
标准差	2.7	2.3	—	2.9	2.5	—	3.0	2.7	2.3	—
婚姻稳定性	78	282	*	—	—	—	32	28	17	+
均值	5.1	4.6		—	—	—	5.7	5.0	4.4	
标准差	2.1	1.5		—	—	—	2.4	2.0	0.8	

资料来源：厦门市农村流动人口调查和百村个人调查数据。

第六节　本章小结

本章从性别、婚姻、流动、出生队列等视角出发，对性别失衡背景下中国农村流动人口的成婚困难状况、婚姻缔结、婚姻策略和婚姻质量进行了综合分析。主要结论包括以下几点。

1. 成婚困难

婚姻挤压在农村流动人口中仍然存在，流动的农村大龄未婚男性是婚姻挤压的主要承担者，他们中半数以上遭遇过成婚困难，但这一比例远低于留守农村的大龄未婚男性，表明他们在婚姻市场中的地位优于留守农村的大龄未婚男性。影响他们成婚困难的因素既包括个人和家乡社区因素，也包括流动因素。流动对于婚姻挤压的影响是双向的：一方面，与流动相伴随的行业和社会隔离使得农村流动人口在城市里的社会交往范围变狭窄、与异性结识机会变少，一定程度上限制了他们的择偶和婚配；另一方面，流动本身在一定程度上起到了推迟初婚年龄和弱化婚姻挤压影响的作用。农村流动人口中，只有53.3%的大龄未婚男性遭遇成婚困难，这一比例远远低于留守农村的大龄未婚男性，这说明流动的农村大龄未婚男性部分是婚姻挤压的结果，部分则是主动推迟初婚年龄的体现。流动的农村大龄未婚男性的理想初婚年龄和已婚男性的实际初婚年龄均明显高于留守农村的大龄未婚男性和已婚男性，这说明，流动推迟了农村流动人口的理想和实际初婚时间。

2. 婚姻缔结

首先，从性别视角来看：在理想婚恋途径方面，农村流动人口的理想和实际婚恋途径均没有显著的性别差异，"自己认识"已经替代"别人介绍"成为主流的婚姻认识途径，反映了流动人口在择偶时更加独立、更加注重感情因素；在理想通婚圈方面，农村流动人口的理想通婚圈表现出扩大的趋势，其中女性的通婚半径大于男性——较多未婚的流动人口对理想通婚圈持"无所谓"的态度，暗示着未来通婚圈有扩大的趋势；在理想初婚年龄方面，农村流动人口的理想初婚年龄表现出男性略高于女性的特征，表明流动人口婚配的年龄遵守"男高女低"的匹配模式；在婚姻花费方面，农村流动人口找对象花费和初婚花费都表现出男性远远高于女性的特征，男性是婚姻花费的主要承担者。

其次，从婚姻视角来看，流动的农村大龄未婚男性婚姻缔结的各要素均明显不同于已婚男性和小龄未婚男性：在婚恋认识途径方面，流动的农村大龄未婚男性对理想择偶途径和通婚圈的态度明显有别于其他男性——与其他农村男性流动人口相比，他们更不在乎婚姻认识途径和通婚半径；在择偶标准方面，与其他男性农村流动人口相比，大龄未婚男性更倾向于降低择偶标准，接受宽松、灵活多样的婚姻策略，如接受有婚史女性、残疾女性以及做上门女婿；在婚姻花费方面，流动的大龄未婚男性找对象的花费明显低于已婚男性，有成婚困难经历的已婚男性的花费高于无成婚困难的男性。这反映了婚姻挤压的承受者所面临的两种状态：大龄未婚男性找对象的花费较低是由自身条件较差，面临较少的恋爱机会造成的；而遭遇成婚困难的已婚男性由于自身条件较差，因此他们婚姻的缔结需要支付更高的费用。

最后，从流动视角来看，流动经历改变了农村大龄未婚男性的婚姻观念和在婚姻市场中的地位：在婚恋途径和理想通婚半径方面，与留守农村的大龄未婚男性相比，流动的农村大龄未婚男性的理想婚姻认识途径更强调自己认识和感情因素，更愿意扩展通婚半径；在择偶标准和婚姻花费方面，由于外出流动和打工经历改善了农村流动人口的经济状况并在一定程度上改善了他们在婚姻市场中的地位，因此与留守农村的大龄未婚男性相比，流动的大龄未婚男性持有较高的择偶标准，对婚娶有婚史女性和招赘婚姻等持较不宽容的态度；与留守农村的已婚男性相比，流动的已婚男性的初婚花费反而更高。

3. 婚姻策略和婚姻质量

首先，性别失衡背景下男性婚姻挤压对农村人口婚姻策略的影响初露端倪，城乡人口流动的正负影响相互交织，男性婚姻挤压的地区差异和矛盾逐步加大。受出生性别比持续偏高的影响，农村人口平均初婚年龄下降，早婚现象有所增多；夫妻年龄差扩大，老夫少妻的比例增多；通婚圈扩大，跨市通婚的比例增多；遭受婚姻挤压的农村男性的初婚年龄则没能下降，晚婚的可能性更高。流动对农村人口的早婚行为具有抑制作用，会引起初婚年龄的推迟，但对扩大通婚圈和拉大夫妻年龄差则具有刺激作用；流动对女性婚姻策略的影响程度要大于男性。经济较差地区的男性婚姻挤压程度较高，对农村人口婚姻策略的冲击较大：与经济较好地区的农村人口相比，经济较差地区的农村人口早婚的可能性更高，男性更易采取早婚策略以抢占婚姻市场的女性资源，而女性发生婚姻迁移的比例较高，可婚配女性人口流失较严重。

其次，男性婚姻挤压明显降低了农村人口的婚姻质量，城乡人口流动对婚姻质量也有一定的负面影响，农村人口对婚姻质量评价的地区差异明显。与1980年以前出生的农村人口相比，虽然1980年以后出生的农村人口的婚姻质量没有表现出明显变化，但是遭受过婚姻挤压的男性，其婚姻质量明显低于没有遭受婚姻挤压的男性，婚姻满意度更低、婚姻稳定性更差、婚姻暴力的发生率更高。流动对遭受婚姻挤压的农村男性的婚姻满意度有负面影响。东部地区遭受到婚姻挤压的男性对婚姻质量的评价最低，西部地区遭受到婚姻挤压的男性对婚姻质量的评价最高，这可能与较发达的东部地区农村人口对婚姻质量的认知程度和期望值较高有关。

总之，1980年以来出生性别比持续偏高造成的性别失衡业已引起农村人口婚姻策略的调整，而城乡人口流动则使得农村人口婚姻策略的变动更加复杂。从短期来看，目前婚姻策略的调整可以缓解婚姻挤压的矛盾，但从长期来看，很可能引致一些不良后果，如夫妻年龄差和通婚圈的扩大会引起婚姻挤压矛盾向低年龄组和不发达地区转移，使得低年龄组和不发达地区农村男性的婚姻挤压程度进一步加剧，对女性配偶的争夺更加激烈，从而可能造成买婚和骗婚等违法犯罪事件增多；"老夫少妻"比例的上升，会波及未来老龄人口的性别结构，对未来的养老提出新的要求和挑战。另外，伴随性别失衡程度的加剧，婚姻市场中遭受到婚姻挤压的男性弱势群体增多，其婚姻家庭的稳定势必成为严重的社会问题，需要政府和社会各界给予更多的关注。

第八章 婚姻挤压对生育的影响

大规模的城乡人口流动加剧了婚姻挤压的态势。相对剥夺感理论认为，在与他人或其他群体进行比较的过程中，人们会产生心理上的落差和不平衡，即强烈的相对剥夺感；当人们有强烈的相对剥夺感时，更可能产生违背社会规范的想法或做出违背社会规范的行为。在婚姻挤压和人口流动的背景下，农村流动人口在城市处于弱势地位，在婚姻市场上是遭受婚姻挤压的高风险人群，在经济和社交方面也更容易产生较强的相对剥夺感。关于流动人口生育偏好的已有研究很少纳入婚姻挤压和相对剥夺感的视角。本章将以这两个视角揭示在婚姻挤压背景下农村流动人口的生育偏好是否会受到成婚困难和相对剥夺感的影响。

第一节 研究设计

一 研究思路与分析框架

农村流动人口长期生活于农村的文化环境中，受传统文化的影响较为明显，当其流动到城市之后，虽然所处的社会环境发生了较大的变化，但是由于这类人群与当地市民的交往较少，他们的"圈子"依然集中于和自己具有同等身份的农民工群体，因此其观念可能并不会发生本质上的转变。加之当前针对农村流动人口的社会保障体系仍不健全，居家养老依然是最主要的养老方式，这就更加剧了人们对男孩的偏好。在低生育率社会，男孩偏好的生育观念反映在生育行为上则表现为性别选择性生育，导致出生性别比异常和男孩过剩。

在人口大规模迁移背景下,受行业、区域和性别隔离的影响,男性和女性交流的机会减少,因此,男性和女性都可能面临婚恋难题。遭遇成婚困难可能使流动人口感受到适婚异性缺失带来的压力,并对生育观念和行为产生影响。

外出流动使女性在经济上得以独立、价值观念得以改变、经历见识得以丰富,颠覆了乡土社会传统的社会性别角色和劳动分工,改变了女性农村流动人口对自身的期望,对其生育观念及行为的改变可能更为显著。因此,有必要对男性婚姻挤压背景下成婚困难经历对流动人口生育性别偏好的影响进行综合分析。

同时,农村流动人口进入城市之后需要重新获取自己的社会地位(彭庆恩,1996),但由于长期处于农村特定的文化氛围之中,并受到自身条件的局限,他们所从事的职业仅能以体力劳动为主,所拥有的社会关系资源中,仍然以亲缘和地缘关系为主(李培林,1996),这使得其在城市的社会分层中处于较低层次,成为城市中的弱势群体(李树茁等,2007),处于一种被剥夺的状态,其中既包括相对剥夺,也包括绝对剥夺和多阶剥夺(李强,2004)。对于本身处于相对弱势地位的人群而言,他们难以改变自身的被剥夺状态,只能把期望寄予下一代,因此,在城市中的相对剥夺感可能会成为男孩偏好的内在动力。

综上所述,在男性婚姻挤压背景之下,遭遇成婚困难和具有较强相对剥夺感的农村流动人口在生育观念和生育行为上可能会更加偏好男孩。因此,本章将从成婚困难经历和相对剥夺感两个视角出发,分析影响已婚流动人口生育偏好的主要因素,从而为探索从根本上转变人们生育偏好的政策实践提供数据支持。农村流动人口的生育偏好影响因素的分析框架见图 8 - 1,图中的虚线表示本书暂不研究的内容或关系。

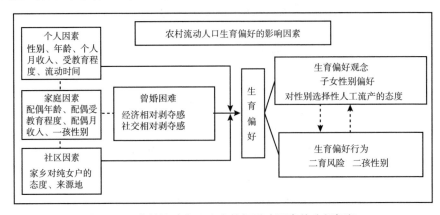

图 8 - 1 农村流动人口生育偏好影响因素的分析框架

二　数据

本章所使用数据主要来自厦门市"农村流动人口调查"中的男性流动人口样本，并辅之以"百村个人调查"中的农村留守男性样本。第二节采用厦门市"农村流动人口调查"数据和"百村个人调查"数据，通过与农村留守男性的对比，分析农村流动人口生育观念及行为的现状；在第三节对农村流动人口生育观念及行为的影响因素分析中，只对已婚流动人口样本进行分析。厦门市"农村流动人口调查"的总样本量为 1507 个，其中已婚人群样本量为 699 个；"百村个人调查"中从未流动过的留守已婚男性的样本量为 229 个，从未流动过的大龄未婚男性的样本量为 315 个。

三　变量设置、分析方法与模型设计

1. 变量设置

（1）因变量

因变量包括生育偏好观念和生育偏好行为。

生育偏好观念主要通过"子女性别偏好"和"对性别选择性流产的态度"来度量。

"子女性别偏好"通过询问"如果政策允许，假如您第一个孩子是女孩，您想做什么"来获得相应信息，选项包括"停止生育""再要一个，不管男女"和"不管怎样，直到有一个儿子为止"。本章认为，上述三个选项分别反映了无男孩偏好、弱男孩偏好和强男孩偏好，分别赋值为"3、2、1"，并以无男孩偏好为基准参考类型。

"对性别选择性流产的态度"采用李克特五级量表测量，即将态度分为完全理解、理解、无所谓、不能理解与完全不能理解，在回归时将五级合并为三级，即理解、无所谓、不理解，分别赋值为"1、2、3"，并以不理解为基准参考类型。

研究表明，头胎为女孩的家庭的二孩生育间隔较短，二孩是男孩的可能性也较大（李树茁等，2006b）。所以，本书选取"二孩生育风险"（即"二育风险"）与"二孩性别"来度量生育偏好行为。"二孩生育风险"指流动后生育二胎的可能性（一孩为流动前或流动后出生均可）。对只有一个孩子的夫妇而言，我们不知道他们未来是否会继续生育以及何时生育，即形成所谓的"截尾数据"，因此使用 Cox 比例风险回归进行分析。其中，时间变量为二孩生育间隔，即一孩与二孩出生时间的间隔（一孩存活且生育有二胎）或一孩出生时间与调查时间的间隔（一孩存活但并没有生育二孩）。状态变量为二分类变量"是否生育了二孩"，将"1"定义为生育了二孩。二孩性别是二分类变量，以女性为基准参考类型，二孩性别是男赋值为"1"，女则赋值为"0"。

因变量及其定义如表8-1所示。

表8-1　因变量及其定义

因变量	定义
生育偏好观念	
子女性别偏好	1 = 强子女性别偏好，2 = 弱子女性别偏好，3 = 无子女性别偏好
对性别选择性人工流产的态度	1 = 理解，2 = 无所谓，3 = 不理解
生育偏好行为	
是否生育二孩	1 = 是，0 = 否
二育间隔	连续变量
二孩性别	1 = 男，0 = 女

（2）自变量

自变量包括"遭遇成婚困难"和"相对剥夺感"两个变量。是否遭遇成婚困难是二分类变量，以"否"为参考项。

相对剥夺感从经济和社交两个方面进行测度。题项包括①"和周围的同龄打工者相比，我觉得同异性约会（或交往）是一件_____的事情"，选项包括"非常困难、有些困难、一般、比较容易、非常容易"5个选项；②"和周围的同龄打工者相比，我认为自己对异性的吸引力_____"，选项包括"非常小、比较小、一般、比较大、非常大"5个选项；③"和周围的同龄打工者相比，我的收入和经济状况_____"，选项包括"非常差、比较差、差不多、比较好、非常好"5个选项；④"和周围的同龄打工者相比，我父母的经济状况_____"，选项包括"非常差、比较差、差不多、比较好、非常好"5个选项。对上述各题项的赋值分别为"1、2、3、4、5"，将题项①和②得分相加后生成社交相对剥夺感变量，将题项③和④得分相加后生成经济相对剥夺感变量，得分越高说明被调查者的相对剥夺感越低。

（3）控制变量

控制变量包括个人、家庭和社区因素。个人因素包括性别、年龄、个人月收入、受教育程度和流动时间等变量；家庭因素包括配偶年龄、配偶受教育程度、配偶月收入和子女性别变量；社区因素包括家乡对纯女户的态度和来源地变量。由于生育行为是夫妻二人共同决定的，因此对生育行为的分析不再纳入性别因素。

2. 分析方法

在农村流动人口生育偏好的现状分析中，主要采用描述性统计分析方法（LR 检验）对比不同性别、婚姻状况及流动状况的人群在生育观念及生育行为方面的差异。

在农村流动人口生育偏好的影响因素分析中，通过"子女性别偏好"和"对性别选择性流产的态度"两个变量来度量生育偏好观念，并采用Ordinal 回归方法，分析成婚困难和相对剥夺感对生育偏好观念影响的净效应；通过"生育二胎的风险"与"二孩性别"来度量生育行为，并分别采用 Cox 比例风险回归模型和 Binary Logistic 回归方法分析成婚困难和相对剥夺感对生育偏好行为影响的净效应。

表 8－2 和表 8－3 显示了各回归模型中自变量和控制变量的基本特征。从中可以看出，成婚困难人群所占比例较小，"相对剥夺感"的得分集中在中间区域。

表 8－2　生育偏好观念回归分析变量的描述性统计

自变量	子女性别偏好		对性别选择性人工流产的态度	
	均值	标准差	均值	标准差
成婚困难(否)				
是	0.19	0.39	0.22	0.42
相对剥夺感				
经济相对剥夺感	5.94	1.09	5.92	1.07
社交相对剥夺感	5.88	1.30	5.97	1.26
个人因素				
性别(女)				
男	0.53	0.50	0.60	0.49
年龄(25 岁及以下)				
26～35 岁	0.49	0.50	0.45	0.50
36 岁及以上	0.47	0.50	0.25	0.43
个人月收入(ln)	7.55	0.58	7.48	0.53

续表

自变量	子女性别偏好		对性别选择性人工流产的态度	
	均值	标准差	均值	标准差
受教育程度(小学及以下)				
初中	0.54	0.50	0.50	0.50
高中及以上	0.31	0.46	0.42	0.49
流动时间(0~5年)				
6~10年	0.24	0.43	0.31	0.46
11年及以上	0.68	0.47	0.43	0.50
家庭因素				
配偶年龄(25岁及以下)				
26~35岁	0.47	0.50	0.47	0.50
36岁及以上	0.47	0.50	0.47	0.50
配偶受教育程度(小学及以下)				
初中	0.47	0.50	0.47	0.50
高中及以上	0.33	0.47	0.32	0.47
配偶月收入(ln)	7.70	0.80	7.69	0.81
子女性别(0孩)				
仅男	0.44	0.50	0.45	0.50
仅女	0.25	0.43	0.25	0.43
男女均有	0.22	0.41	0.22	0.41
社区因素				
家乡歧视纯女户(无)				
有	0.58	0.49	0.58	0.49
来源地(西部)				
中部	0.32	0.47	0.28	0.45
东部	0.51	0.50	0.58	0.50
样本量(个)	547	558		

资料来源：厦门市农村流动人口调查。

表8-3　生育行为回归分析变量的描述性统计

自变量	是否生育二孩		二孩性别	
	均值	标准差	均值	标准差
二育间隔(月)	85.64	63.82	—	
成婚困难(否)				
是	0.18	0.38	0.18	0.38
相对剥夺感				

续表

自变量	是否生育二孩		二孩性别	
	均值	标准差	均值	标准差
经济相对剥夺感	5.94	1.11	5.86	1.15
社交相对剥夺感	5.87	1.31	5.89	1.29
个人因素				
年龄(25岁及以下)				
26~35岁	0.47	0.50	—	—
36岁及以上	0.50	0.50	0.61	0.49
个人月收入(ln)	7.55	0.56	7.60	0.55
受教育程度(小学及以下)				
初中	0.54	0.50	0.59	0.49
高中及以上	0.32	0.46	0.19	0.39
流动时间(0~5年)				
6~10年	0.23	0.42	0.10	0.30
11年及以上	0.69	0.46	0.89	0.33
家庭因素				
配偶年龄(25岁及以下)				
26~35岁	0.46	0.50	0.37	0.48
36岁及以上	0.50	0.50	0.60	0.49
配偶受教育程度(小学及以下)				
初中	0.48	0.50	0.56	0.50
高中及以上	0.31	0.46	0.11	0.32
配偶月收入(ln)	7.69	0.79	7.48	0.75
一孩性别(女)				
男	0.57	0.50	0.37	0.48
社区因素				
家乡歧视纯女户(无)				
有	0.58	0.50	0.60	0.49
来源地(西部)				
中部	0.33	0.47	0.35	0.48
东部	0.50	0.50	0.36	0.48
样本量(个)	510		128	

资料来源:厦门市农村流动人口调查。

第二节 生育偏好的现状研究

一 生育观念的现状

1. 子女性别偏好的现状

表 8 - 4 显示了不同性别、成婚困难经历、流动特征群体的子女性别偏好状况。就性别特征来看，已婚农村流动人口在子女性别偏好方面存在显著的性别差异：男性中具有强子女性别偏好的比例为 4.5%，具有弱子女性别偏好的比例为 70.2%，没有子女性别偏好的比例为 25.3%；女性中具有强子女性别偏好的比例为 4.7%，具有弱子女性别偏好的比例为 58.9%，没有子女性别偏好的比例为 36.4%。男性有弱性别偏好的比例明显高于女性，而无子女性别偏好的比例则明显低于女性，这也从侧面反映了男性的期望子女数要多于女性。

对已婚流动人口而言，遭遇过成婚困难的样本中，无子女性别偏好的比例为 35.7%，具有弱子女性别偏好的比例为 55.6%，具有强子女性别偏好的比例为 8.7%；没有成婚困难经历的样本中，无子女性别偏好的比例为 29.4%，具有弱子女性别偏好的比例为 67.0%，具有强子女性别偏好的比例为 3.6%。对已婚男性流动人口而言，遭遇过成婚困难的男性中，无子女性别偏好的比例为 32.9%，具有弱子女性别偏好的比例为 57.9%，具有强子女性别偏好的比例为 9.2%；没有成婚困难经历的男性中，没有子女性别偏好的比例为 23.3%，具有弱子女性别偏好的比例为 73.5%，具有强子女性别偏好的比例为 3.3%。通过对具有不同成婚困难经历的已婚流动人口和已婚男性流动人口的子女性别偏好的比较发现，婚姻挤压对成婚困难群体的子女性别偏好观念有着激化作用，与无成婚困难的群体相比，成婚困难群体存在强烈男孩偏好和无性别偏好的比例均明显偏高，说明婚姻挤压对男孩偏好观念同时起着强化和弱化的作用。

表 8 - 4 已婚农村流动人口的子女性别偏好状况

样本		子女性别偏好				LR 检验
		样本数（个）	无（%）	弱（%）	强（%）	
已婚流动人口	男性	359	25.3	70.2	4.5	**
	女性	319	36.4	58.9	4.7	

续表

样本		子女性别偏好				LR 检验
		样本数（个）	无（%）	弱（%）	强（%）	
已婚流动人口	成婚困难	126	35.7	55.6	8.7	*
	无成婚困难	551	29.4	67.0	3.6	
已婚流动男性	成婚困难	76	32.9	57.9	9.2	+
	无成婚困难	275	23.3	73.5	3.3	
已婚农村男性	留守	228	14.0	71.9	14.0	***
	流动	666	30.5	64.9	4.7	

资料来源：厦门市农村流动人口调查和百村个人调查，其中留守已婚男性数据来自百村个人调查。

基于流动视角的比较发现，在已婚农村男性群体中，留守的已婚男性具有较强子女性别偏好的比例为14.0%，具有弱子女性别偏好的比例为71.9%，无子女性别偏好的比例仅为14.0%；在流动的已婚男性中，具有强子女性别偏好的比例为4.7%，具有弱子女性别偏好的比例为64.9%，无子女性别偏好的比例为30.5%。从统计结果可以看出，留守的已婚农村男性在子女性别偏好上明显强于流动的已婚农村男性，这说明，流动起到了弱化农村已婚男性的子女性别偏好的作用。

2. 对性别选择性人工流产态度的现状

表8-5显示了不同人群对性别选择性人工流产的态度。

从性别角度看，女性流动人口中有12.8%对性别选择性人工流产持理解态度，2.8%持无所谓态度，84.4%持不理解态度；男性流动人口中16.0%对性别选择性人工流产持理解态度，8.5%持无所谓态度，75.4%持不理解态度。分析结果表明，不同性别的人群对性别选择性人工流产的态度具有显著差异，男性对该事件更倾向于持理解态度。

表 8 - 5　选择性人工流产的态度比较

样本		对选择性人工流产的态度				LR 检验
		样本数（个）	理解（%）	无所谓（%）	不理解（%）	
流动人口	男性	892	16.0	8.5	75.4	***
	女性	603	12.8	2.8	84.4	

样本		对选择性人工流产的态度			LR 检验
		样本数(个)	理解(%)	无所谓(%)	不理解(%)	
流动人口	成婚困难	331	17.2	4.8	77.9	ns
	无成婚困难	1158	13.9	6.6	79.4	
男性流动人口	小龄男性	313	15.3	11.2	73.5	ns
	大龄男性	195	15.9	5.6	78.5	
	已婚男性	372	17.0	8.1	75.0	
大龄未婚男性	留守	315	42.5	20.6	36.8	***
	流动	195	15.9	5.6	78.5	

资料来源：厦门市农村流动人口调查和百村个人调查，其中留守未婚男性数据来自百村个人调查。

从成婚困难经历的角度来看，遭遇过成婚困难的流动人口中对性别选择性人工流产持理解态度的有 17.2%，持无所谓态度的有 4.8%，持不理解态度的有 77.9%；没有遭遇过成婚困难的流动人口中对性别选择性人工流产持理解态度的有 13.9%，持无所谓态度的有 6.6%，持不理解态度的有 79.4%。这两类人群在对性别选择性人工流产的态度方面不存在显著性差异。

在男性流动人口中，对性别选择性人工流产问题，不管是未婚男性还是已婚男性有 70% 多选择"不理解"，统计检验结果不显著，表明不同婚姻状况的男性流动人口对性别选择性人工流产的态度没有明显的差异。在农村大龄未婚男性群体中，流动的农村大龄未婚男性对性别选择性人工流产持不理解态度的比例高达 78.5%，显著高于留守农村的大龄未婚男性（36.8%），表明流动经历可能弱化了农村大龄未婚男性的男孩偏好。

二　生育行为的现状

1. 二孩生育的现状

表 8-6 比较了已婚人口生育二孩的现状。就性别差异来看，已婚男性流动人口中生育二孩的比例为 41.3%，这一比例在女性流动人口中为 28.2%。可见，在是否生育二孩方面，男性和女性之间具有显著的性别差

异，这可能恰恰表明了对女性而言，流动起到降低生育水平的作用。

就成婚困难经历来看，在已婚流动人口中，遭遇过成婚困难的人群生育二孩的比例是 27%，这一比例在没有遭遇过成婚困难的人群中为 26.3%，两个群体之间几乎没有差异。在已婚流动男性人口中，遭遇过成婚困难的男性生育二孩的比例为 31.7%，明显低于没有遭遇成婚困难的男性（44.3%），表明成婚困难经历客观上可能降低了流动男性的生育水平。

就流动的角度来看，留守农村的已婚男性生育二孩的比例为 57.2%，而流动的已婚男性生育二孩的比例为 41.3%，二者之间的差异十分显著，这表明对已婚农村男性而言，流动降低了其家庭的生育水平。

表 8 - 6　已婚人口生育二孩现状的比较

样本		是否生育二孩			LR 检验
		样本数（个）	否（%）	是（%）	
已婚流动人口	男性	366	58.7	41.3	***
	女性	319	71.8	28.2	
已婚流动人口	成婚困难	111	73.0	27.0	ns
	无成婚困难	520	73.7	26.3	
已婚流动男性	成婚困难	82	68.3	31.7	ns
	无成婚困难	282	55.7	44.3	
已婚农村男性	留守	229	42.8	57.2	***
	流动	366	58.7	41.3	

资料来源：厦门市农村流动人口调查和百村个人调查，其中留守已婚男性数据来自百村个人调查。

2. 二孩性别的现状

表 8 - 7 比较了已婚农村流动人口的第二个孩子的性别。可以看出，不同性别和不同成婚困难经历的人群在二孩性别方面均不存在显著性差异，但就流动的视角来看，已婚留守农村男性的第二个孩子性别为男的比例为 52.7%，而已婚流动农村男性中这一比例为 38.2%，明显低于已婚留守农村男性，这表明流动可能起到弱化男孩偏好的作用。

表 8-7　已婚农村流动人口的二孩性别现状比较

样本		二孩性别			LR 检验
		样本数（个）	女（%）	男（%）	
已婚流动人口	男性	151	63.6	36.4	ns
	女性	90	58.9	41.4	
已婚流动人口	成婚困难	29	31.0	69.0	ns
	无成婚困难	136	40.4	59.6	
已婚流动男性	成婚困难	26	69.2	30.8	ns
	无成婚困难	125	62.4	37.6	
已婚农村男性	留守	131	47.3	52.7	**
	流动	241	61.8	38.2	

资料来源：厦门市农村流动人口调查和百村个人调查，其中留守已婚男性数据来自百村个人调查。

三　小结

本节从生育观念和生育行为两个方面分析了农村流动人口生育偏好的现状，对生育观念的分析主要从子女性别偏好和对性别选择性人工流产的态度两个方面进行，对生育行为的分析主要从是否生育二孩以及二孩的性别两个方面进行。研究发现以下几点。

第一，没有成婚困难经历的流动人口具有子女性别偏好的比例较高，且较多有生育二孩的行为，但遭遇成婚困难的群体具有强烈子女性别偏好的比例更高。这可能是由于成婚困难者在成婚过程中处于弱势地位，对男性的成婚压力深有体会，因此对生育男孩并不十分强求。无成婚困难经历的男性的经济状况较好，养育二孩所面临的经济压力也较小，这在客观上刺激了其生育行为。与此同时，部分遭遇成婚困难的群体由于经济状况更差和受教育程度更低，对"男女平等"的思想观念接受度较低，保留了更多的传统的性别偏好观念，所以具有更强烈的子女性别偏好。

第二，大多数农村流动人口对性别选择性人工流产持不理解的态度。由于非法性别鉴定和非医学需要的人工流产（"两非"）已经被明令禁止，实施"两非"行为的机会成本升高，传统的偏好男孩的生育偏好得以逐步弱化。因此，在对性别选择性人工流产的态度方面，绝大多数农村流动人口均持不理解态度，这也就降低了他们为了实现生男孩而采取性别选择行为的可能性。

第三，在生育二孩的人口中，二孩性别为男的比例高于女，这表明男孩偏好观念依然在一定程度上存在，部分二孩正是性别选择性生育行为的结果。

第四，流动人群相较于留守人群在生育观念及生育行为方面具有较弱的性别偏好。在已婚男性中，流动者对于子女性别的偏好明显弱于留守者；在对待性别选择性人工流产的态度方面，更多的流动者持不能接受的态度。流动者生育二孩的比例低于留守者，且在有二孩的流动者中，二孩性别为女孩的比例也较高。

第三节　生育偏好的影响因素分析

一　生育偏好观念的影响因素分析

本节采用 Ordinal 回归分析方法，分别以子女性别偏好和对性别选择性人工流产的态度为因变量，以成婚困难和相对剥夺感为主要自变量，以个人因素、家庭因素和社区因素为控制变量，研究成婚困难和相对剥夺感对生育偏好观念的影响。

1. 子女性别偏好

表8－8提供了农村流动人口生育偏好观念的影响因素分析结果。可以看出，成婚困难因素和相对剥夺感因素对农村流动人口生育偏好观念无显著影响。

在控制变量中，性别、家庭已有子女的性别结构、家乡对纯女户的态度和户籍所在地对农村流动人口的子女性别偏好有显著影响：男性的子女性别偏好显著强于女性，儿女双全家庭的子女性别偏好更为强烈，家乡歧视纯女户的个体有更为强烈的子女性别偏好，来自东部地区的比来自西部地区的个体具有更强烈的子女性别偏好。

2. 对性别选择性人工流产的态度

表8－8也提供了农村流动人口对性别选择性人工流产态度的影响因素分析结果。成婚困难遭遇和相对剥夺感对因变量的影响不显著，这可能与大多数样本对性别选择性流产的态度为"不理解"有关。但是，从分析结果中依然可以看出，与未遭遇成婚困难的人群相比，遭遇过成婚困难的人更倾向于对性别选择性人工流产持不理解态度。

年龄、配偶受教育程度、家庭已有子女性别结构对性别选择性人工流产态度的影响显著；配偶受教育程度越高者对性别选择性人工流产持不理解态度的可能性越大；对性别选择性人工流产持理解态度的可能性由大到小依次为儿女双全家庭、仅有男孩家庭、仅有女孩家庭和尚未生育家庭。社区因素对性别选择性人工流产态度的影响不显著。

表 8 – 8　农村流动人口生育偏好观念的 Ordinal 回归结果

项目	子女性别偏好		性别选择性流产态度	
	模型 1	模型 2	模型 1	模型 2
成婚困难（否）				
是	0.126	—	0.164	—
相对剥夺感				
经济相对剥夺感	—	– 0.031	—	0.005
社交相对剥夺感	—	0.040	—	– 0.073
个人因素				
性别（女）				
男	– 0.361 **	– 0.425 **	– 0.153	– 0.130
年龄（25 岁及以下）				
26 ~ 35 岁	– 0.014	0.000	– 0.926 +	– 0.852 +
36 岁及以上	– 0.016	0.037	– 1.005 +	– 0.944 +
个人月收入	– 0.024	– 0.014	0.058	0.047
受教育程度（小学及以下）	—	—	—	—
初中	– 0.231	– 0.290 +	– 0.144	0.068
高中及以上	0.243	0.174	0.130	– 0.163
流动时间（0 ~ 5 年）	—	—	—	—
6 ~ 10 年	– 0.048	0.027	– 0.268	– 0.415
11 年及以上	– 0.033	0.064	– 0.087	– 0.222
家庭因素				
配偶年龄（25 岁及以下）	—	—	—	—
26 ~ 35 岁	0.290	0.275	0.480	0.456
36 岁及以上	0.344	0.284	0.579	0.499
配偶受教育程度（小学及以下）	—	—	—	—
初中	– 0.226	– 0.172	0.302 +	0.333 +
高中及以上	0.125	0.131	0.159	0.183
配偶月收入	– 0.079	– 0.064	– 0.115	– 0.088
子女性别（0 孩）	—	—	—	—

续表

项目	子女性别偏好		性别选择性流产态度	
	模型 1	模型 2	模型 1	模型 2
仅有男孩	− 0.003	− 0.034	− 0.669 *	− 0.699 *
仅有女孩	− 0.280	− 0.299	− 0.577 +	− 0.553 +
男女均有	− 0.683 **	− 0.646 **	− 0.665 *	− 0.708 *
社区因素				
家乡歧视纯女户（无）	—	—	—	—
有	− 0.317 **	− 0.304 **	− 0.130	− 0.137
来源地（西部）	—	—	—	—
中部	− 0.298 +	− 0.282 +	− 0.208	− 0.163
东部	− 0.470 **	− 0.486 **	− 0.191	0.068
样本量（个）	547	535	558	545
− 2LL	794.874 ***	773.501 ***	682.951 *	661.558 *

资料来源：厦门市农村流动人口调查。

　　总的来说，对农村流动人口生育偏好观念的研究发现，第一，成婚困难因素对生育偏好观念的影响并不显著，也就是说，被调查者无论是否遭受过成婚困难，他们的生育观念均不会发生显著的变化。这表明，虽然大多数农村流动人口具有弱子女性别偏好，但他们对于通过性别选择来达到生育男孩目标的这一行为并不认同。第二，相对剥夺感对生育偏好观念的影响不显著，也就是说，被调查者相对剥夺感水平的变化不会导致其生育观念发生显著的变化。这样的结果有可能与调查中大多数样本都选择了同一个选项有关，但也可能说明农村流动人口的生育偏好观念依然根深蒂固，这种心理不会轻易改变。第三，值得注意的是，社区因素对农村流动人口的子女性别偏好有着显著的影响。农村流动人口虽然在城市中生活和工作，甚至在接受调查的人中很多人都已经外出打工 11 年以上，但是他们依然会受到家乡传统观念的影响，即如果家乡中存在歧视纯女户的现象，那么被调查者存在子女性别偏好的可能性就会大大增加。另外，被调查者的户籍所在地对其子女性别偏好也有着显著影响，来自经济发达地区的个体更可能存在子女性别偏好。

　　总结以上分析，成婚困难因素和相对剥夺感因素对农村流动人口生育偏好观念的影响并不显著；农村流动人口在流动之前所生活的文化环境对他们流动后的生育观念依然有着重要的影响。

二　生育偏好行为的影响因素研究

本部分采用 Cox 比例风险模型和 Binary Logistic 回归分析方法，分别以生育二孩风险和二孩性别为因变量，以成婚困难和相对剥夺感为主要自变量，以个人因素、家庭因素和社区因素为控制变量，研究成婚困难和相对剥夺感对生育偏好行为的影响（见表 8 - 9）。

1. 生育二孩风险

通过对农村流动人口生育二孩风险影响因素的分析发现，成婚困难对农村流动人口的生育二孩风险没有显著影响，但遭遇成婚困难的人群生育二孩的可能性高于未遭遇成婚困难的人群；社交相对剥夺感对生育二孩风险有显著影响，社交相对剥夺感越弱，生育二孩的可能性越小。配偶的受教育程度对生育二孩的可能性有显著影响，配偶为高中教育程度的生育二孩风险最小；流动时间越长则生育二孩的可能性越大；一孩性别对生育二孩风险有显著影响；来源地对生育二孩风险有显著影响，来自东部地区的比来自西部地区的生育二孩的可能性要小。

表 8 - 9　生育行为的回归分析结果

项目	生育二孩风险 （Cox 比例风险模型）		二孩性别 （Binary Logistic 回归）	
	模型 1	模型 2	模型 1	模型 2
成婚困难（否）				
是	- 0.211	——	0.301	——
相对剥夺感				
经济相对剥夺感	——	0.014	——	0.006
社交相对剥夺感	——	- 0.184 **	——	- 0.379 +
个人因素				
年龄（25 岁及以下）	——	——	——	——
26 ~ 35 岁	8.054	8.216	——	——
36 岁及以上	7.489	7.629	0.530	0.684
个人月收入	0.247	0.265	0.836 +	0.776
受教育程度（小学及以下）	——	——	——	——

项目	生育二孩风险 （Cox 比例风险模型）		二孩性别 （Binary Logistic 回归）	
	模型 1	模型 2	模型 1	模型 2
初中	- 0. 152	- 0. 207	0. 674	0. 545
高中及以上	- 0. 291	- 0. 401	0. 661	0. 555
流动时间(0 ~ 5 年)	—	—	—	—
6 ~ 10 年	0. 097	- 0. 208	0. 853	0. 862
11 年及以上	1. 096 $^+$	0. 832	- 0. 206	- 0. 250
家庭因素				
配偶年龄(25 岁及以下)	—	—	—	—
26 ~ 35 岁	- 0. 751	- 0. 974	0. 942	0. 799
36 岁及以上	- 0. 796	- 1. 131	0. 720	0. 140
配偶教育程度(小学及以下)	—	—	—	—
初中	0. 015	- 0. 062	0. 521	0. 577
高中及以上	- 1. 207 ***	- 1. 189 ***	- 0. 218	- 0. 138
配偶月收入	0. 197	- 0. 100	0. 306	0. 322
一孩性别(女)				
男	- 0. 992 ***	- 1. 134 ***	- 0. 715 $^+$	- 0. 783 $^+$
社区因素				
家乡歧视纯女户(无)	—	—	—	—
有	- 0. 023	0. 027	0. 059	0. 082
来源地(西部)	—	—	—	—
中部	- 0. 091	- 0. 157	- 0. 210	- 0. 498
东部	- 0. 542 *	- 0. 447 $^+$	0. 099	- 0. 144
样本量(个)	510	497	128	120
- 2LL	1296. 111 ***	1206. 101 ***	151. 376 *	138. 566 *

资料来源：厦门市农村流动人口调查。

2. 二孩性别

通过对农村流动人口二孩性别的影响因素的分析发现：成婚困难对二孩性别没有显著影响；社交相对剥夺感对二孩性别有显著影响，社交相对剥夺感越强则二孩生育男孩的可能性越大。

个人月收入和一孩性别对农村流动人口二孩性别的影响显著：个人月收入越高，其二孩生育男孩的可能性越大，由此可以推断较高经济收入为生育性别选择提供了一定的经济基础；一孩为女孩的，二孩生育男孩的概率更大。社区因素对农村流动人口二孩性别没有显著影响。

总的来说，对农村流动人口生育偏好行为的研究得出以下结论。第一，成婚困难因素对生育偏好行为的影响并不显著，也就是说，被调查者无论是否遭遇过成婚困难，他们的生育行为均不会发生显著的变化。第二，社交相对剥夺感对生育偏好行为的影响显著。在对生育二孩风险的分析中发现，人们在社会交往尤其是在与异性的交往过程中越是困难，在通过与他人比较后心理上所产生的相对剥夺感越强，从而导致其生育二孩的可能性增大；在对二孩性别的分析中发现，社交相对剥夺感越强，二孩生育男孩的可能性就越大。第三，家庭因素对生育行为的影响显著。配偶受教育程度越高，其生育二孩的可能性越小。家庭收入越高，其生育二孩的可能性也越小。一孩性别成为影响农村流动人口生育行为更为重要的因素，一孩性别为男性的，生育二孩的可能性非常小，而如果一孩性别为女性，则父母选择生育二孩的可能性变大，并且二孩生育男孩的概率也显著提高。

总结以上分析发现：成婚困难因素对农村流动人口生育偏好行为的影响并不显著；相对剥夺感中社交相对剥夺感对农村流动人口生育行为有着显著影响；一孩性别是影响农村流动人口生育行为的关键变量。

第四节　本章小结

本章引入相对剥夺感理论，通过对厦门市流动人口调查数据的分析发现：代表着婚姻挤压的成婚困难因素对农村流动人口生育性别偏好的观念与行为均无显著影响，但相对剥夺感对生育性别偏好行为有显著影响。具体结论如下。

第一，婚姻挤压对男孩偏好观念同时存在强化和弱化作用，这种双向效应有可能彼此消解，最终表现为对生育偏好观念的影响不显著，并对生育偏好行为的影响也不显著，表现出婚姻挤压对生育性别偏好影响效应的复杂性。

双变量分析发现，婚姻挤压对成婚困难群体的生育偏好观念有着极化作用。与无成婚困难的群体相比，成婚困难群体存在强烈男孩偏好和无性别偏好的比例均明显偏高，说明婚姻挤压同时对男孩偏好观念起着强化和弱化的作用，从而有可能导致对生育偏好观念的双向效应彼此消解，最终表现为婚姻挤压因素对生育偏好观念的影响不显著。

多元回归分析的结果进一步显示，成婚困难因素对农村流动人口生育偏好的观念与行为均无显著影响。首先，关于婚姻挤压对男孩偏好观念的弱化作用，一个可能的解释是传统的男孩偏好导致妇女数量减少，从另一方面会促进当代妇女社会地位的提高，从而会弱化生育男孩的偏好观念，而本章分析的大部分曾经遭受婚姻挤压的群体为男性，作为男孩偏好所导致的婚姻挤压的受害者，他们可能对男孩偏好所带来的负面影响有更深刻的体会，其自身更不可能具有明显的男孩偏好；同时，本章分析的部分曾经遭受婚姻挤压的群体为女性，她们遭受婚姻挤压的原因与男性不同，主要包括追求自我价值、择偶标准的提升及就业行业的性别隔离等因素，这导致她们更不可能具有明显的男孩偏好；此外，农村人口的生育行为主要受社会经济因素所制约（邓大才，2008），相较于成婚困难群体，无成婚困难的群体在经济等方面具有较为明显的优势，在生育二孩方面受经济因素的制约较少，也更有可能希望生育男孩来继承自己的财产，使得家庭资本得以传递。其次，关于婚姻挤压对男孩偏好观念的强化作用，可能是由于部分曾经遭受婚姻挤压的男性经济社会地位相对较低，对"生男生女都一样"的现代生育观念的接受程度较低，导致他们具有较明显的男孩偏好。总之，婚姻挤压对生育性别偏好的影响效应非常复杂，有可能通过性别、受教育程度、已有子女性别结构、社区因素等因素产生作用。

第二，经济与社会地位处于弱势的农村流动人口更可能成为婚姻挤压的直接受害者，由此造成的社交相对剥夺感被证实对农村流动人口的生育性别偏好行为具有显著影响。

受到制度性因素（以城乡分割的户籍制度为代表的一系列社会制度）和非制度性因素（城乡经济、社会、文化差异）的影响，农村流动人口在就业和社会保障等多个层面均处于被剥夺状态。同时，在经济与社会地位方面处于弱势的农村流动人口更可能成为婚姻挤压的直接受害者，这有可能进一步强化他们在经济和社交上的相对剥夺感，带来心理上的压抑或扭曲，从而刺激和加强其固有的男孩偏好。本章分析发现，社交相对剥夺感对农村流动人口生育二孩的可能性和二孩生育男孩的可能性均有显著影响。社交相对剥夺感越强者，其子女性别偏好也越强。社会交往，尤其是与异性交往成功与否会对农村流动人口产生心理影响，诱发相对剥夺感的产生，进而影响他们的生育观念及行为。

第三，已有子女性别结构和社区因素是影响农村流动人口生育偏好的重要因素。

个体和家庭因素中的性别、受教育程度、配偶的受教育程度、已有子女性别结构以及社区因素都对农村流动人口的子女性别偏好有显著影响，尤其是社区因素对子女性别偏好的影响更值得关注。

家庭已有子女性别结构对农村流动人口的生育观念有着显著影响。在农村流动人口中，儿女双全的家庭里，子女性别偏好显得更为突出，由此可以推断，在这样的家庭中，女孩处于弱势地位，在生活上得到的照顾和关爱会少于男孩。同时，与无生育史的人相比，有生育史者更能理解性别选择性人工流产行为。

家庭已有子女性别结构对农村流动人口的生育行为同样有着显著影响。家庭中如果第一个孩子是女孩，则这个家庭生育二孩的可能性就很大，并且二孩生育男孩的概率也大于第一个孩子是男孩的家庭。

社区因素对农村流动人口的生育观念有着显著的影响，但对其生育行为的影响并不显著：农村流动人口进入城市之后依然倾向于遵从农村习俗，保留着较强的男孩偏好；与来自欠发达地区的农村流动人口相比，来自较发达地区的农村流动人口有着更强烈的子女性别偏好，这与个人月收入回归分析结果的方向是一致的。社区因素中农村流动人口在外出之前所处的社区环境尤其是文化环境对他们的生育观念有着显著的影响。

本章从相对剥夺感这一全新视角对婚姻挤压背景下农村流动人口的子女性别偏好进行了探索性研究，虽然研究还存在不足之处，但也为后续研究指明了方向：首先，本章测量相对剥夺感的量表是在国外与国内量表的基础上加以改进而形成的，并且仅从社交和经济两个方面进行测量，可能存在一定程度的偏差；其次，本章在研究生育行为时仅考虑流动后生育二孩的人群，可能会对研究结果产生一定影响；最后，本章的研究是基于对 X 市 H 区的调查分析，样本包含了来自东、中、西部的农村流动人口，虽然 X 市的流动人口较一般城市多，但是该地区的经济条件较为发达，仅能代表经济条件处于发达水平的中国城市地区农村流动人口的生育偏好现状，对于经济条件较差地区的农村流动人口是否适用，还需要进一步的研究验证。

第九章　婚姻状况对养老的影响

老年学研究主要关注养老意愿、代际支持以及父母生活福利等问题，而对性别失衡带来的农村养老问题关注较少，农村大龄未婚男性及其父母是老年学研究中长期被忽略的人群。在城乡人口流动的大背景下，关于婚姻状况对农村男性流动人口养老观念与行为的影响更是鲜有研究。遭受婚姻挤压的农村人口在城市的融合过程中，养老观念和行为发生了怎样的改变，哪些因素起着重要作用，均是值得研究的问题。本章从性别、代际、婚姻、区域和人口流动等视角出发，综合分析性别失衡背景下不同类型农村流动人口的养老观念与行为的现状及差异，并探讨婚姻挤压给中国农村养老带来的挑战。

第一节　研究设计

一　研究思路和分析框架

目前在养老意愿和代际支持的相关研究中，研究视角较为单一。近年来，较多研究开始关注子女性别和外出务工对家庭养老的影响，但婚姻挤压对不同群体养老影响的研究尚未引起关注。本章从性别、代际、婚姻、区域和流动这五个视角出发，对农村流动人口尤其是流动的农村大龄未婚男性的养老意愿和养老行为进行研究。性别视角有助于深入理解性别失衡背景下养老差异的根源性原因，代际视角有助于把握个体生命历程与家庭及社会变动之间的互动关系，婚姻视角对研究性别失衡的直接养老后果起着关键作用，区域视角有利于了解处于不同经济发展程度地域的人口的养老现状，而流动视角则有助于更直接地把握流动所带来的养老意愿和养老行为的改变。

本章将综合以上五个视角，深入分析农村流动人口的养老意愿及养老行为，初步探析婚姻挤压对农村养老的挑战。在养老意愿研究方面，首先对五个视角下不同类型的流动人口养老意愿进行现状分析，重点分析农村大龄未婚男性的养老意愿；然后从客观和主观婚姻挤压角度分析养老意愿的影响因素。在养老行为的研究方面，首先对不同视角下农村流动人口的养老行为进行现状分析，重点分析流动的农村大龄未婚男性的养老行为；然后从主观和客观婚姻挤压角度对养老行为的影响因素进行深入分析。为了更好地研究农村大龄未婚男性的养老意愿，本章将28岁以上的农村大龄未婚男性与所有年龄段的已婚男性进行比较研究。根据上述研究思路所提出的本章的研究框架见图9-1。

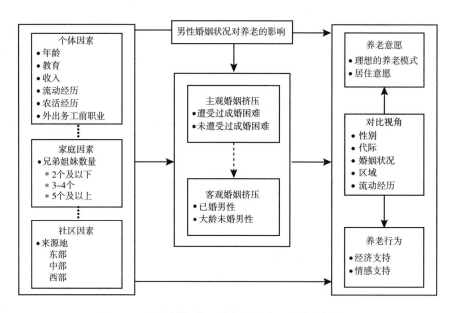

图9-1 男性婚姻状况对养老影响研究的分析框架

二 数据

本章所使用的数据以厦门市"农村流动人口调查"数据为主，其总样本量为1507个，并以"百村个人调查"数据作为补充。具体而言，在对流动视角下养老意愿和养老行为现状的分析中，主要是将厦门市"农村流动人口调查"和"百村个人调查"中所有流动过的人群与从未流动过的人群进行比较分析（样本量分别为2623个和712个）；在对流动视角下农村大龄未婚男性养老意愿和养老行为的研究中，主要是将厦门市"农村流动人口调查"中流动的农村大龄未婚男性和"百村个人调查"中留守农村的大龄未婚男性进行比较分析（样本量分别为191个和304个）；在婚姻状况对养老意愿和养老行为的影响研究中，则均依据厦门市"农村流动人口调查"中的农村流动人口数据进行计算。

三 变量设置、分析方法与模型设计

1. 变量设置

（1）因变量

养老意愿的测量主要包括理想的养老模式和居住意愿。关于养老模式，调研组设置了这样的问题："您认为在您老的时候最好的养老保障是什么？"并设置了五种答案类型，即依靠子女、依靠自己、养老保险、政府救济或补助和没有任何准备，分析时以"依靠子女"为参考项。针对居住意愿，调研组设置的问题为"您老的时候会选择与谁居住在一起？"并设置了四种答案类型，即与子女居住、自己住、去敬老院和没有任何准备，分析时以"与子女居住"为参考项。

代际支持主要包括经济支持和情感支持。经济支持通过"在过去的12个月中，您给父母的经济资助（含现金与实物）共多少元"来测量，并在进行回归时取对数处理。情感支持主要通过"从各方面考虑，您觉得和父母亲近吗"来测量，答案为三类有序变量：不亲近、一般、亲近，分析时以"亲近"为参考项。

（2）自变量

男性婚姻挤压因素主要从客观和主观两个维度来测量，客观的婚姻挤压指已婚男性和大龄未婚男性两种客观的婚姻状况，主观的婚姻挤压则通过"你是否觉得自己曾经或正在遭遇成婚困难"来测量，答案类型分为是与否两类，以"否"为参考项。

（3）五个视角的测度

本章分析中纳入了性别、代际、婚姻、区域和流动五个视角。依据性

别视角,将样本分为男性和女性;在代际视角下,以出生性别比偏高的起点(1980年)作为分水岭,将样本分为1980年以前和1980年以后出生两个同期群;婚姻视角下的样本分为未婚群体(16~27岁正常未婚的小龄男性,28岁及以上的被迫失婚的大龄男性以及16岁以上的未婚女性)和已婚群体(所有年龄段的已婚男性及已婚女性);区域视角方面,依据中国"七五"计划以及1999年的西部大开发战略将样本来源地划分为东、中、西三大经济区域;在流动视角下,按问卷中询问被访者"您是否曾经(或正在)打工"所得答案进行划分,凡是回答"是"者均被视为有流动经历者。

(4)控制变量

控制变量包括个人因素、家庭因素和社区因素。个人因素通过年龄、个人月收入、受教育程度、是否干过农活、流动前职业和流动时间等变量来测量;家庭因素通过兄弟姐妹数来测量;社区因素通过家乡来源地来测量。年龄反映的是个人生命历程,分析中将年龄划分为不同的年龄段,作为分类变量来处理;受教育程度、个人月收入、是否干过农活、流动前职业代表的是个人的社会经济地位,除个人月收入作为连续变量进行取对数处理,其余变量均作为分类变量处理;兄弟姐妹数作为分类变量纳入模型;来源地分为东、中、西三类。

2. 分析方法

在养老意愿和养老行为的现状描述上,主要利用LR或T检验进行对比分析,其中,分类变量采用LR检验的方法,而连续变量采用T检验的方法进行分析;在农村男性流动人口养老意愿的影响因素研究中,针对养老意愿多分类的特点,主要利用Multinomal Logistic回归分析方法;在农村男性流动人口代际支持的影响因素研究中,针对连续变量的经济支持研究主要运用了多元线性OLS回归(取对数),针对有序分类的情感支持研究则运用Ordinal Logistic的方法进行回归分析。

3. 模型设计

在养老意愿和养老行为影响因素的分析策略上,均重点分析客观婚姻挤压和主观婚姻挤压的影响,并探讨个人因素、家庭因素和社区因素对农村男性流动人口养老意愿和养老行为的影响。由此,本章主要构建了两个模型:模型1重点分析客观婚姻挤压状况对其养老意愿和养老行为的影响;模型2

重点分析主观婚姻挤压状况对其养老意愿和养老行为的影响。具体的变量定义见表 9 - 1。

表 9 - 1　变量定义

变量	定义
因变量	—
养老意愿	依靠自己、依靠子女、养老保险、政府救济、没有准备
居住意愿	与子女住、自己(或与配偶)住、敬老院、没有准备
经济支持	连续变量,取对数
情感支持	不亲近、一般、很亲近
自变量	—
婚姻状态	未婚、已婚
是否遭遇成婚困难	是、否
控制变量	—
流动时间	0~5 年、6~10 年、11 年及以上
年龄	18 岁及以下、19~29 岁、30~39 岁、40~49 岁、50 岁及以上
个人月收入	连续变量,取对数
受教育程度	小学及以下、初中、高中及以上
是否干过农活	无、5 年以下、5 年及以上
外出务工前的职业	农业、非农业、家务及待业
兄弟姐妹数	2 个及以下、3~4 个、5 个及以上
来源地	东部、中部、西部

资料来源:依据厦门市农村流动人口调查进行的分类。

表 9 - 2 显示了样本的基本特征。可以看出,在农村流动人口中也有较高比例的男性人口遭受了不同程度的婚姻挤压。

表 9 - 2　多元回归分析变量的描述性统计

自变量	均值	标准差
理想的养老模式	—	—
依靠子女	0.79	0.27
依靠自己	39.71	0.49
养老保险	23.40	0.42
政府救济	0.13	0.04
没有准备	28.88	0.45

自变量	均值	标准差
居住意愿	—	—
与子女住	19.99	0.50
自己(或与配偶)住	56.34	0.14
敬老院	2.01	0.41
没有准备	21.66	0.40
经济支持(元)	3048.43	8263.52
经济支持对数	5.67	3.57
情感支持	—	—
亲近	80.72	0.39
一般	17.26	0.38
不亲近	0.20	0.14
婚姻(未婚)	—	—
已婚	0.33	0.47
成婚困难(否)	—	—
是	0.65	0.47
流动经历(0~5年)	—	—
6~10年	0.30	0.46
11年及以上	0.60	0.49
个人因素	—	—
年龄(18岁及以下)	—	—
19~29岁	0.29	0.45
30~39岁	0.49	0.50
40~49岁	0.17	0.38
50岁及以上	0.03	0.18
平均年龄(岁)	34.14	6.84
个人月收入对数	7.68	0.54
受教育程度(小学及以下)	—	—
初中	0.46	0.50
高中及以上	0.40	0.49
是否干过农活(无)	—	—
5年以下	0.43	0.50
5年及以上	0.20	0.39

续表

自变量	均值	标准差
外出务工前职业(农业)	—	—
非农业	0.52	0.49
家务及待业	0.09	0.28
家庭因素	—	—
兄弟姐妹数(2个及以下)	—	—
3~4个	0.31	0.46
5个及以上	0.23	0.42
社区因素	—	—
来源地(西部)	—	—
中部	0.29	0.45
东部	0.52	0.50

资料来源：依据厦门市农村流动人口调查数据计算。

第二节　养老观念现状分析

一　多维视角下养老意愿现状

表9－3提供了多维视角下农村流动人口的养老意愿。总体而言，农村流动人口的养儿防老观念在不断淡化，依靠自己养老已成主流，养老保险受到青睐，但还有相当部分的农村流动人口尚未考虑未来养老问题。性别、代际、婚姻状态、区域和流动等对农村流动人口养老意愿的影响都十分显著。

表9－3　农村流动人口的养老意愿

项目	养老意愿	依靠子女(%)	依靠自己(%)	养老保险(%)	政府救济(%)	没有准备(%)	样本量(个)
性别	男性	8.27	41.68	23.13	0.67	26.26	895
	女性	7.24	36.35	23.52	0.49	32.40	608
	LR 检验	—	—	—	—	—	+
代际	1980 年以前	12.75	40.69	25.82	0.65	20.10	612
	1980 年以后	4.51	38.67	21.53	0.45	34.84	887
	LR 检验	—	—	—	—	—	***

续表

项目	养老意愿	依靠子女(%)	依靠自己(%)	养老保险(%)	政府救济(%)	没有准备(%)	样本量(个)
婚姻	小龄未婚男性	4.75	41.14	19.30	0.32	34.49	316
	大龄未婚男性	4.62	44.62	22.05	2.56	26.15	195
	未婚女性	3.25	33.94	20.22	0.36	42.24	277
	已婚男性	13.17	41.40	26.34	0.00	19.09	372
	已婚女性	10.80	38.58	26.23	0.62	23.77	324
	LR 检验	—	—	—	—	—	***
区域	东部	4.27	39.38	25.52	0.58	30.25	866
	中部	11.86	40.68	21.55	0.73	25.18	413
	西部	13.43	38.43	17.59	0.46	30.09	216
	LR 检验	—	—	—	—	—	***
流动经历	有过流动	11.67	37.40	18.53	2.90	29.51	2623
	从未流动	18.26	30.76	13.62	14.75	22.61	712
	LR 检验	—	—	—	—	—	***

资料来源：厦门市农村流动人口调查和百村个人调查中的所有数据。

从性别视角来看，男性比女性更多地考虑养老问题，女性对养老问题的重视程度较弱；对于养老，男性比女性更期望依靠子女或自己养老；女性对未来养老没有任何准备的比例较高。

从代际视角来看，1980年以前出生的农村流动人口的养老意愿更为传统，他们希望子女养老的比例高于1980年以后出生的人群，但依靠自己仍是他们的主导养老意愿；而1980年以后出生的农村流动人口在自立养老为主导的同时也有相当比例的人对未来养老不够重视。

从婚姻视角来看，大龄未婚流动男性群体呈现明显的特殊性。已婚流动人群养儿防老的观念仍然很重，也更愿为养老未雨绸缪；未婚女性流动人口及小龄未婚男性流动人口不太关心未来养老；而流动的农村大龄未婚男性打算依靠自己进行养老的比例最高。

从区域视角来看，农村流动人口希望依靠子女养老的比例随地区经济发展水平的提高而呈递减趋势，养老保险在东部农村更受欢迎，而传统依靠子女的养老观念在经济相对欠发达的中西部区域更为普遍。

从流动视角来看，与有过流动经历的农村人口相比，从未流动过的农村人口的养老意愿更具有传统性，他们希望依靠子女养老和依靠政府救济的比例较高；而有过流动经历的农村人口更具有自立性，更倾向于依靠自己养老，对养老保险的接受程度也较高。

二 农村大龄未婚男性养老意愿现状

表9-4基于和农村已婚男性的比较,本部分从多维视角分析了农村大龄未婚男性的养老意愿现状。总体而言,农村流动男性的养老意愿因婚姻状况的不同而存在显著差异。

从婚姻视角来看,无妻无子的现实使得流动的农村大龄未婚男性期望依靠子女养老的比例很低,而期望依靠自己养老的比例高于已婚男性;农村已婚男性流动人口的养老方式更为传统,有13.17%的农村已婚男性流动人口依然选择希望子女养老,同时也有较高比例的已婚男性接受"养老保险"这一现代化的养老方式。

从代际视角来看,对1980年以前出生的农村大龄未婚流动男性而言,依靠自己已经成为他们主流的养老方式,同时,没有准备的比例也较高;已婚男性流动人口的养老方式更加多元,依靠自己、依靠子女和养老保险均占有相当比例。而对于"80后"农村大龄未婚流动男性与已婚男性流动人口而言,二者的养老意愿较为相似,并不存在显著差异。

从区域视角来看,东部地区流动的农村大龄未婚男性的养老意愿与已婚人群并不存在显著差异,他们的自立养老意愿强烈,同时也乐于接受养老保险;中部地区流动的农村大龄未婚男性自立养老意愿也较强,养老保险的接受程度很低;西部地区流动的农村大龄未婚男性对未来养老没有准备的比例最高,依靠自己的比例也是最高的,对养老保险最不信任,同时西部已婚男性流动人口的养老意愿最为传统,希望依靠子女的比例最高。

从流动视角来看,与流动的农村大龄未婚男性相比,留守农村的大龄未婚男性依靠政府救济的比例最高,达28%;而流动的农村大龄未婚男性自立养老意识强烈,对养老保险的接受程度也较高。由此可见,流动本身带来了养老观念的改变。

表9-4 农村大龄未婚男性的养老意愿

项目	养老意愿	依靠子女(%)	依靠自己(%)	养老保险(%)	政府救济(%)	没有准备(%)	样本量(个)
婚姻	大龄未婚男性	4.62	44.62	22.05	2.56	26.15	195
	已婚男性	13.17	41.40	26.34	0.00	19.09	372
	LR 检验	—	—	—	—	—	***

续表

项目	养老意愿	依靠子女(%)	依靠自己(%)	养老保险(%)	政府救济(%)	没有准备(%)	样本量(个)
1980年之前	大龄未婚男	2.88	48.08	16.35	2.88	29.81	104
	已婚男性	15.36	39.59	27.99	0.00	17.06	293
	LR检验	—	—	—	—	—	***
1980年之后	大龄未婚男	6.74	40.45	29.21	1.12	22.47	89
	已婚男性	5.13	48.72	19.23	0.00	26.92	78
	LR检验	—	—	—	—	—	ns
东部	大龄未婚男	1.79	43.75	29.46	2.68	22.32	112
	已婚男性	4.86	40.54	31.35	0.00	23.24	185
	LR检验	—	—	—	—	—	ns
中部	大龄未婚男	8.77	45.61	12.28	3.51	29.82	57
	已婚男性	19.23	43.27	20.19	0.00	17.31	104
	LR检验	—	—	—	—	—	*
西部	大龄未婚男	7.69	46.15	11.54	0.00	34.62	26
	已婚男性	21.25	42.50	23.75	0.00	12.50	80
	LR检验	—	—	—	—	—	*
流动	留守大龄未婚男性	8.6	34.9	7.6	28.0	21.1	304
	流动大龄未婚男性	4.7	46.1	22.5	0.0	26.7	191
	LR检验	—	—	—	—	—	***

资料来源：厦门市农村流动人口调查和百村个人调查中留守的大龄未婚男性数据。

三 多维视角下居住意愿现状

表9-5提供了多维视角下农村流动人口的居住意愿。总体而言，自己单独住或与配偶同住已成农村流动人口主流的居住意愿，与子女同住的传统观念在不断淡化，但他们对敬老院的接受度仍然不高，还有相当部分的农村流动人口尚未考虑未来居住问题。代际、婚姻状态对农村流动人口居住意愿的影响十分显著。

从性别视角来看，男性比女性更期待与子女同住。关于居住意愿，女性选择没准备的比例更高，对去敬老院的接受度略高于男性，但是这些差异并不显著。

从代际视角来看，1980年以前出生的农村流动人口的居住意愿主要集中在自己单独住或与配偶同住，选择与子女同住的比例也较高；而1980年以后出生的农村流动人口的自立性更强，选择与子女同住的比例低于1980年以前出生的农村流动人口，选择没准备的比例也较高。

从婚姻视角来看，农村流动人口的居住意愿因已婚与未婚的不同而呈现较大差异。流动的农村大龄未婚男性对敬老院的接受度高于其他农村流动人群；相较于其他农村流动人群，流动的未婚女性对未来养老的居住方式最不关心，但她们同流动的农村大龄未婚男性一样，选择与子女同住的比例较低；已婚人群的养老意愿依旧比较传统，他们中较高比例的人选择与子女居住或与配偶居住。

从区域视角来看，经济最发达的东部地区的农村流动人口选择与子女同住的比例最低，但不同区域的农村流动人口在居住意愿上的差异并不显著。

表 9 – 5　农村流动人口的居住意愿

项目	养老意愿	与子女住（%）	自己/配偶（%）	敬老院（%）	没准备（%）	样本量（个）
性别	男性	21.21	55.80	2.68	20.31	896
	女性	17.76	55.92	3.13	23.19	608
	LR 检验	—	—	—	—	ns
代际	1980 年以前	24.18	58.17	2.94	14.71	612
	1980 年以后	16.78	54.28	2.82	26.13	888
	LR 检验	—	—	—	—	***
婚姻	小龄未婚男性	20.25	53.16	1.58	25.00	316
	大龄未婚男性	14.29	55.10	4.08	26.53	196
	未婚女性	12.64	48.38	3.61	35.38	277
	已婚男性	25.54	58.60	2.96	12.90	372
	已婚女性	21.91	62.96	2.16	12.96	324
	LR 检验	—	—	—	—	***
区域	东部	18.48	56.58	2.77	22.17	866
	中部	20.77	56.76	3.14	19.32	414
	西部	24.07	50.93	2.78	22.22	216
	LR 检验	—	—	—	—	ns

注：因百村个人调查中未涉及居住意愿，由此未进行流动视角的比较。

资料来源：厦门市农村流动人口调查。

四　农村大龄未婚男性居住意愿现状

表 9 - 6 提供了多维视角下流动的农村大龄未婚男性与已婚男性流动人口居住意愿的差异。总体而言，自己或与配偶居住已经成为农村男性流动人口的主要居住意愿。

婚姻视角下，已婚男性与未婚男性在居住意愿方面呈现明显的差异。已婚男性流动人口选择与子女同住的比例更高，而流动的农村大龄未婚男性由于自身条件的限制，选择与子女同住的比例较低，还有较高比例的流动的农村大龄未婚男性对老年时的居住问题没有准备。

代际视角下，1980 年以前出生的流动的农村大龄未婚男性的居住意愿主要集中在自己或与配偶同住和没有准备两项上，对与子女同住的选择很少；而 1980 年以后出生的选择与子女同住的比例反而上升，这可能与他们年龄较小、未来面临较高的成婚机会有关。

区域视角下，流动的农村大龄未婚男性希望与子女同住的比例随地区经济发展水平的提高而呈递增趋势，经济最发达的东部选择与子女同住的比例最高，或许是因为所处区域经济条件较好的大龄未婚男性更有可能成婚；而已婚男性流动人口打算与子女居住的比例则随经济发展水平的提升呈递减趋势，西部已婚男性流动人口最希望与子女同住。

表 9 - 6　农村男性流动人口的居住意愿

项目	养老意愿	与子女住(%)	自己/配偶(%)	敬老院(%)	没准备(%)	样本量(个)
婚姻	大龄未婚男性	14.29	55.10	4.08	26.53	196
	已婚男性	25.54	58.60	2.96	12.90	372
	LR 检验	—	—	—	—	***
1980 年之前	大龄未婚男性	9.62	54.81	5.77	29.81	104
	已婚男性	27.65	57.68	2.73	11.95	293
	LR 检验	—	—	—	—	***
1980 年之后	大龄未婚男性	20.00	55.56	2.22	22.22	90
	已婚男性	16.67	62.82	3.85	16.67	78
	LR 检验	—	—	—	—	ns
东部	大龄未婚男性	16.07	56.25	2.68	25.00	112
	已婚男性	19.46	59.46	4.32	16.76	185
	LR 检验	—	—	—	—	ns
中部	大龄未婚男性	12.07	55.17	6.90	25.86	58
	已婚男性	27.88	61.54	0.96	9.62	104
	LR 检验	—	—	—	—	**
西部	大龄未婚男性	11.54	50.00	3.85	34.62	26
	已婚男性	37.50	51.25	2.50	8.75	80
	LR 检验	—	—	—	—	**

注：因百村个人调查中未涉及居住意愿，由此未进行流动视角的比较。

资料来源：厦门市农村流动人口调查。

第三节　代际支持现状分析

一　多维视角下代际支持现状

表9-7提供了多维视角下农村流动人口的代际支持现状，总体而言，农村流动人口给予父母的代际支持水平并不高，性别、代际、婚姻和流动等因素对经济、情感支持的影响非常显著。

从性别视角来看，农村流动人口在为其父母提供的经济支持和情感支持上均存在显著的性别差异。男性流动人口为其父母提供的经济支持状况显著好于女性，而女性流动人口为其父母提供的情感支持程度明显高于男性。

从代际视角来看，绝大多数1980年以前出生的农村流动子女为其父母提供经济支持的情况好于1980年以后出生的人群，但是不同出生队列的农村流动人口在给予父母的情感支持方面并无显著差异。

从婚姻视角来看，已婚子女尤其是已婚流动男性，是父母经济支持的主要来源；已婚者与未婚女性都给予了父母很好的情感支持，流动的农村大龄未婚男性对父母的情感支持略差于其他几类人群。

从区域视角来看，西部地区的农村流动人口为父母提供较多经济支持的比例均高于中、东部地区，或许是由于较为落后地区的父母更需要经济帮助；农村流动人口对父母的情感支持则按东、中、西部依次递增，但这种差异并不显著。

从流动视角来看，有流动经历的农村人口在经济支持和情感支持方面均显著高于没有流动经历的农村人口。外出打工的农村流动人口的收入较留守者高，故能为父母提供较高的经济支持，而较高的经济支持往往能带来紧密的情感关系。

表9-7　农村流动人口的代际支持现状

项目		经济支持				情感支持程度			
		无(%)	1000元以下(%)	1000元以上(%)	样本量(个)	好(%)	中(%)	差(%)	样本量(个)
性别	男性	25.58	15.13	59.29	899	78.25	19.62	2.13	846
	女性	24.18	23.68	52.14	608	84.26	13.87	1.86	591
	LR 检验	—	—	—	***	—	—	—	*
代际	1980 年之前	13.68	24.43	61.89	614	81.90	16.27	1.83	547
	1980 年之后	32.73	14.62	52.64	889	79.91	17.95	2.14	886
	LR 检验	—	—	—	***	—	—	—	ns

续表

项目		经济支持				情感支持程度			
		无(%)	1000元以下(%)	1000元以上(%)	样本量(个)	好(%)	中(%)	差(%)	样本量(个)
婚姻	小龄未婚男性	40.69	12.62	46.69	317	76.51	20.63	2.86	315
	大龄未婚男性	25.51	12.24	62.24	196	76.32	22.63	1.05	190
	未婚女性	33.21	10.83	55.96	277	81.59	16.25	2.17	277
	已婚男性	13.10	19.25	67.65	374	80.48	17.42	2.10	333
	已婚女性	16.98	34.26	48.77	324	86.32	12.05	1.63	307
	LR 检验	—	—	—	***	—	—	—	+
区域	东部	26.99	17.53	55.48	867	80.24	18.10	1.67	840
	中部	23.43	21.26	55.31	414	81.23	16.20	2.57	389
	西部	20.64	17.43	61.93	218	83.00	14.50	2.50	200
	LR 检验	—	—	—	ns	—	—	—	ns
流动	有流动经历	22.35	24.85	52.80	2358	49.40	17.33	33.26	2348
	从未流动	25.28	37.47	37.25	443	25.62	31.97	42.40	441
	LR 检验	—	—	—	***	—	—	—	***

资料来源：厦门市农村流动人口调查和百村个人调查。

二 农村大龄未婚男性代际支持现状

表9-8提供了多维视角下流动的农村大龄未婚男性的代际支持情况。总体而言，流动的农村大龄未婚男性与已婚男性流动人口在经济支持方面的差异较为显著，而情感支持方面的差异并不显著。

表9-8 农村大龄未婚男性的代际支持现状

项目	代际支持	经济支持				情感支持程度			
		无(%)	1000元以下(%)	1000元以上(%)	样本量(个)	好(%)	中(%)	差(%)	样本量(个)
1980年之前	大龄未婚男性	23.08	10.58	66.35	104	77.55	20.41	2.04	98
	已婚男性	10.85	19.32	69.83	295	78.35	19.29	2.36	254
	LR 检验	—	—	—	**	—	—	—	ns
1980年之后	大龄未婚男性	27.78	14.44	57.78	90	74.44	25.56	0.00	90
	已婚男性	20.51	19.23	60.26	78	87.18	11.54	1.28	78
	LR 检验	—	—	—	ns	—	—	—	*
婚姻	大龄未婚男性	25.51	12.24	62.24	196	76.32	22.63	1.05	190
	已婚男性	13.10	19.25	67.65	374	80.48	17.42	2.10	333
	LR 检验	—	—	—	***	—	—	—	ns

续表

项目	代际支持	经济支持				情感支持程度			
		无(%)	1000元以下(%)	1000元以上(%)	样本量(个)	好(%)	中(%)	差(%)	样本量(个)
东部	大龄未婚男性	26.79	14.29	58.93	112	75.00	24.07	0.93	108
	已婚男性	17.20	17.20	65.59	186	80.12	18.71	1.17	171
	LR检验	—	—	—	ns	—	—	—	ns
中部	大龄未婚男性	22.41	6.90	70.69	58	77.19	21.05	1.75	57
	已婚男性	13.46	25.00	61.54	104	74.73	23.08	2.20	91
	LR检验	—	—	—	*	—	—	—	ns
西部	大龄未婚男性	26.92	15.38	57.69	26	80.00	20.00	0.00	25
	已婚男性	3.70	16.05	80.25	81	88.24	7.35	4.41	68
	LR检验	—	—	—	**	—	—	—	ns
流动	留守大龄未婚男性	19.2	28.1	52.7	167	25.0	26.8	48.2	168
	流动大龄未婚男性	27.8	3.9	68.3	180	57.9	37.4	4.7	190
	LR检验	—	—	—	***	—	—	—	***

资料来源：厦门市农村流动人口调查和百村个人调查中留守的大龄未婚男性数据。

　　从代际视角来看，对1980年以前出生的农村男性流动人口而言，流动的农村大龄未婚男性给予父母的经济支持不如已婚男性流动人口，这或许与流动的农村大龄未婚男性的经济条件不如已婚男性流动人口有关；对1980年以后出生的农村男性而言，流动的农村大龄未婚男性与已婚男性流动人口之间在经济支持上并无显著差异，但是流动的农村大龄未婚男性对父母的情感支持明显不如已婚男性流动人口。

　　从婚姻视角来看，流动的农村大龄未婚男性为父母提供的经济支持和情感支持均低于已婚男性流动人口，婚姻状态是影响代际支持行为的重要因素，经济因素可能是最重要的制约因素。

　　从区域视角来看，东部地区流动的农村大龄未婚男性与已婚男性流动人口在经济支持和情感支持上并无显著差异，而中部和西部地区的这两类人群在经济支持上的差异显著，其中西部地区流动的农村大龄未婚男性给予父母的经济支持最少。

　　从流动视角来看，留守农村的大龄未婚男性给予父母的经济支持和情感支持均低于流动的农村大龄未婚男性。留守农村的大龄未婚男性由于自身经济条件较差，因此能够给予父母经济支持的程度有限，而低水平的经济支持可能影响到他们与父母之间的情感关系。

第四节　农村男性流动人口养老意愿的影响因素分析

一　理想化养老模式的影响因素分析

表 9 - 9 提供了农村男性流动人口养老意愿的多元 Logistic 回归结果。无论是客观的婚姻状况还是主观的婚姻挤压对农村男性流动人口养老意愿的影响均不显著。可能的原因是，只有贫弱的农村大龄未婚男性才会把未来养老的希望寄托于政府救济或补助（郭秋菊、靳小怡，2011），而流动到城市的农村大龄未婚男性还较为年轻，所受教育程度尚可，且身强体壮，他们未来成婚的概率仍然较大。因此，他们受婚姻挤压的状况并不能显著地影响其养老意愿。年龄、受教育程度、兄弟姐妹数量以及区域因素对农村男性流动人口养老意愿的影响显著。随着年龄的增加和受教育程度的提高，农村男性流动人口想依靠子女养老的意愿就会更加强烈，这反映了年龄大的农村男性流动人口的养老观念更为传统，更希望未来能和子女一起生活。家庭因素中，兄弟姐妹数量越多者依靠子女养老的可能性越高，因为一般兄弟姐妹众多的家庭多为传统的扩大家庭，这种家庭对传统观念的保留会强于普遍的核心家庭。同时，社区因素对养老意愿有显著影响，东部经济发达地区的农村男性流动人口对"自我养老""社会保险养老"和"没有准备"选项更加青睐，这与东部地区经济条件较好有着重要关系。

表 9 - 9　农村男性流动人口养老意愿的多元 Logistic 回归结果

变量	养老意愿（依靠子女）					
	模型 1（客观）			模型 2（主观）		
	依靠自己	养老保险	没有准备	依靠自己	养老保险	没有准备
婚姻状态（未婚）	—	—	—	—	—	—
已婚	0.566	0.784	0.473	—	—	—
受婚姻挤压（否）	—	—	—	—	—	—
是	—	—	—	1.182	1.576	1.462
个人因素	—	—	—	—	—	—
流动经历（0~5 年）	—	—	—	—	—	—
6~10 年	0.928	0.540	0.994	0.937	0.531	1.006
11 年及以上	0.553	0.586	0.738	0.635	0.633	0.898

续表

变量	养老意愿(依靠子女)					
	模型1(客观)			模型2(主观)		
	依靠自己	养老保险	没有准备	依靠自己	养老保险	没有准备
年龄	0.950 +	0.948 +	0.918 **	0.942 *	0.950 +	0.908 **
个人月收入对数	0.833	0.742	0.623	0.818	0.750	0.616
受教育程度(小学及以下)	—	—	—	—	—	—
初中	0.350 *	0.250 **	0.490	0.336 *	0.241 **	0.462
高中及以上	0.176 **	0.093 ***	0.320 +	0.175 **	0.090 ***	0.320 +
是否干过农活(无)	—	—	—	—	—	—
5年以下	0.589	0.487	0.529	0.608	1.017	0.557
5年及以上	1.209	0.989	0.794	1.210	0.496	0.810
外出务工前职业(农业)	—	—	—	—	—	—
非农业	1.019	2.276	1.011	1.088	2.450	1.126
家务及待业	2.127	3.188	2.929	2.363	3.594	3.442
家庭因素	—	—	—	—	—	—
兄弟姐妹数(2个及以下)	—	—	—	—	—	—
3~4个	0.584	0.400 +	0.973	0.571	0.397 +	0.949
5个及以上	0.514	0.373 +	0.572	0.521	0.373 +	0.584
社区因素	—	—	—	—	—	—
来源地(西部)	—	—	—	—	—	—
中部	0.704	0.470	0.788	0.712	0.452	0.791
东部	3.234 *	3.657 +	3.889 **	3.317 **	3.641 +	4.004 **
样本量(个)	198	114	103	198	114	103
−2LL	1090.93 ***			1093.04 ***		

注：(1) 由于养老意愿中选择"政府救济"的比例不足5%，故模型中未考虑政府救济的养老模式；(2) 概率比小于1代表负影响，大于1表正影响。

资料来源：厦门市农村流动人口调查。

二　居住意愿影响因素分析

表9-10提供了农村男性流动人口居住意愿的多元 Logistic 回归结果。从模型1中可知，客观的婚姻状态对农村男性流动人口居住意愿的影响显著，已婚男性流动人口更愿意与子女同住，而流动的农村大龄未婚男性的居住选择就会因自身无妻无子的状态受到一定的限制，后者更倾向于选择独居或者没有准备。被迫失婚的状态减少了流动的农村大龄未婚男性对未来养老

进行多样化选择的可能性，他们的养老意愿更值得人们的密切关注。在个人因素中，流动时间超过 11 年的农村男性流动人口更期待与子女同住，由此看来，流动时间与现代化影响之间并非是正向关系，对于这些无法在城市安家立业的农村男性流动人口来说，返乡后的三代同堂仍是他们心中的期望。在家庭因素中，兄弟姐妹数量越多的农村男性流动人口越是期望与子女同住，由此可见大家族更有利于传统观念的保持。

然而，从模型 2 可知，主观上遭受婚姻挤压对农村男性流动人口的居住意愿没有显著影响。客观的婚姻状况才是既定的事实，而主观的婚姻挤压状况带来的或许更多的是心理福利的改变，并非居住意愿选择的改变。在养老问题上，关注已经失婚的农村大龄未婚男性比关注曾经或正在遭受成婚困难的男性人群更有现实意义，不过关注后者更有预防的作用。在个人因素和家庭因素中，与模型 1 相同的是流动经历大于 11 年以及兄弟姐妹数量多的农村男性流动人口更倾向于与子女居住。此外，年龄越大的农村男性流动人口也越容易选择与子女居住，因为年龄较长者对新事物和新观念的接受程度要低于年轻人群，所以他们更加认同与子女同堂的居住模式。

表 9 - 10　农村男性流动人口居住意愿的多元 Logistic 回归结果

变量	居住意愿(与子女同住)			
	模型 1(客观)		模型 2(主观)	
	自己住	没有准备	自己住	没有准备
婚姻状态(未婚)	—	—	—	—
已婚	0.542*	0.291***	—	—
受婚姻挤压(否)	—	—	—	—
是	—	—	1.179	1.383
个人因素	—	—	—	—
流动经历(0~5 年)	—	—	—	—
6~10 年	1.275	1.522	1.295	1.565
11 年及以上	0.419*	1.109	0.493*	1.580
年龄(平均)	0.961+	0.931*	0.951*	0.910**
个人月收入对数	0.880	0.816	0.862	0.786
受教育程度(小学及以下)	—	—	—	—
初中	0.770	1.067	0.767	1.039
高中及以上	0.836	1.604	0.849	1.641
是否干过农活(无)	—	—	—	—

变量	居住意愿(与子女同住)			
	模型1(客观)		模型2(主观)	
	自己住	没有准备	自己住	没有准备
5年以下	0.733	0.645	0.744	1.056
5年及以上	0.956	0.973	0.953	0.961
外出务工前职业(农业)	—	—	—	—
非农业	1.007	0.747	1.059	0.836
家务及待业	0.995	1.793	1.060	2.105
家庭因素	—	—	—	—
兄弟姐妹数(2个及以下)	—	—	—	—
3~4个	0.839	1.067	0.828	1.056
5个及以上	0.470*	0.650	0.482*	0.690
社区因素	—	—	—	—
来源地(西部)	—	—	—	—
中部	1.136	1.093	1.149	1.132
东部	1.198	1.553	1.244	1.702
样本量(个)	266	78	266	78
-2LL	808.97***		818.14*	

注：(1) 由于养老意愿中选择"政府救济"的比例不足5%，故模型中未考虑政府救济的养老模式；(2) 概率比小于1代表负影响，大于1代表正影响。

资料来源：厦门市农村流动人口调查。

第五节　农村男性流动人口养老行为的影响因素分析

表9-11提供了农村男性流动人口养老行为的多元回归结果，其中，模型1和模型2分别探讨了客观婚姻挤压和主观婚姻挤压对经济支持的影响，模型3和模型4则分别探讨了客观婚姻挤压和主观婚姻挤压对情感支持的影响。在农村男性流动人口为父母提供的经济支持方面，从模型1可知，客观婚姻状态对经济支持具有负向的影响，已婚男性流动人口提供的经济支持少于流动的农村大龄未婚男性，或许是由于流动的农村大龄未婚男性较年轻，还有成婚的可能，由于父母帮忙储蓄以便支付儿子结婚费用在农村十分普遍，因此大龄未婚男性给予父母更多经济支持作为未来结婚的经济储备策略。然而，从模型2可知，主观的婚姻挤压现象对父母的经济支持并无显著影响，可能因为部分遭受过婚姻

挤压的农村男性流动人口经过个体和家庭的努力已经顺利结婚，因此不影响其给予父母经济支持的能力和孝心。由此可见，客观的失婚状态比主观感受到婚姻挤压对流动的男性人口的经济支持行为有更为显著的影响。在其他因素上，个体的收入、职业以及兄弟姐妹数量显著影响农村男性流动人口给予父母的经济支持，收入较高和从事非农职业的流动男性人口给予父母的经济支持更多，而兄弟姐妹数量的增多反而会降低对其父母的经济支持。

在农村男性流动人口为父母提供的情感支持方面，模型 3 表明，客观婚姻状态对其给予父母的情感支持的影响不显著，或许是由于被宪法和传统道德所约束的赡养父母的行为早已深入人心，客观的失婚状况难以改变农村男性流动人口给予父母情感支持的现实。模型 4 则表明，主观上受到婚姻挤压的农村男性流动人口与父母的情感程度更低，虽然客观的婚姻状况难以影响农村男性流动人口给予父母的情感支持，而他们曾经或正在遭受的成婚困难却给其内心留下了不可磨灭的心理阴影，从而削弱了他们与父母的情感联系。由此可见，相对于客观的婚姻挤压现状，主观的婚姻挤压感受对农村男性流动人口给予父母的情感支持的影响更为显著与重要。另外，流动时间与所处区域对情感支持的影响显著，相对于流动时间较短的农村男性流动人口，流动时间越长与父母也就越不亲近，这与现实生活也是相符的；与西部地区农村男性流动人口相比，处于中部和东部地区的农村男性流动人口与父母的情感程度更高。

表 9 – 11　农村男性流动人口的经济支持和情感支持影响因素回归分析

变量	经济支持（OLS）		情感支持（Ordinal）	
	模型 1（客观）	模型 2（主观）	模型 3（客观）	模型 4（主观）
婚姻状态（未婚）	—	—	—	—
已婚	− 0.262 *	—	0.215	—
受婚姻挤压（否）	—	—	—	—
是	—	0.088	—	0.450 *
个人因素	—	—	—	—
流动经历（0 ~ 5 年）	—	—	—	—
6 ~ 10 年	− 0.043	− 0.093	0.862 *	0.943 *
11 年及以上	0.017	− 0.053	0.661 +	0.720 *
年龄（18 岁以下）	—	—	—	—
18 ~ 29 岁	− 0.488	− 0.543	− 0.866	− 0.862
30 ~ 39 岁	− 0.544	− 0.640	− 0.899	− 0.875
40 ~ 49 岁	− 0.516	− 0.679	− 1.292	− 1.27

续表

变量	经济支持（OLS）		情感支持（Ordinal）	
	模型1（客观）	模型2（主观）	模型3（客观）	模型4（主观）
50 岁及以上	− 1.068	− 1.236	—	—
个人月收入对数	0.432 ***	0.414 ***	− 0.033	0.013
受教育程度（小学及以下）	—	—	—	—
初中	− 0.004	− 0.025	− 0.148	− 0.086
高中及以上	0.141	0.141	− 0.030	0.019
是否干过农活（无）	—	—	—	—
5 年以下	0.085	0.117	− 0.328	− 0.325
5 年及以上	0.137	0.132	− 0.137	− 0.149
外出务工前职业（农业）	—	—	—	—
非农业	0.202	0.229 +	− 0.005	− 0.058
家务及待业	0.073	0.099	− 0.431	− 0.489
家庭因素				
兄弟姐妹数（2 个及以下）	—	—	—	—
3 ~ 4 个	− 0.171 +	− 0.187 +	− 0.168	− 0.162
5 个及以上	− 0.313 *	− 0.332 **	− 0.325	− 0.300
社区因素				
来源地（西部）	—	—	—	—
中部	− 0.140	− 0.116	− 0.719 +	− 0.709 +
东部	− 0.120	− 0.102	− 0.616 +	− 0.639 +
样本量（个）	412	412	834	834
− 2LL	0.161 ***	0.151 ***	− 487.8	− 485.2

注：概率比小于 1 代表负影响，大于 1 表正影响。

资料来源：厦门市农村流动人口调查。

第六节　本章小结

本章对不同婚姻状况的农村流动人口的养老观念与行为进行了描述性分析，从性别、代际、婚姻状态、区域、流动等多个视角初步揭示了男性婚姻挤压对农村流动人口养老意愿和养老行为的影响。主要结论包括以下几点。

（1）养老意愿

总体而言，随着我国城市化的推进和社会经济文化的发展，农村居民的养老意愿已经呈现多样化的发展趋势，不同特征的人群分化出各自独特的养老意愿。传统的养儿防老观念在农村流动人口中被不断淡化，依靠自己养老以及自己与配偶居住逐渐成为主流的养老观念。农村流动人口对养老保险的接受程度较高，但还有相当部分的农村流动人口对未来养老未作任何准备，敬老院的养老方式仍难以被接受。

性别视角下，女性农村流动人口对未来的养老问题的关注程度更弱，加之女性的社会经济地位弱于男性，因此她们的养老问题更值得关注。在传统的父系家族影响下，农村男性流动人口中传统的养儿防老、与子女同住的观念强于女性，而女性农村流动人口对未来的养老多抱着"到时候再说"的心态，这与以往的研究较为一致（郭继，2002；李建新等，2004）。

代际视角下，年龄因素是农村流动人口未来养老意愿的基础之一。"80前"的农村流动人口对传统养老观念的认同感更强，但仍难以改变其自立养老的强烈意愿，流动的农村大龄未婚男性由于失去家庭的依托，更倾向于将自我养老作为最重要的养老选择；"80后"的流动的农村大龄未婚男性与已婚男性流动人口在养老意愿上并无明显的差异。

婚姻视角下，配偶和家庭的存在为流动的已婚人群提供了多样化养老选择，流动的已婚人群在对待未来的养老问题上更加的积极，而依靠自己成为流动的农村大龄未婚男性不得已的选择。因此，如何用社会化养老弥补农村大龄未婚男性的养老遗憾还有待于进一步的研究。

区域视角下，区域经济的发展状况是孕育现代化养老观念的温床。越是发达的区域，人们对社会养老保险的接受程度越高，对传统养老观念的认同感越低，贫穷地方的人们的养老观念有待于进一步的转变与发展。东部地区流动的农村大龄未婚男性与已婚男性流动人口在未来的养老意愿上并无显著差异，而不少西部地区流动的大龄未婚男性对未来的养老问题持忽视态度。

流动视角下，流动对传统养老观念的瓦解起着重要作用，流动不仅可以提高农村流动人口接受社会养老保险的程度，还可以培养其自立养老的意识。流动的农村大龄未婚男性通过自身的努力已经初步摆脱了贫弱的境地，自立养老是其主导的养老意愿，而留守在农村的大龄未婚男性在年老及贫穷的双重压力下把养老希望寄托于政府救济。

此外，客观存在的事实比个体的主观感受更能影响农村男性流动人口的居住意愿，客观存在的婚姻挤压状态使得失去家庭的农村大龄未婚男性更倾向于选择独居养老或者对老年时的居住没有准备。年龄的增长、兄弟姐妹数量的增多对传统的养老、防老观念起着重要的保护作用，区域经济的发展则为社会养老保险方式的推广与发展提供了坚实的基础。

（2）养老行为

总体而言，流动可以显著提高农村居民赡养父母的经济能力，一定的空间距离还可以构造较为和谐的代际关系，但空间距离导致了农村流动人口难以为父母提供器械支持，器械支持的缺失可能损害农村空巢老人的身心健康。

性别视角下，单系偏重的父系家族制度在农村流动人口中依旧发挥着重要作用，农村男性流动人口仍是赡养父母的主力军，而女性更多的是对父母进行辅助性的情感支持。

代际视角下，核心小家庭的建立会转移和削弱农村流动人口对父母的情感支持。1980 年以前出生的流动人群对父母的情感依赖程度不如 1980 年以后出生的流动人群，而 1980 年以前出生的流动的农村大龄未婚男性的赡养能力仍不如同期群的已婚男性流动人口。

婚姻视角下，婚姻状态成为影响代际支持行为的重要因素，其背后相对应的经济条件不容忽视。已婚流动人口的赡养能力强于未婚人群，已婚男性流动人口的赡养能力又强于流动的农村大龄未婚男性人群，这与农村流动人口在城市的收入水平是相对应的。

区域视角下，东部地区的农村流动人口赡养父母的经济能力较强，西部地区的最弱，而西部地区流动的农村大龄未婚男性是所有人群中赡养能力最弱的人群。可见，提高经济发展水平也是提高农村流动人口赡养能力的必要途径之一。

流动视角下，流动可能显著提高农村居民给予父母经济支持的能力，并为和谐的代际关系奠定了良好的经济基础。即使是受到婚姻挤压的流动的农村大龄未婚男性的赡养能力仍强于留守农村的大龄未婚男性，但失婚仍旧会削弱农村大龄未婚男性和父母的情感程度。

此外，农村男性流动人口的客观婚姻状态显著影响其对父母的经济支持。失婚状态在一定程度上改变了流动的农村大龄未婚男性的经济储备策略，他们更愿意给予父母经济支持；而曾经或正在遭遇的成婚困难给农村男性流动人口的内心留下了不可磨灭的心理阴影，并削弱了他们与父母的情感程度。

第十章 婚姻挤压下社会支持对
心理福利的影响

第一节 研究设计

一 研究思路与分析框架

本章主要研究城乡流动背景下农村流动人口的心理福利现状以及社会支持对其心理福利的影响，同时重点关注同期开始的婚姻挤压背景下流动的农村大龄未婚男性的心理福利状况以及社会支持对其心理福利的影响。本章研究内容主要包括多维视角下农村流动人口的心理福利现状；社会支持对农村男性流动人口抑郁度的影响；社会支持对农村男性流动人口生活满意度的影响。本章的分析框架如图 10-1 所示。

二 数据

本章所用数据主要来源于厦门市"农村流动人口调查"数据。其中在本章第二节"外出务工与农村大龄未婚男性的心理福利"部分，为了比较分析流动与留守的农村大龄未婚男性心理福利的差异，还使用了"百村个人调查"中相应的 521 名留守农村的大龄未婚男性数据。

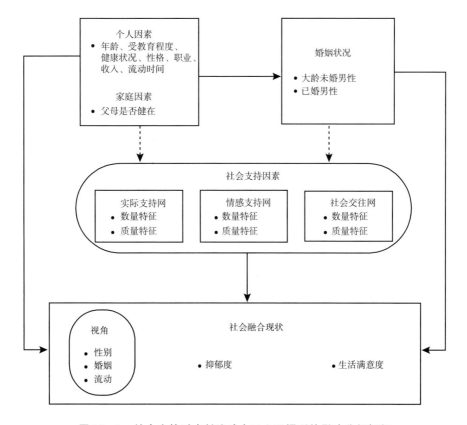

图 10 - 1 社会支持对农村流动人口心理福利的影响分析框架

三 变量设置、分析方法与模型设计

1. 变量设置

（1）心理福利

本章通过生活满意度（Life Satisfaction）和抑郁度（Depression）两个指标来测度心理福利。其中，生活满意度是心理福利的正向测度指标，抑郁度则是对心理福利的负向测度。

生活满意度量表包含 5 个题项：①我现在的生活基本上和我理想的生活一致；②我的生活条件很好；③我对我现在的生活很满意；④到现在为止，我已经得到了生活中我想要的东西；⑤如果可以再活一次，我基本上不会改变我的人生。5 个题项均要求被访者用 5 级李克特量表从"1 = 非常同意"到"5 = 非常不同意"来回答。调研组对 5 个题项的选项进行反向赋值，然后进行加总，数值越大，说明生活满意度越高。

改编的抑郁度量表共有9个题项，其中6个题项为正向问题，3个题项为反向问题，了解被访者在过去一周里对如下问题的回答情况：①我觉得自己心情很好；②我觉得寂寞（孤单）；③我觉得心里很难过；④我觉得自己的日子过得很不错；⑤我有时会睡不好觉（失眠）；⑥我觉得人们对我是友好的；⑦我觉得自己是个有用的人；⑧我觉得自己和其他人过得一样好；⑨我觉得生活中有着很多的乐趣（有意思的事情）。其中，题项②③和⑤为反向问题。被访者根据备选答案（"没有或几乎没有" = 2，"有时" = 1，"经常" = 0）进行回答。在将反向题目进行转换处理后，用9个题项的总得分来测量农村流动人口的抑郁度，得分越高，表明抑郁度越高。

（2）社会支持

社会支持网络是衡量个体社会支持状况的主要指标，能直接反映个体的社会支持状况。本章采用范德普尔的分类方法，把社会支持网络分为实际支持网、情感支持网和社会交往网三类，各类支持网络的测度主要通过网络规模和网络中关系构成特征来进行。网络规模是个体在各类支持网中可获得的支持的人数总和，关系构成主要用个体的支持网络中是否有弱关系来反映。

（3）控制变量

控制变量包括个人因素和家庭因素。个人因素包括婚姻状况、成婚困难遭遇、年龄、受教育程度、健康状况、性格、职业、收入和流动时间等；家庭因素包括父母是否健在。具体的自变量的描述性信息见表10-1。

表 10-1　自变量的描述性信息

变量	全部男性		大龄未婚男性		已婚男性	
	均值	方差	均值	方差	均值	方差
社会支持网因素	—	—	—	—	—	—
实际支持网	—	—	—	—	—	—
规模（0~10）	—	—	—	—	—	—
11~20	0.21	0.41	0.21	0.41	0.21	0.41
21及以上	0.41	0.49	0.34	0.48	0.43	0.50
弱关系（无）	—	—	—	—	—	—

续表

变量	全部男性		大龄未婚男性		已婚男性	
	均值	方差	均值	方差	均值	方差
有	0.85	0.35	0.84	0.37	0.86	0.35
情感支持网	—	—	—	—	—	—
规模(0~10)	—	—	—	—	—	—
11~20	0.17	0.38	0.18	0.39	0.16	0.37
21及以上	0.14	0.35	0.13	0.33	0.44	0.50
弱关系(无)	—	—	—	—	—	—
有	0.78	0.42	0.80	0.40	0.76	0.42
社会交往网	—	—	—	—	—	—
规模(0~10)	—	—	—	—	—	—
11~20	0.24	0.43	0.24	0.43	0.24	0.42
21及以上	0.26	0.44	0.23	0.42	0.27	0.45
弱关系(无)	—	—	—	—	—	—
有	0.86	0.35	0.87	0.33	0.85	0.36
个体特征因素	—	—	—	—	—	—
婚姻状况(未婚)	—	—	—	—	—	—
已婚	0.34	0.48				
成婚困难(无)	—	—	—	—	—	—
有	0.34	0.47	0.53	0.50	0.24	0.42
年龄(30岁以下)	—	—	—	—	—	—
30~39岁	0.49	0.50	0.50	0.50	0.49	0.50
40岁及以上	0.21	0.41	0.03	0.17	0.30	0.46
受教育程度(小学及以下)	—	—	—	—	—	—
初中	0.47	0.50	0.43	0.50	0.49	0.50
高中及以上	0.41	0.49	0.49	0.50	0.36	0.48
健康状况(不好)	—	—	—	—	—	—
好	0.81	0.39	0.82	0.38	0.80	0.40
性格(内向)	—	—	—	—	—	—
一般	0.53	0.50	0.52	0.50	0.53	0.50
外向	0.34	0.47	0.33	0.47	0.34	0.48
职业(体力)	—	—	—	—	—	—
非体力	0.09	0.28	0.07	0.26	0.096	0.30
平均月收入(ln)	7.66	0.73	7.63	0.54	7.68	0.81
流动时间(年)	8.40	5.58	6.59	4.79	9.34	5.73
家庭因素	—	—	—	—	—	—
父母健在(均不健在)	—	—	—	—	—	—
一方健在	0.18	0.39	0.13	0.33	0.21	0.41
都健在	0.74	0.44	0.84	0.37	0.68	0.47
样本量(个)	570		196		374	

资料来源:厦门市农村流动人口调查。

2. 分析方法与模型设计

本章首先使用 T 检验分析外出务工对农村大龄未婚男性心理福利的影响；其次，引入性别和婚姻的视角，采用 LR 检验/单因素方差分析来比较农村流动人口心理福利状况的差异；再次，采用 OLS 回归研究不同类型的社会支持网（实际支持、情感支持和社会交往）对农村男性流动人口心理福利的影响；最后，使用 OLS 回归比较不同类型的社会支持对流动的农村大龄未婚男性和已婚男性流动人口心理福利的影响差异。

第二节　心理福利现状分析

一　外出务工与农村大龄未婚男性的心理福利

外出务工有助于改善农村大龄未婚男性的心理福利（见表 10 - 2）：流动的农村大龄未婚男性的抑郁度显著低于留守农村的大龄未婚男性，前者的生活满意度也显著高于后者。

表 10 - 2　不同流动状况下农村大龄未婚男性的心理福利

项目	流动的大龄未婚男性	留守农村的大龄未婚男性	T 检验
抑郁度			
均值	17. 70	17. 22	
标准差	1. 85	2. 83	**
样本量（个）	194	519	
生活满意度			
均值	12. 18	11. 75	
标准差	2. 87	3. 51	+
样本量（个）	193	518	

资料来源：厦门市农村流动人口调查和百村个人调查。

二　不同性别和婚姻状况的农村流动人口的心理福利

农村男性流动人口的心理福利低于女性农村流动人口（见表 10 - 3）。不同婚姻状况下农村流动人口的抑郁度和生活满意度均存在显著性差异，表现为流动的农村大龄未婚男性的心理福利水平最低，已婚男性流动人口的心理福利水平最高。

表 10 − 3　不同性别、婚姻状况的农村流动人口的心理福利现状比较

项目	性别		婚姻状况			
	男性	女性	小龄未婚男性	大龄未婚男性	已婚男性	单因素方差分析
抑郁度样本量(个)	897	606	315	194	364	***
均值	17.37	17.33	17.49	17.70	17.07	
标准差	1.84	1.90	1.80	1.85	1.81	
生活满意度样本量(个)	897	606	315	193	364	***
均值	12.93	13.16	12.06	12.18	14.09	
标准差	3.63	3.39	3.66	2.87	3.63	

资料来源：厦门市农村流动人口调查。

三　小结

本节从性别、婚姻、流动的视角比较分析了农村男性流动人口的心理福利，研究发现：在中国的传统文化习俗中，男性担负家族传宗接代的重任，长时间不能成婚给流动的农村大龄未婚男性的心理健康带来了极为不利的负面影响；外出务工有利于改善农村大龄未婚男性的心理福利。

第三节　社会支持对抑郁度的影响分析

一　社会支持对农村男性流动人口抑郁度的影响

婚姻状况对个体抑郁度有显著的影响，不能成婚的流动的农村大龄未婚男性的抑郁度显著高于已婚男性流动人口（见表 10 − 4）。一方面，受中国传统婚姻家庭观念的影响，不能成婚的事实会使流动的农村大龄未婚男性产生心理挫败感和孤独感，直接影响他们的抑郁度；另一方面，由于婚姻的缔结能带来更多可靠的资源，而流动的农村大龄未婚男性由于缺少配偶和子女这些亲密关系的支持，他们的心理压力难以得到及时有效的缓冲，缺乏自身调解负面情感体验的能力，其抑郁度受到一定的影响。

社会支持的规模对农村男性流动人口的抑郁度具有显著影响（见表

10-4)。情感支持网的网络规模越大，个体的抑郁度越高。这可能是由于这些关系大部分都是较远的关系，农村男性流动人口很难从中获得情感上的支持，在现实中往往表现为朋友和认识的人越多，个体的抑郁度反而越高。社会交往网的网络规模越大，个体的抑郁度越低。对于农村男性流动人口而言，社会交往活动的频率越高，越容易促使他们适应城市生活，从而缓解内心的孤独感，降低抑郁程度。实际支持网对农村男性流动人口的抑郁度没有显著影响，这可能是由于中国传统的自给自足的小农思想根深蒂固，绝大多数农村流动人口没有希望别人提供物品等实际支持的意愿（这一点在调查中得到证实，当问及他们需要借东西或请人帮忙的时候会找谁时，许多人脱口而出："没有什么要别人帮忙的"或者要思索很久才能勉强回答出来）。因此，实际支持网对个体抑郁度的影响就相对弱化了。

另外，社会支持网中有无弱关系对其抑郁度没有明显的影响，由于弱关系是指网络中与个体关系相对较远的朋友和相识的人，因此它对反映个体内心深层次情感体验的抑郁度没有显著的影响是可以理解的。

表 10-4　社会支持对农村男性流动人口抑郁度影响的 OLS 回归分析结果

项目	模型 1(实际支持网)	模型 2(情感支持网)	模型 3(社会交往网)
社会支持网因素	—	—	—
规模(0~10)	—	—	—
11~20	-0.211	-0.224	-0.305
21 及以上	-0.386	0.764[+]	-0.553[+]
弱关系(无)			
有	-0.078	0.019	0.157
个体特征因素			
婚姻状况(已婚)			
大龄未婚	0.837[**]	0.904[**]	0.860[**]
年龄(30 岁以下)			
30~39 岁	-0.435	-0.494	-0.460
40 岁及以上	-1.108[*]	-1.091[*]	-1.099[*]
受教育程度(小学及以下)	—	—	—
初中	0.729[+]	0.624	0.746[+]
高中及以上	0.560	0.448	0.569

续表

项目	模型1（实际支持网）	模型2（情感支持网）	模型3（社会交往网）
健康状况（不好）	—	—	—
好	− 1.033 **	− 1.050 **	− 1.022 **
性格（内向）	—	—	—
一般	0.043	− 0.027	0.029
外向	− 0.939 *	− 1.033 *	− 0.955 *
职业（体力）	—	—	—
非体力	− 0.005	0.010	0.029
平均月收入（ln）	− 0.020	− 0.042	− 0.022
流动时间（年）	− 0.030	− 0.028	− 0.028
家庭因素			
父母健在（都不健在）	—	—	—
一方健在	− 1.063 +	− 1.047 +	− 1.099 +
都健在	− 1.269 *	− 1.221 *	− 1.286 *
Adjusted R^2	0.067	0.072	0.068
F值	3.524 ***	3.735 ***	3.588 ***
样本量（个）	570	570	570

资料来源：厦门市农村流动人口调查。

二 社会支持对流动的农村大龄未婚男性抑郁度的影响

由前面的分析可知，情感支持网和社会交往网的网络规模对农村男性流动人口抑郁度存在较为显著的影响，并且婚姻状况的差异显著影响着个体的抑郁度。为了进一步研究社会支持对流动的农村大龄未婚男性抑郁度的影响，有必要分别对流动的农村大龄未婚男性样本和已婚男性流动人口样本进行单独分析，以比较两者抑郁度的影响机制存在的差异。

是否遭遇成婚困难对流动的农村大龄未婚男性和已婚男性流动人口的抑郁度均有显著的影响（见表10－5），没有成婚困难的个体的抑郁度显著低于有成婚困难的个体。与周围人相比，有成婚困难的流动的农村大龄未婚男性显得特别弱势，他们会产生强烈的自卑感和挫败感，从而对其心理健康产生不良的影响。对于曾有成婚困难的已婚男性来说，虽然已经成婚，但由于过去成婚困难滋生的负面心理可能一直存在，相比没有遭遇过成婚困难的已婚男性来说，过去的自卑感可能会一直伴随着他们，从而相对增加了他们的抑郁度。

不同类型的社会支持对流动的农村大龄未婚男性和已婚男性流动人口抑郁度的影响存在差异（见表10－5）。社会交往网规模大于21人对流动的农村大龄未婚男性的抑郁度有显著的影响，规模越大，抑郁度越低。由于不能成婚，缺乏配偶和子女类亲密关系的支持，流动的农村大龄未婚男性只能通过扩大社会交往的规模来缓解失婚和流动生活带来的孤独感。而对于已婚男性来说，情感支持网规模大于 21 人对个体的抑郁度有显著的影响，规模越大，抑郁度越高。已婚男性可获得支持的关系资源相对较多，当他们内心脆弱需要配偶、朋友等情感支持时，较容易被满足；反之，情感支持规模越大，表明已婚男性的内心越脆弱，越需要情感支持，抑郁度越高。

表 10 - 5　社会支持对流动的农村大龄未婚男性抑郁度影响的 OLS 回归分析结果

项目	模型 1(实际支持网)		模型 2(情感支持网)		模型 3(社会交往网)	
	未婚男性	已婚男性	未婚男性	已婚男性	未婚男性	已婚男性
社会支持网因素	—	—	—	—	—	—
规模(0 ~ 10)	—	—	—	—	—	—
11 ~ 20	- 0. 218	- 0. 379	0. 268	- 0. 321	0. 412	- 0. 593
21 及以上	- 0. 703	- 0. 188	- 0. 166	1. 302 **	- 0. 994 +	- 0. 227
弱关系(无)	—	—	—	—	—	—
有	- 0. 474	0. 032	- 0. 776	0. 091	- 0. 731	0. 453
个体特征因素						
成婚困难(是)	—	—	—	—	—	—
否	- 1. 163 *	- 1. 048 **	- 1. 186 **	- 0. 926 *	- 1. 153 **	- 1. 004 *
年龄(30 岁以下)	—	—	—	—	—	—
30 ~ 39 岁	- 0. 266	- 0. 485	- 0. 332	- 0. 642	- 0. 383	- 0. 443
40 岁及以上	- 5. 227 ***	- 0. 754	- 5. 444 ***	- 0. 849	- 5. 410 ***	- 0. 669
受教育程度(小学及以下)	—	—	—	—	—	—
初中	0. 085	0. 858 +	0. 025	0. 764	0. 172	0. 832 +
高中及以上	- 0. 257	0. 782	- 0. 248	0. 696	- 0. 096	0. 739
健康状况(不好)	—	—	—	—	—	—
好	- 0. 373	- 1. 133 **	- 0. 302	- 1. 238 **	0. 454	- 1. 172 **
性格(内向)						
一般	- 1. 134 +	0. 824	- 1. 065 +	0. 737	- 1. 061 +	0. 785
外向	- 1. 628 *	- 0. 408	- 1. 787 *	- 0. 572	- 1. 761 *	- 0. 443
职业(体力)						
非体力	0. 266	- 0. 131	0. 381	- 0. 105	0. 252	- 0. 124
平均月收入(ln)	0. 321	- 0. 091	0. 262	- 0. 115	0. 335	- 0. 064
流动时间(年)	- 0. 079 +	- 0. 012	- 0. 094 +	- 0. 006	- 0. 069	- 0. 011
家庭因素						
父母健在(都不健在)	—	—	—	—	—	—
一方健在	- 2. 833 +	- 1. 106 +	- 2. 667 +	- 1. 029 +	- 2. 348	- 1. 128 +
都健在	- 3. 006 +	- 0. 947	- 2. 887 +	- 0. 862	- 2. 695 +	- 0. 934

续表

项目	模型 1(实际支持网)		模型 2(情感支持网)		模型 3(社会交往网)	
	未婚男性	已婚男性	未婚男性	已婚男性	未婚男性	已婚男性
Adjusted R^2	0.073	0.062	0.066	0.085	0.092	0.066
F 值	1.957 *	2.534 ***	1.851 *	3.144 ***	2.225 **	2.639 ***
样本量(个)	196	374	196	374	196	374

资料来源:厦门市农村流动人口调查。

三 小结

本节研究发现,第一,婚姻状况对农村男性流动人口的抑郁度有显著影响,不能成婚和成婚困难是影响个体抑郁度的重要因素。不能成婚的流动的农村大龄男性的抑郁度显著高于已婚男性流动人口,有成婚困难的流动的农村大龄未婚男性的抑郁度显著高于没有成婚困难的流动的农村大龄未婚男性。

第二,总体来看,社会支持对农村男性流动人口的抑郁度有显著影响。情感支持网和社会交往网的规模大于 21 人对农村男性流动人口的抑郁度有显著的影响,情感支持网络的规模越大,抑郁度越高;社会交往网的规模越大,抑郁度越低。社会支持网中是否有弱关系、实际支持网对个体抑郁度没有显著的影响。

第三,社会支持对不同婚姻状况的农村男性流动人口的抑郁度的影响并不相同。社会交往网规模大于 21 人对流动的农村大龄未婚男性的抑郁度有显著影响,规模越大,抑郁度越低;情感支持网规模大于 21 人对已婚男性流动人口的抑郁度有显著影响,规模越大,抑郁度越高。社会支持网中是否有弱关系、实际支持网对流动的农村大龄未婚男性和已婚男性流动人口的抑郁度均没有显著的影响。

第四节 社会支持对生活满意度的影响分析

一 社会支持对农村男性流动人口生活满意度的影响

婚姻状况对农村男性流动人口的生活满意度有显著影响,不能成婚的流动的农村大龄未婚男性的生活满意度显著低于已婚男性流动人口(见表 10 -

6)。婚姻缔结对男性的生活满意度有积极的影响：一方面，婚姻中的配偶和子女能为男性提供基本的生活照料，直接影响着已婚男性生活满意度的提升，而不能成婚的大龄未婚男性无法获得配偶及子女的生活照料，满意度相对较低；另一方面，由于配偶和子女的缺失，流动的农村大龄未婚男性的生活本身便不完整，生活满意度自然较低。另外，不能成婚给流动的农村大龄未婚男性的心理带来严重的负面影响，他们体验了较多的负面情感，在一定程度上降低了他们的生活满意度。

社会支持网的规模和关系构成对农村男性流动人口的生活满意度有显著影响（见表10-6）。情感支持网和社会交往网的网络规模对个体生活满意度有显著的影响，网络规模越大，生活满意度越高。对农村男性流动人口而言，可获得的社会支持的规模越大，越容易促使他们适应城市生活，从而提高其生活满意度。情感支持网中有弱关系的个体生活满意度显著低于没有弱关系的个体。中国的人情交往圈遵循着"差序格局"的原则，按关系的亲疏远近依次向外推进。在这种思想下，人们普遍把有亲密联结的强关系作为情感支持的最稳定的有效因子，而一定规模的情感支持网中如果有较多的弱关系支持，那么强关系支持就相对较少，因此有弱关系支持的个体生活满意度更低。实际支持网对个体生活满意度没有显著的影响。由于大部分进城务工的农村男性流动人口是为了获得比家乡（农村）更高的收入，他们相对较满足于城市生活，加上中国传统的自给自足的小农思想的影响，农村男性流动人口几乎没有希望别人提供物品、钱财等实际帮助与支持的意愿，因此实际支持对个体生活满意度没有明显的影响。

表 10 - 6　社会支持对农村男性流动人口生活满意度的 OLS 回归分析

项目	模型 1（实际支持网）	模型 2（情感支持网）	模型 3（社会交往网）
社会支持网因素	—	—	—
规模（0~10）	—	—	—
11~20	0.179	0.898 *	0.761 *
21 及以上	0.127	0.265	0.440
弱关系（无）	—	—	—
有	-0.339	-0.547 +	-0.121
个体特征因素	—	—	—
婚姻状况（已婚）	—	—	—

续表

项目	模型 1(实际支持网)	模型 2(情感支持网)	模型 3(社会交往网)
大龄未婚	− 1.224 ***	− 1.235 ***	− 1.215 ***
年龄(30 岁以下)	—	—	—
30~39 岁	0.279	0.278	0.303
40 岁及以上	1.493 **	1.475 **	1.487 **
受教育程度(小学及以下)			
初中	− 1.565 ***	− 1.570 ***	− 1.587 ***
高中及以上	− 2.174 ***	− 2.109 ***	− 2.214 ***
健康状况(不好)			
好	0.976 **	0.931 *	0.972 **
性格(内向)	—	—	—
一般	− 0.398	− 0.383	− 0.434
外向	0.200	0.192	0.158
职业(体力)	—	—	—
非体力	− 0.268	− 0.288	− 0.332
平均月收入(ln)	0.299	0.289	0.290
流动时间(年)	0.040	0.037	0.039
家庭因素			
父母健在(都不健在)	—	—	—
一方健在	− 0.198	− 0.136	− 0.161
都健在	− 0.110	− 0.137	− 0.100
Adjusted R^2	0.145	0.154	0.152
F 值	7.007 ***	7.451 ***	7.338 ***
样本量(个)	570	570	570

资料来源：厦门市农村流动人口调查。

二 社会支持对流动的农村大龄未婚男性生活满意度的影响

由前面的分析可知，婚姻状况和社会支持对农村男性流动人口的生活满意度存在显著影响。为深入研究社会支持对流动的农村大龄未婚男性生活满意度的影响，本部分分别对大龄未婚男性和已婚男性生活满意度的影响因素进行比较分析。

不同类型的社会支持对流动的农村大龄未婚男性和已婚男性流动人口生活满意度的影响存在显著差异（见表 10 - 7）。较大的实际支持规模、实际支持网和社会交往网中有弱关系对流动的农村大龄未婚男性的生活满意度有显著影响，网络规模越大、网络中有弱关系，生活满意度越高。情感支持对流动的农村大龄未婚男性的生活满意度没有明显的影响，可能的原因是不能成婚带来的心理自卑感和压迫感致使流动的农村大龄未婚男性不愿跟其他人过多地进行内心交流，他们往往给人们留下孤僻的印象。而对于已婚男性流动人口来说，情感支持网和社会交往网的规模对个体生活满意度有显著影响，规模越大，生活满意度越高；实际支持网对个体生活满意度没有明显的影响。

　　个体特征因素对流动的农村大龄未婚男性和已婚男性流动人口生活满意度的影响存在差异（见表10-7）。对流动的农村大龄未婚男性而言，流动时间越长，其生活满意度越高。这可能是由于流动的农村大龄未婚男性在城市生活时间越长，传统的婚姻家庭观念的影响越弱，不能成婚的心理压力也逐渐减小；多元化的城市生活丰富了流动的农村大龄未婚男性的单身生活，这些在一定程度上提高了个体的生活满意度。对已婚男性流动人口而言，年龄越大、受教育程度越低、健康状况越好，个体的生活满意度越高。

表10-7　社会支持对流动的农村大龄未婚男性生活满意度的 OLS 回归分析结果

项目	模型1(实际支持网)		模型2(情感支持网)		模型3(社会交往网)	
	未婚男性	已婚男性	未婚男性	已婚男性	未婚男性	已婚男性
社会支持网因素	—	—	—	—	—	—
规模(0~10)	—	—	—	—	—	—
11~20	-0.218	0.390	0.307	1.232 *	0.045	1.275 **
21 及以上	-0.794 +	0.491	0.627	-0.054	-0.615	0.899 *
弱关系(无)	—	—	—	—	—	—
有	1.000 +	-0.880	0.234	-0.675	1.414 *	-0.803
个体特征因素						
成婚困难(是)						
否	-0.029	0.397	-0.059	0.269	-0.031	0.298
年龄(30 岁以下)	—	—	—	—	—	—
30~39 岁	-0.033	0.429	0.012	0.473	-0.010	0.278
40 岁及以上	2.219	1.560 **	2.195	1.577 **	2.215	1.364 *
受教育程度(小学及以下)						
初中	-1.412 +	-1.617 **	-1.578 *	-1.582 **	-1.473 +	-1.566 **
高中及以上	-1.323 +	-2.577 ***	-1.480 +	-2.504 ***	-1.439 +	-2.578 ***
健康状况(不好)						

续表

项目	模型1(实际支持网)		模型2(情感支持网)		模型3(社会交往网)	
	未婚男性	已婚男性	未婚男性	已婚男性	未婚男性	已婚男性
好	0.144	1.095 *	0.429	1.068 *	0.349	1.126 *
性格(内向)	—	—	—	—	—	—
一般	0.155	-0.572	0.028	-0.526	0.106	-0.592
外向	0.114	0.259	-0.082	0.344	0.074	0.255
职业(体力)	—	—	—	—	—	—
非体力	-0.083	-0.229	-0.078	-0.248	-0.148	-0.231
平均月收入(ln)	0.267	0.309	0.300	0.322	0.245	0.255
流动时间(年)	0.154 ***	0.003	0.147 **	0.000	0.159 ***	0.007
家庭因素	—	—	—	—	—	—
父母健在(都不健在)	—	—	—	—	—	—
一方健在	-1.289	-0.056	-1.390	0.029	-1.227	0.022
都健在	-1.627	0.054	-1.685	0.050	-1.604	0.066
Adjusted R^2	0.082	0.098	0.070	0.110	0.093	0.113
F 值	2.085 **	3.518 ***	1.917 *	3.856 ***	2.239 **	3.946 ***
样本量(个)	196	374	196	374	196	374

资料来源：厦门市农村流动人口调查。

三　小结

本节研究发现：第一，婚姻状况对农村男性流动人口的生活满意度有显著的影响，不能成婚的流动的农村大龄未婚男性的生活满意度显著低于已婚男性流动人口，但成婚困难遭遇对流动的农村大龄未婚男性的生活满意度没有明显的影响。

第二，社会支持对农村男性流动人口的生活满意度有显著的影响。情感支持网和社会交往网的规模、情感支持网络中是否有弱关系对农村男性流动人口的生活满意度有显著的影响：网络规模越大，生活满意度越高；情感支持网中有弱关系支持的个体生活满意度显著低于没有弱关系支持的个体；实际支持网对个体的生活满意度没有显著的影响。

第三，社会支持对流动的农村大龄未婚男性和已婚男性流动人口的生活满意度的影响存在显著差异。对于大龄未婚男性来说，实际支持网的规模、实际支持网和社会交往网中是否有弱关系对个体的生活满意度有显著的影响，支持网的规模越大、网络中有弱关系，个体的生活满意度越高；情感支持网的网络规模和关系构成对个体生活满意度没有明显的影响。对于已婚男性来说，情感支持网和社会交往网的规模对个体生活满意度有显著的影响，规模越大，生活满意度越高；实际支持的网络规模和关系构成对个体生活满意度没有明显的影响。

第五节　本章小结

本章主要研究婚姻挤压背景下农村流动人口的心理福利现状以及社会支持对其心理福利的影响；并重点关注流动的农村大龄未婚男性人口的心理福利状况以及社会支持对其心理福利的影响。研究发现以下几点。

第一，农村男性流动人口的心理福利水平低于女性农村流动人口，流动的农村大龄未婚男性的心理福利现状显著差于已婚男性流动人口，外出务工有助于改善农村大龄未婚男性的心理福利。

第二，社会支持对农村男性流动人口的抑郁度有显著的影响，且其作用模式因婚姻状态的不同存在显著的差异。对农村男性流动人口整体而言，情感支持网的规模越大，其抑郁度越高；社会交往网的规模越大，其抑郁度越低。对流动的农村大龄未婚男性而言，社会交往网的规模越大，其抑郁度越低；对已婚男性流动人口而言，情感支持网的规模越大，其抑郁度越高。

第三，社会支持对农村男性流动人口的生活满意度有显著的影响，且其作用模式因婚姻状态的不同存在显著的差异。对农村男性流动人口整体而言，情感支持网规模越大，其生活满意度越高；情感支持网中有弱关系支持的个体生活满意度较低；社会交往网规模越大，其生活满意度越高。对于流动的农村大龄未婚男性来说，实际支持网规模越大、网络中有弱关系，其生活满意度越高。对于已婚男性流动人口来说，则是情感支持网和社会交往网的规模越大，其生活满意度越高。

第十一章　婚姻挤压对个体
安全感的影响

　　为了探索性研究婚姻挤压对安全感的影响，第十一章和第十二章采用"百村系列调查"数据分析农村男性婚姻挤压对个体安全感和公共安全的影响。

　　中国在 20 世纪一直存在着偏高的女孩死亡率，而出生性别比自 20 世纪80 年代以来也出现持续偏高的趋势，且存在严重的城乡差异和区域差异。持续且大范围存在的偏高的出生性别比和女孩死亡率造成了严重的人口性别结构失衡，而伴随着社会转型期大规模的人口城乡流动，特别是女性人口的迁移和流动，城乡区域间的性别失衡态势更加复杂和严重（李树茁等，2009）。人口性别结构失衡对人口安全和社会稳定都构成了潜在威胁。长期来看，性别失衡将对人口规模、人口老龄化、劳动适龄人口、婚姻市场等人口问题产生影响（Cai and Lavely，2003）。同时，性别失衡不但损害了女性的生存和发展权利，还对社会所有人都产生了不容忽视的负面影响，从而损害社会和人口的整体福利，阻碍人口社会可持续发展（李树茁等，2009；靳小怡、刘利鸽，2009）。

　　目前，中国正在并且将要继续面对严重的婚姻挤压，其后果已开始显现，并成为家庭安全和社会安全的巨大威胁，引起了政府、社会各界与学术界的广泛关注。许多研究显示，持续的婚姻挤压会引发一系列的人口社会后果，提高人口终身不婚水平、提高男性初婚年龄、拉大夫妇年龄差（郭显超，2008；邓国胜，2000），并进一步引发其他社会问题，如未婚者的生理与心理健康问题、婚姻家庭的稳定问题、非婚生育问题、独身者的养老问题、社会稳定问题等（刘爽，2003；郭志刚、邓国胜，2000）。

由于中国经济、社会和人口的快速转型，社会呈现风险社会甚至高风险社会的特征（刘慧君、李树苗，2010），"不安全""风险""恐怖"和"恐惧"等概念开始被学界频繁用来作为当今社会常态的一种注释。随着社会大众对风险感知的增强，社会风气、治安环境、经济条件、政治环境等都在影响着公众的安全感。人口性别结构的严重失衡作为社会转型期的重要人口安全问题同样会给社会发展带来潜在威胁和巨大风险，由性别结构失衡带来的婚姻挤压等各种社会风险事件有可能影响个人安全感。有研究表明，不能结婚的男性数量越大，其暴力和反社会行为就越多，从而严重危害公共安全，致使人群广泛产生不安定感（刘中一，2005a）。由此可见，研究婚姻挤压等各种社会风险事件对个人安全感的影响变得日益重要，然而到目前为止，相关研究还非常少见。

自新中国成立以来，中国一直存在着不同程度的男性婚姻挤压，且存在着时代及地区差异。虽然有关婚姻挤压的研究随着20世纪80年代以来出生性别比偏高问题的凸显而逐渐引起关注，但早在20世纪60年代的三年困难时期和"文化大革命"时期，中国就出现过较严重的男性婚姻挤压，遭受挤压的往往是政治成分差的男性（郭志刚、邓国胜，2000），且并未被社会所关注。中国目前的婚姻挤压是出生性别比失衡的直接后果之一，而女性从内地到沿海、从山区到平原的婚姻迁移导致婚姻挤压后果发生了空间的转移，贫困和边远农村地区的男性成为婚姻挤压后果的主要承担者（吕峻涛，2006；马健雄，2004）。同时，大规模的城乡人口流动及农村人口择偶与婚姻家庭观念的转变也使得城乡及区域间的婚姻挤压态势更为复杂（李树苗等，2009）。因此，有必要对婚姻挤压下农村大龄未婚男性安全感的时代与地区差异进行深入探讨。

男性婚姻挤压致使部分生活在社会底层的男性面临成婚困难甚至失婚的风险。在这个普婚文化盛行的社会中，婚姻家庭生活的缺失会影响大龄未婚青年的心理状况。已有研究证实，大龄未婚人群相较于已婚人群在社会上更加孤立，更容易感到孤独（Zhang and Hayward，2001）。在拥有"普婚"文化的中国，大龄未婚更让农村男性感到自卑（李艳、李树苗，2008）。大龄未婚男性的不良心理状况是可能导致对抗、厌世、轻生以及性犯罪等社会问题的潜在因素。一方面，大量游离于婚姻之外的单身男性对婚姻和性的渴望往往刺激买婚、性侵害和拐卖妇女等违法犯罪活动的增加，从而威胁着女性尤其是未婚女性群体的安全；另一方面，大龄未婚男性的存在也有可能刺激性产业的发展以及婚外情、婚外性等事件的发生，从而对已婚男女及其家庭的稳定和安全带来威胁（靳小怡、刘利鸽，2009）。大龄未婚男性既是婚姻挤压的直接受害者，同时也可能成为其他社会群体利益的侵害者，因此，有必要对婚姻挤压下处于不同婚姻状态下男女两性的安全感现状进行研究。

　　本章利用 2010 年"百村个人调查"数据从微观层次分析婚姻挤压这一社会风险事件对个人安全感的影响，描述不同婚姻状态下包括男女两性在内的社会各群体的安全感现状，并进一步分析婚姻挤压对不同年龄和地区的农村男性安全感的影响。

第一节　研究设计

一　研究思路

　　本章从个人微观层次出发探讨婚姻挤压下农村不同群体的安全感问题。首先，全面分析农村不同群体的安全感现状。基于性别和婚姻的视角，对农村人口进行群体分类，继而分析男性与女性群体的安全感以及同性群体中不同婚姻状况者的安全感现状。其次，分析婚姻挤压对男性安全感的影响。农村大龄未婚男性群体的存在是婚姻挤压的直接表现形式，比较农村大龄未婚男性群体与农村已婚男性群体的安全感差异，是揭示婚姻挤压如何影响农村男性安全感的重要途径。当前，婚姻挤压的原因、程度及其影响会随时间和空间的差异而发生变化。其一，年龄分层理论认为，同期群面临着与先期群不同的环境，内外干预因素都会发生变化，因成长历程不同，生于不同时代的男性遭受婚姻挤压的背景也不相同，在安全感方面所受的影响也不一样。根据中国人口社会发展的特征，将男性出生列队划分为 1960 年以前、1960～1976 年、1976 年以后三个时期，比较分析不同出生队列的农村大龄未婚男性与已婚男性之间安全感的差异。其二，中国东、中、西部地区的社会经济发展水平及文化环境存在很大差异，婚姻挤压的程度在贫困的中、西部地区更加严重（靳小怡等，2010），这将影响个体的安全感。通过分析不同出生队列和不同地区的农村大龄未婚男性与已婚男性的安全感差异，本部分将深入探讨婚姻挤压对男性安全感的影响。

二 变量测度

综合心理学、社会学及犯罪学领域对安全感的界定，本章从内在安全感和外在安全感两个方面测量安全感。

内在安全感。本章使用丛中和安丽娟（2004）的安全感量表来测度内在安全感，该量表包含人际安全感因子和确定控制感因子两个维度（共16个题项），具有较好的信度和效度，是国内应用较为广泛的安全感检测量表（王艳芝等，2006；汪海彬等，2009）。

外在安全感。外在安全感是指个体因外在因素而产生的安全或不安全感受，是一种对情境反应的安全感。依据研究对象的特殊性，通过考察个体在社会生活中所面临的收入、养老、婚姻、家庭、医疗及治安环境这六类因素来综合评价个体的外在安全感。

第二节 分析结果

一 农村不同群体的安全感现状

表11－1对所有样本依据性别及婚姻状况进行分类，并比较不同性别、不同婚姻状况的各类群体在安全感方面的差异。

1. 不同性别群体的安全感：男性、女性

内在安全感方面，从安全感量表的得分来看，男性和女性在两因子上的得分均高于理论均值，女性群体在两因子的得分上均略高于男性群体，这表明女性群体具有较高的心理安全感。外在安全感方面，两性人群只有在家庭问题上不存在显著的性别差异，在有关收入、养老、婚姻及医疗问题的安全感评价上，男性群体的安全感更低，且存在显著的性别差异，而对治安环境的安全评价上，女性群体虽然给出了较高的总体安全评价，但仍有近40%的女性认为夜晚独行非常不安全，这说明女性群体更容易产生由治安环境而诱发的不安全感。

2. 男性群体的安全感：大龄未婚男性、小龄未婚男性、已婚男性

从表11－1对不同男性群体安全感的分析结果可以看出，农村大龄未婚男性的总体安全感水平最低。在内在安全感方面，农村大龄未婚男性在安全感量

表 11-1　农村不同群体的安全感比较

项目	全部样本			男性样本				女性样本		
	男性	女性	LR/T 检验	小龄未婚男性	大龄未婚男性	已婚男性	LR/T 检验	未婚女性	已婚女性	LR/T 检验
内在安全感（M±SD）										
人际安全感	28.69±4.76	28.81±3.80	ns	29.11±4.22	27.59±5.07	29.94±4.15	***	29.50±3.76	28.13±3.74	***
确定控制感	26.27±5.08	26.83±4.58	+	26.64±5.04	25.28±5.10	27.42±4.80	***	27.29±4.33	26.38±4.79	***
总分	54.96±8.49	55.64±7.16	ns	55.74±8.01	52.88±8.76	57.36±7.57	***	56.79±6.79	54.51±7.37	***
样本量（个）	1579	268	—	199	774	606	—	133	135	—
外在安全感										
生活因素										
收入问题										
比较担心(%)	62.7	52.6		56.5	65.9	60.7		43.3	61.8	
一般（%）	20.5	26.7		26.5	18.6	20.8		31.3	22.1	
不太担心(%)	16.8	20.7		17.0	15.4	18.5		25.4	16.2	
样本量（个）	1589	270	**	200	778	611	*	134	136	*
养老问题										
比较担心(%)	42.1	27.4		26.5	55.7	29.7		23.1	31.6	
一般（%）	24.5	23.3		34.0	23.6	22.5		27.6	19.1	
不太担心(%)	33.5	49.3		39.5	20.7	47.7		49.3	49.3	
样本量（个）	1586	270	***	200	777	609	***	134	136	***
婚姻问题										
比较担心(%)	33.5	10.4		24.5	54.4	9.8		8.2	12.5	
一般（%）	17.4	13.0		23.0	18.5	14.1		12.7	13.2	

续表

项目	全部样本			男性样本				女性样本		
	男性	女性	LR/T检验	小龄未婚男性	大龄未婚男性	已婚男性	LR/T检验	未婚女性	已婚女性	LR/T检验
不太担心(%)	49.1	76.7	***	52.5	27.0	76.1	***	79.1	74.3	***
样本量(个)	1588	270		200	777	611		134	136	
家庭问题										
比较担心(%)	13.2	16.3	ns	18.0	11.1	14.3	*	18.7	14.0	***
一般(%)	23.6	26.3		27.5	24.3	21.3		24.6	27.9	
不太担心(%)	63.3	57.4		54.5	64.6	64.4		56.7	58.1	
样本量(个)	1587	270		200	777	610		134	136	
医疗问题										
比较担心(%)	65.1	57.8	*	58.5	68.7	62.6	**	53.0	62.5	**
一般(%)	17.1	22.6		23.5	16.1	16.2		20.9	24.3	
不太担心(%)	17.9	19.6		18.0	15.3	21.2		26.1	13.2	
样本量(个)	1588	270		200	778	610		134	136	
治安因素										
夜晚独行安全评价										
不太安全(%)	12.4	39.1	***	16.0	10.7	13.4	**	41.5	36.8	*
一般(%)	19.7	22.5		24.0	17.2	21.3		25.9	19.1	
比较安全(%)	67.9	38.4		60.0	72.1	65.3		32.6	44.1	
样本量(个)	1591	271		200	777	614		135	136	
总体安全评价										
不太安全(%)	7.3	6.3	ns	7.0	8.9	5.4	**	5.9	6.6	**
一般(%)	21.6	23.6		27.5	21.6	19.7		23.7	23.5	
比较安全(%)	71.1	70.1		65.5	69.5	74.9		70.4	69.9	
样本量(个)	1591	271		200	777	614		135	136	ns

表的两个因子上的得分均低于农村已婚男性和农村小龄未婚男性，且存在显著差异。外在安全感方面，所有男性对医疗及收入问题的安全感都比较低，而农村大龄未婚男性对婚姻及养老问题的安全感明显低于其他男性群体，且具有显著差异。

3. 女性群体的安全感：未婚女性、已婚女性

在女性群体中，不同婚姻状况的已婚女性与未婚女性在安全感的诸多方面均存在显著的差异。在内在安全感方面，未婚女性的内在安全感略高于已婚女性，具有显著差异。在外在安全感方面，不同婚姻状况的女性在养老、婚姻、家庭及治安环境方面的安全感均存在显著差异，其中已婚女性在养老及婚姻问题上的安全感较低，未婚女性则是对家庭及治安环境的安全感较低。

二　婚姻挤压对农村男性安全感的影响

1. 不同时代（出生队列）下婚姻挤压对男性安全感的影响

表 11-2 提供了 3 个时代的农村大龄未婚男性与已婚男性的安全感比较结果。内在安全感方面，生于 1960～1976 年的农村已婚男性的心理安全感水平最高，生于 1960 年以前的农村大龄未婚男性的心理安全感水平最低；在不同年龄段中，农村大龄未婚男性的心理安全感水平均低于农村已婚男性，具有显著差异。外在安全感方面，不同年龄段的农村大龄未婚男性均对婚姻及养老问题存在强烈的不安全感，与农村已婚男性之间存在显著差异；生于 1960～1976 年的农村大龄未婚男性对自身婚姻的担忧强烈于其他年龄段的人群，生于 1960 年以前的农村大龄未婚男性则对养老问题的担忧较为强烈。由此可见，对于 35～50 岁的农村男性而言，婚姻挤压致使的难以成婚问题严重影响了该年龄段未婚者的安全感。

2. 不同地区婚姻挤压对农村男性安全感的影响

从表 11-3 可知，在内在安全感方面，中部地区的农村大龄未婚男性心理安全感水平最低；在外在安全感方面，中部和西部地区的农村大龄未婚男性在婚姻问题上的安全感都比较低，同时，中部地区的农村大龄未婚男性在收入和养老问题上的安全感也比较低，而东部地区的农村大龄未婚男性则在医疗问题上的安全感最低。由此可见，婚姻挤压在中部及西部地区对农村男性安全感的影响较为突出，事实上，中部及西部地区也正是婚姻挤压程度及后果较为严重的地区。

表 11-2 不同时代（出生队列）农村大龄未婚男性与已婚男性的安全感比较

项目	1960 年以前			1960～1976 年			1976 年以后		
	已婚男性	大龄未婚男性	LR/T 检验	已婚男性	大龄未婚男性	LR/T 检验	已婚男性	大龄未婚男性	LR/T 检验
内在安全感（M±SD）									
人际安全感	29.46±4.08	27.02±4.75	***	30.14±4.22	27.48±5.17	***	30.15±4.13	28.21±5.12	***
确定控制感	27.53±4.64	25.33±4.73	***	27.53±5.03	24.97±5.28	***	27.21±4.71	25.68±5.12	***
总分	56.96±7.25	52.34±8.19	***	57.67±8.03	52.45±8.97	***	57.36±7.33	53.92±8.86	***
样本量（个）	178	189	—	224	339	—	204	245	—
外在安全感		—			—			—	
生活因素									
收入问题									
比较担心（%）	61.5	71.1	—	60.2	67.8	—	60.6	59.6	—
一般（%）	20.9	15.8	—	18.6	16.4	—	23.2	23.7	—
不太担心（%）	17.6	13.2	—	21.2	15.8	—	16.3	16.7	—
样本量（个）	182	190	ns	226	342	ns	203	245	ns
养老问题									
比较担心（%）	32.6	68.6	—	30.5	60.1	—	26.2	39.3	—
一般（%）	21.0	17.3	—	19.9	20.2	—	26.7	33.2	—
不太担心（%）	46.4	14.1	—	49.6	19.6	—	47.0	27.5	—
样本量（个）	181	191	***	226	341	***	202	244	***
婚姻问题									
比较担心（%）	5.5	45.0	—	14.2	63.9	—	8.9	48.4	—
一般（%）	12.1	18.8	—	8.8	16.7	—	21.7	20.9	—
不太担心（%）	82.4	36.1	—	77.0	19.4	—	69.5	30.7	—
样本量（个）	182	191	***	226	341	***	203	244	***
家庭问题									
比较担心（%）	13.2	5.8	—	14.2	12.6	—	15.3	13.1	—

续表

项目	1960年以前			1960～1976年			1976年以后		
	已婚男性	大龄未婚男性	LR/T检验	已婚男性	大龄未婚男性	LR/T检验	已婚男性	大龄未婚男性	LR/T检验
一般(%)	18.1	19.9	—	19.6	25.2	—	26.1	26.6	—
不太担心(%)	68.7	74.3	—	66.2	62.2	—	58.6	60.2	—
样本量(个)	182	191	*	225	341	ns	203	244	ns
医疗问题									
比较担心(%)	64.3	78.5	—	65.0	69.0	—	58.4	60.2	—
一般(%)	14.3	11.5	—	14.2	15.2	—	20.3	20.9	—
不太担心(%)	21.4	9.9	**	20.8	15.8	ns	21.3	18.9	ns
样本量(个)	182	191	—	226	342	—	202	244	—
治安因素									
夜晚独行安全评价	—	—	—	—	—	—	—	—	—
不太安全(%)	15.3	8.4	—	13.2	11.8	—	11.8	11.0	—
一般(%)	21.3	20.4	—	20.3	14.4	—	22.5	18.8	—
比较安全(%)	63.4	71.2	+	66.5	73.8	ns	65.7	70.2	ns
样本量(个)	183	191	—	227	340	—	204	245	—
社会安全总体评价									
不太安全(%)	7.1	10.5	—	6.2	7.9	—	2.9	9.0	—
一般(%)	17.5	17.3	—	17.6	23.5	—	24.0	22.4	—
比较安全(%)	75.4	72.3	—	76.2	68.5	—	45.4	68.6	—
样本量(个)	183	191	ns	227	342	ns	204	245	*

表 11 - 3 不同地区农村大龄未婚男性与已婚男性的安全感比较

项目	东部			中部			西部		
	已婚男性	大龄未婚男性	LR/T检验	已婚男性	大龄未婚男性	LR/T检验	已婚男性	大龄未婚男性	LR/T检验
内在安全感(M±SD)									
人际安全感	29.99±4.21	27.76±4.18	***	29.99±4.14	27.01±5.22	***	29.89±4.16	28.03±5.13	***
确定控制感	27.76±4.23	25.55±4.65	***	27.57±4.82	25.15±4.89	***	27.18±4.97	25.32±5.39	***
总分	57.75±7.01	53.38±6.98	***	57.55±7.71	52.16±8.72	***	57.05±7.63	53.35±9.20	***
样本量(个)	87	100	—	249	307	—	270	367	—
外在安全感	—	—		—	—		—	—	
生活因素									
收入问题									
比较担心(%)	45.7	55.3	—	63.4	70.4	—	63.4	65.2	—
一般(%)	31.5	27.2	—	20.7	16.0	—	17.2	18.5	—
不太担心(%)	22.8	17.5	ns	15.9	13.7	ns	19.4	16.3	ns
样本量(个)	92	103	—	246	307	—	273	368	—
养老问题									
比较担心(%)	20.7	53.8	—	35.2	61.4	—	27.8	51.5	—
一般(%)	32.6	26.9	—	20.9	21.2	—	20.5	24.5	—
不太担心(%)	46.7	19.2	—	43.9	17.3	—	51.6	24.0	—
样本量(个)	92	104	***	244	306	***	273	367	***
婚姻问题									
比较担心(%)	7.6	41.3	—	10.6	57.7	—	9.9	55.5	—
一般(%)	23.9	20.2	—	11.0	16.6	—	13.6	19.7	—
不太担心(%)	68.5	38.5	—	78.5	25.7	—	76.6	24.9	—
样本量(个)	92	104	***	246	307	***	273	366	***
家庭问题									
比较担心(%)	12.1	2.9	—	12.2	11.4	—	16.8	13.1	—

续表

项目	东部			中部			西部		
	已婚男性	大龄未婚男性	LR/T检验	已婚男性	大龄未婚男性	LR/T检验	已婚男性	大龄未婚男性	LR/T检验
一般(%)	26.4	25.0	—	20.3	25.4	—	20.5	23.2	—
不太担心(%)	61.5	72.1	*	67.5	63.2	ns	62.6	63.7	ns
样本量(个)	91	104	—	246	307	—	273	366	—
医疗问题									
比较担心(%)	62.0	76.9	—	60.4	68.4	—	64.8	66.5	—
一般(%)	16.3	14.4	—	17.6	15.6	—	15.0	16.9	—
不太担心(%)	21.7	8.7	*	22.0	16.0	ns	20.1	16.6	ns
样本量(个)	92	104	—	245	307	—	273	367	—
治安因素									
夜晚独行安全评价									
不太安全(%)	20.7	6.7	—	10.8	12.1	—	13.2	10.7	—
一般(%)	23.9	25.0	—	26.1	18.9	—	16.1	13.7	—
比较安全(%)	55.4	68.3	**	63.1	69.1	ns	70.7	75.7	ns
样本量(个)	92	104	—	249	307	—	273	366	—
社会安全总体评价									
不太安全(%)	9.8	11.5	—	4.4	8.1	—	4.8	8.7	—
一般(%)	21.7	26.0	—	22.5	27.4	—	16.5	15.6	—
比较安全(%)	68.5	62.5	—	73.1	64.5	—	78.8	75.7	—
样本量(个)	92	104	ns	249	307	*	273	366	ns

第三节 结论与启示

本章利用 2010 年"百村个人调查"数据，从个人微观层次出发分析中国农村各类人群的安全感现状，并集中讨论不同时代与不同地域条件下的婚姻挤压对个人安全感的影响，得出以下重要发现和启示。

首先，男性群体的安全感水平略低于女性群体，农村大龄未婚男性是所有群体中安全感水平最低的人群。在独立的男性或女性群体中，不同婚姻状况的人群的安全感存在显著差异，说明婚姻状况对个人的安全感具有显著影响。

其次，婚姻挤压对农村男性安全感的影响具有时代及地域特征。婚姻挤压对生于 1960～1976 年的农村大龄未婚男性安全感的影响较为突出，他们生于社会较动荡时期、家庭经济水平较低、财富积累较少、达到适婚年龄时正逢改革开放伊始，农村女性人口由内陆向沿海的大规模流动进一步加剧了对该年龄段男性的婚姻挤压；并且，在经济相对落后、婚姻挤压更为严重的中部和西部地区，大龄未婚男性的安全感受婚姻挤压的影响也较为严重。

安全感是体现个人生存质量的重要指标。通过本章的分析可以发现，性别失衡、婚姻挤压已经较严重地影响到了农村各个群体的安全感，尤其对遭受婚姻挤压的农村大龄未婚男性安全感的负面影响更为突出。由于缺少家庭的温暖和支持，农村大龄未婚男性的心理更为脆弱，生活中所要面对的困境也更多，整体情绪上表现出对生存环境强烈的不安全感和恐惧感。由此可见，婚姻挤压不仅对人的行为产生影响，而且对人的心理也产生负面影响。

中国已经迈入了"风险社会"的行列，性别失衡与其他社会风险交织在一起严重影响了社会成员的生存质量及安全感受。性别失衡的负面影响正在社会中逐步扩大，既对人们的行为方式产生了影响，又对人们的认知形态产生了影响。毫无疑问，性别失衡的社会安全后果给人们敲响了警钟，切实治理性别失衡问题已刻不容缓。本章的研究发现有利于全面认识性别失衡的社会影响，为治理性别失衡问题提供现实依据。本章基于微观层次数据，围绕农村各类人群的安全感现状及婚姻挤压对男性安全感的影响问题进行了有益的尝试性研究，但婚姻挤压对安全感的影响机制还有待进一步深入分析。

第十二章 "光棍"聚集与社区公共安全

20世纪80年代以来，中国的出生性别比和女性婴幼儿死亡水平均持续偏高，这导致了严重的人口性别结构失衡，主要表现为男性人口过剩和区域间分布的失衡。男性人口的相对过剩造成了婚姻挤压：2013年之后每年男性过剩人口的占比在10%以上，2015～2045年将达到15%以上，平均每年大约有120万男性在婚姻市场上找不到初婚对象（李树茁等，2006a）。在"男高女低"的婚配模式主宰下，贫困地区的男性成为男性婚姻挤压的直接受害者（陈友华，2004）。"光棍村"数量的不断增加正是这一后果的集中体现，海南、贵州、甘肃、陕西、山西、河北、吉林等省份的部分贫困农村地区都曾有"光棍村"被媒体报道。2005年全国1%人口抽样调查数据显示，婚姻挤压现象在中国农村地区绝非个案，几乎所有省份的农村地区都存在不同程度的女性缺失（Davin，2007）。国外有学者将中国和印度的男性"过剩"问题与国际安全相联系，认为"光棍"阶层的出现将令犯罪率增加、艾滋病和性病大规模爆发，给国际安全带来威胁（Hudson and den Boer，2004），这在国际社会引起了广泛关注。在中国各种社会制度不完善及各种社会矛盾冲突不断涌现的条件下，性别失衡及与之相关的人口和社会问题不仅损害女性的生存与发展权，而且对不同群体产生负面影响，进而损害社会所有人群的整体福利，并将对公共安全产生影响，阻碍和谐社会构建和社会稳定（李树茁等，2009）。

中国是普婚制国家，根据第四次、第五次人口普查数据的计算发现，小于 40 岁年龄段的男性和女性的结婚率均在 95% 以上（Davin，2007），"成婚"是每个适婚年龄者的基本需求，"婚姻"也常常被认作家庭的起点。然而，婚姻挤压造成了部分农村男性失婚的局面，即农村男性明显超出社会普遍认同的理想适婚年龄（通常为 30 岁）后依然无法成婚，出现了"农村大龄未婚男性群体"，即"光棍"。这一群体没有正常的婚姻家庭生活，长期缺乏配偶的照料和关爱，生理需求缺乏满足的途径，成为名副其实的弱势群体（莫丽霞，2005）。农村大龄未婚男性群体对婚姻和性的渴望往往刺激买婚、骗婚、性交易和拐卖妇女等违法犯罪活动的发生，使得女性权益进一步受到侵害；同时，正常婚姻和家庭生活的缺失，给大龄未婚男性带来了心理和生理的双重压力，刺激了该群体内部打架斗殴、抢劫、婚姻买卖、性侵害等违法犯罪行为的发生，进而破坏了正常的婚姻家庭秩序，使得非常态和非法婚姻形式重新抬头等（靳小怡、刘利鸽，2009；刘利鸽等，2009；刘中一，2005a、2005b；Hudson and den Boer，2004）。已有研究表明，处于不稳定状态的年轻人，其社会经济地位往往比较低下，组建家庭的机会较小，倾向于与其他"光棍"联合，通过暴力和犯罪行为来改善处境（Hudson and den Boer，2004）；相较于已婚男性，未婚成年男性的暴力行为更多；不能结婚的男性数量越大，其暴力行为和反社会行为就越多（Hartmann，2007）；人口中男性比例越高，则社会犯罪率越高（Hudson and den Boer，2004）。由此可见，相较于已婚男性，被迫保持未婚的大龄男性更可能陷入个体行为失范[①]状态，影响个人及其父母、亲属的生活福利；当"光棍"群体的规模足够大时，有可能形成群体性行为失范，引发更为严重的群体性事件，从而危害社区甚至整个社会的公共安全。因此，"光棍"群体的规模和聚集程度与所生活社区的公共安全有着密切关系。

目前，关于性别失衡的公共安全后果的研究仍处于起步阶段。在宏观后

[①] 失范（anomic）的概念最先出现于 19 世纪欧洲的社会学，最初由法国社会学家涂尔干（Emile Durkheim）基于当时欧洲的社会背景，在分析社会及社会分工的病态时提出；微观层面的失范主要是指社会团体或个体偏离或违反现行社会规范的行为（朱力，2006）。本书的"失范"指由于性别失衡直接或间接引起的个体、家庭或群体的越轨和违法犯罪行为。

果方面，少数研究论述了性别失衡的人口和婚姻风险（莫丽霞，2005；Hudson and den Boer，2004）；在微观后果方面，已有研究较多采用文献或个案分析方法来揭示性别失衡与违法、犯罪等失范行为的关系（陈友华，2004；莫丽霞，2005；Hudson and den Boer，2004；孙江辉，2006），有较少研究采用定量分析方法来系统探讨性别失衡对微观个体层次失范行为的影响；中观层次的相关研究非常少见，尚未见到从中观层次探讨的"光棍"群体的聚集、社会安全及其二者关系的定量研究。与个体安全相比，社区安全具有覆盖面更广、社会影响更大、可产生的危害程度更深的特征，是个体安全事件放大到中观层次的反映。同时，中观社区安全可以视为宏观社会安全的缩影和重要预警。在中观层次对"光棍"的聚集与社区安全进行实证分析，有利于深刻理解个体行为失范、聚集以及累积为群体性事件的可能性，是研究微观个体行为失范与宏观社会安全的重要环节。随着大龄未婚男性群体规模的逐渐增加，"光棍"群体聚集的态势将日益凸显，大龄未婚男性由于无法成婚引发的各种行为失范甚至犯罪行为的数量也可能不断增加、程度也可能不断加重，"光棍"群体的聚集与社区安全之间的关系应该受到学界和整个社会的关注。

本章利用西安交通大学人口与发展研究所于 2009 年收集的"百村个人调查"数据，从中观层面探索性地研究性别失衡背景下大龄未婚男性群体及其所生活的农村社区在公共安全方面的基本特征，并着重探讨"光棍"群体的聚集对社区安全的影响。

第一节 数据与方法

一 数据

本章所用数据来自 2009 年 6 ~ 8 月由西安交通大学人口与发展研究所组织的"百村社区调查"。调查结果显示，全国的 28 个省份中平均每个行政村至少有 9 个男"光棍"，每个行政村平均包含 5 个左右自然村，1 个行政村的平均总户数为 500 户左右。"百村社区调查"以行政村为单位，收集每个行政村的基本信息，但由于很多行政村中的各自然村相隔较远，收集较偏远自然村的"光棍"信息十分困难，因此本次调查中大部分行政村的"光棍"总数是不完全统计,未包含个别较偏远自然村的"光棍"数量,"平均每村有9个男'光棍'"的统计结果在一定程度上是低估的。有关调查设计、执行、抽样及数据质量的信息详见靳小怡等(2010)发表在《青年研究》上的论文。

二 分析方法

首先,为了研究"光棍"聚集和社区安全的基本特征与地区差异,所有描述性统计分析都是从总体和东、中、西部区域差异两个角度进行的;利用卡方及方差检验来描述大龄未婚男性的分布及生存环境的地区差异,其中,分类变量主要采用卡方检验(LR检验),连续变量采用方差检验(ANOVA检验)。

其次,运用Binary Logistic回归分析方法来分析农村大龄未婚男性的聚集及其他相关因素对社区安全的影响。因变量为社区安全,分为客观事实和主观评价两个方面。在客观事实方面,分别以"本村大龄未婚男性是否有不良习惯与行为"和"过去三年是否发生过本村大龄未婚男性参与的破坏当地治安的案件"来衡量社区安全。不良习惯与行为反映的是个体行为失范,具体包括吵架、乱发脾气、终日游荡、打架、赌博、偷盗抢劫、骚扰妇女、与已婚妇女私通和找小姐等8类,如本村的大龄未婚男性有以上任何一种不良习惯,则赋值为"1",否则赋值为"0"。本村大龄未婚男性参与破坏当地治安的案件反映的是群体行为失范,具体包括聚众赌博、聚众斗殴、聚众闹事、合伙偷窃、合伙抢劫,如本村的大龄未婚男性参与过以上任何一类案件,则赋值为"1",否则赋值为"0"。在主观评价方面,将村干部对社区治安情况的评价分为两类,评价治安状况"很差"和"差"的被归为"较差"的一类,赋值为"1",其余归为"较好"的一类,赋值为"0"。自变量为"光棍"聚集程度,即"光棍发生率",具体含义为平均每100户家庭中"光棍"所占的比重,计算方法为"每村的光棍数量/村总户数×100"。控制变量主要包括社区环境和地区因素。社区环境主要包括自然、经济、人口、社会四类;地区因素包括东部、中部和西部三类,省份划分依据全国通用标准进行,具体见靳小怡等(2010)。模型设计如下:模型1~4用来分析"光棍"聚集对社区安全的客观事实方面的影响;模型5~6用来分析"光棍"聚集对社区安全的主观评价方面的影响。为深入分析"光棍"

聚集对社区安全的粗效应和净效应,模型1、3、5只纳入"光棍"聚集变量,用来分析"光棍"聚集对社区安全的粗影响,模型2、4、6同时纳入"光棍"聚集变量和所有控制变量,用来分析"光棍"聚集变量对社区安全的净影响。

第二节 "光棍"聚集与社区安全:特征与地区差异

一 "光棍"的基本特征与地区差异

表12-1提供了农村大龄未婚男性的基本特征与地区差异。农村大龄未婚男性的平均年龄为41.4岁,超过一半的农村大龄未婚男性处于28~39岁年龄段,年龄分布存在显著区域差异:西部的农村大龄未婚男性最年轻,其次是中部,东部农村大龄未婚男性平均年龄最大。在身体状况上,近80%的农村大龄未婚男性身体健康、没有残疾,身体状况存在显著地域差异:西部农村大龄未婚男性身体健康的比例最大,东部最小。由此可以推断,其未婚状况并非由身体残疾造成,应该与其他经济社会因素有关。课题组基于"百村个人调查"数据的分析发现,"光棍"难以成婚在很大程度上受三类因素的影响:家乡的环境,家庭的经济状况,个人的长相、身高、年龄及性格等特征。"光棍"群体具有以青壮年为主、个人性格内向、家庭贫困、家乡所在地交通不便且经济落后等特征(西安交通大学人口与发展研究所,2010)。在社区层次,拥有以上鲜明特征的"光棍"群体因性及基本生活需求无法通过家庭获得满足,他们比一般群体更容易产生相对剥夺感,更容易发生失范行为,从而威胁到社区的公共安全。

表12-1 农村大龄未婚男性的基本特征与地区差异

项目	总体	地区差异			
		东部	中部	西部	LR/ANOVA检验
平均年龄(岁)	41.40	44.3	42.6	39.9	***
年龄分布	—	—	—	—	***
28~39岁(%)	51.2	41.0	45.8	56.9	—
40~49岁(%)	25.3	25.4	27.7	23.7	—
50~59岁(%)	15.4	21.1	17.1	13.1	—

续表

项目	总体	地区差异			
		东部	中部	西部	LR/ANOVA 检验
身体状况	—	—	—	—	***
有残疾(%)	20.1	28.0	19.4	19.0	
没有残疾(%)	79.9	72.0	80.6	81.0	
样本量(个)	3318	351	1202	1765	—

注：东部地区包括福建、海南、辽宁、山东、河北、江苏、浙江、上海、天津；中部地区包括黑龙江、吉林、山西、河南、安徽、江西、湖北、湖南；西部地区包括陕西、甘肃、宁夏、青海、新疆、内蒙古、云南、贵州、广西、四川、重庆。

资料来源：根据百村调查数据计算，以下同。

二 "光棍"的聚集与生存环境

表 12 - 2 显示了农村大龄未婚男性的聚集及生存环境的总体情况及其地区差异。在农村大龄未婚男性的分布上，村平均大龄未婚男性数为 9.03 个，西部地区村平均大龄未婚男性数为 10.30 人，显著高于东部地区的 7.35 人；农村大龄未婚男性的平均聚集程度为 2.75%，其中西部地区为 3.21%，明显高于东部地区的 2.26%。村平均大龄未婚男性数与"光棍"发生率存在显著地区差异，总体趋势表现为"光棍"聚集程度由东至西逐渐递增，这与东、中、西部地区在经济、自然、人口、社会环境四方面存在差异性有关。这一分析结果与现实情况吻合，即西部地区相较于东部和中部地区，无论是在地理位置还是经济水平上都处于相对劣势，导致男性在婚姻市场拥有的资源也相对较少，因此受到婚姻挤压的男性更多地集中在西部地区。

表 12 - 2 农村大龄未婚男性的聚集与生存环境

项目	总体	地区差异			
		东部	中部	西部	LR/ANOVA 检验
"光棍"聚集程度	—	—	—	—	
"光棍"总数(个)	3362	354	1228	1780	—
村平均"光棍"数(个)	9.03	7.35	8.11	10.30	+
"光棍"发生率(%)	2.75	2.26	2.38	3.21	+
农村社区生存环境	—	—	—	—	—
经济环境	—	—	—	—	—

续表

项目	总体	地区差异			
		东部	中部	西部	LR/ANOVA 检验
村平均年收入(元)	3571.0	5990.8	3146.6	3297.7	+
自然环境	—	—	—	—	—
主要地形	—	—	—	—	***
平原(%)	35.2	58.7	35.6	28.4	—
丘陵盆地(%)	24.5	30.4	30.9	17.2	—
山地高原(%)	40.4	10.9	33.6	54.4	—
与县镇距离	—	—	—	—	—
距县距离(公里)	26.76	27.37	23.50	29.49	+
距镇距离(公里)	6.21	5.55	6.28	6.33	ns
人口环境	—	—	—	—	—
村平均总人口(人)	2116.48	1828.37	2020.29	2279.70	ns
村平均总户数(户)	505.49	477.65	507.88	510.96	ns
村总人口性别比	116.83	115.79	115.96	117.87	ns
村出生性别比	129.80	138.56	126.13	130.67	ns
男性外出打工比例（外出男性/村男性）	24.17	20.29	21.05	27.95	**
女性外出打工比例（外出女性/村女性）	14.95	13.50	12.51	17.46	**
女性婚姻流动比例（外嫁女性/村女性）	4.32	4.96	3.99	4.43	ns
社会环境	—	—	—	—	—
男孩偏好观念(%)	69.1	65.2	66.2	72.8	ns
婚姻花费比（男性花费/女性花费）	6.68	9.36	7.04	5.67	**
男女理想婚龄差(岁)	1.80	1.53	1.80	1.86	+
男性结婚困难程度的评价	—	—	—	—	*
不困难(%)	52.6	71.7	50.7	49.1	
一般困难(%)	25.9	17.4	29.1	25.4	
很困难(%)	21.5	10.9	20.3	25.4	
样本量(个)	364	46	149	169	

注：（1）光棍总数按区域类别分别计算加总；（2）由于村平均总人口在2000人左右，村总人口性别比按单个村庄逐一计算；（3）由于单个村庄近一年（2008年）的出生人口数较少，村出生性别比按区域类别分别加总出生人口数来计算。

农村大龄未婚男性的生存环境主要从经济环境、自然环境、人口环境和社会环境来考察。在经济环境方面，村人均年收入存在显著地区差异，东部地区的经济状况明显好于中、西部地区，东部地区的人均年收入近6000元，几乎是西部地区的2倍。在自然环境方面，主要地形存在显著地区差异，东部地区主要为平原，中部地区各种地形均有，而西部地区超过一半的村庄所在地形环境为山地或高原；被调查村庄到县城的距离存在显著地区差异：西部地区的村庄距县城最远，反映出西部地区村庄的布局更分散，交通最不便利。在人口环境方面，大部分村庄的人口规模在2000人左右，村平均总户数为500户，在区域分布上不存在显著差异，但可以看出西部村庄的人口规模最大。值得关注的是，村总人口性别比和出生性别比均偏离正常水平，并且也均显示出西部最高、东部最低的趋势。男性外流的比例大于女性，其中西部地区劳动力外流的比例最大；三个区域外嫁女性的比例不存在显著差异。在社会环境方面，绝大多数村民还是认为"一个家庭最少要有一个男孩"，西部地区持有这种男孩偏好的比重最大。在婚姻花费[①]上，男方的婚姻花费是女方的6.68倍，同时显示出显著的区域差异：东部地区男女双方婚姻花费的差距最大，西部地区的最小，这与东部地区的物价特别是房价较高有关。以农村中等收入水平家庭男方举办婚礼的花费（含新房、彩礼及酒席）为例，所有地区的平均婚姻费用为9.55万元，其中东部地区为11.25万元，西部地区为7.4万元，这分别相当于东部地区单个农民18.8年的收入和西部地区单个农民22年的收入。三个区域在男女理想婚龄差方面存在显著的区域差异：西部地区最大，东部地区则最小，这在一定程度上反映了西部农村存在较为严重的婚姻挤压。男性成婚的困难程度同样呈现由东到西递增的趋势，且存在显著的地区差异：西部村庄男性结婚的困难程度明显比东部地区更高，这与"光棍"聚集程度的分析结果相一致。

三 "光棍"的社会失范与社区安全评价

表12-3提供了"光棍"的社会失范与社区安全评价结果。在社区安全的客观事实方面，分别将"光棍"作为社会失范的客体和主体进行考察。当"光棍"是性别失衡和婚姻挤压引发问题的被动接受者或受侵害者时，他们是社会失范的客体，主要表现为遭遇"骗婚"与"逃婚"。为缓解成婚

---

① 男方的婚姻花费主要用于盖新房、彩礼、酒席，女方的婚姻花费主要用于置办嫁妆。

压力,很多农村地区逐渐流行一种经熟人或中间人介绍,以较少的经济代价从偏远或贫困地区引进媳妇的"买婚"模式,其费用往往比娶本地媳妇少很多。在"骗婚"案例中,被骗的多是农村大龄未婚男性,常常被人以"正常"的"买婚"为由骗取财物。在"买婚"后,有的"外来媳妇"在婚后一两天就逃跑,有的则在生子后失踪,即所谓的"逃婚"。当"光棍"是性别失衡和婚姻挤压引发问题的发起者或侵害者时,他们是社会失范的主体。在"光棍"作为社会失范主体时,以"个体行为失范"(是否有不良习惯)和"群体行为失范"(是否参与群体性案件)来测量。

"光棍"是社会失范的客体。27.8%的村庄发生过"光棍"遭受骗婚的事件;近60%的村干部认为,本村"光棍"被骗金额多在5000元以上,东部地区"光棍"的受骗金额最高,这与当地婚姻费用较高有关。近40%的村干部表示,本村存在外来媳妇逃婚的情况,这一比例在西部地区高达42%,比东部地区高出7个百分点,这与西部地区农村的社会经济条件较差有密切关系。

表 12 - 3 社区安全的基本特征与地区差异

项目	总体	地区差异			
		东部	中部	西部	LR/ANOVA 检验
客观方面	—	—	—	—	—
作为社会失范客体样本量(个)	364	46	149	169	—
遭受骗婚比例(%)	27.8	28.3	27.4	28.0	ns
被骗金额	—	—	—	—	*
3000 元以下(%)	12.4	7.7	13.5	12.8	—
3000~5000 元(%)	28.9	30.8	10.8	42.6	—
5001~10000 元(%)	32.0	30.8	37.8	27.7	—
10001 元以上(%)	26.8	30.8	37.8	17.0	—
外来媳妇逃婚比例(%)	39.7	35.7	38.2	42.0	—
作为社会失范主体	—	—	—	—	—
个体行为失范(不良习惯)样本量(个)	362	46	147	169	—
吵架、乱发脾气(%)	31.8	23.9	28.6	36.7	ns
终日游荡(%)	45.6	43.5	43.5	47.9	ns
赌博(%)	35.6	37.0	29.3	40.8	+
打架、偷盗、抢劫(%)	18.4	13.0	17.4	20.7	ns
骚扰妇女、与已婚妇女私通、商业性交易(%)	11.0	6.5	11.4	11.8	ns

续表

项目	总体	地区差异			
		东部	中部	西部	LR/ANOVA 检验
群体行为失范(参与群体性案件)样本量(个)	360	46	146	168	—
聚众赌博(%)	25.3	26.1	21.2	28.6	ns
聚众斗殴(%)	7.8	6.5	8.2	7.7	ns
聚众闹事(%)	10.6	6.5	9.6	12.5	ns
合伙偷窃(%)	8.4	8.7	6.2	10.2	ns
合伙抢劫(%)	2.8	0.0	2.7	3.6	ns
主观评价	—	—	—	—	
社会治安样本量(个)	364	46	149	169	ns
差(%)	2.8	2.2	2.7	3.0	—
一般(%)	32.0	23.9	32.4	33.9	—
好(%)	65.2	73.9	64.9	63.1	—

"光棍"也可能是社会失范的主体。在个体行为失范方面,近半数的村干部表示,本村大龄未婚男性有终日游荡的习惯,其次是赌博、吵架和乱发脾气;赌博特性上存在地区差异,西部农村的大龄未婚男性更容易染上赌博的恶习。值得关注的是,有超过10%的村干部报告,本村大龄未婚男性存在骚扰妇女、与已婚妇女私通、参与商业性性交易等涉及侵害女性权益、破坏家庭稳定及刺激地下性产业发展的行为,其中西部地区的比例最高,其次是中部地区。在群体行为失范方面,根据村干部的报告,农村大龄未婚男性参与案件类型的比例由高到低依次为聚众赌博、聚众闹事、合伙偷窃、聚众斗殴和合伙抢劫;在本村大龄未婚男性参与各项破坏当地治安事件方面,西部地区村干部报告的比例最高。在社区安全的主观评价方面,西部地区的村干部对本村社会治安的评价较低,东部地区的评价较高。由此可见,在农村大龄未婚男性聚集程度较高的西部地区,农村大龄未婚男性所带来的破坏社区治安的情况更为严重。

第三节 "光棍"聚集对社区安全的影响

表12-4提供了"光棍"聚集对社区安全影响的 Binary Logistic 回归结果。可以看出,"光棍"的聚集对社区安全的客观方面没有显著影响,无论

是否控制社区生存环境因素，"光棍"的聚集程度对个体行为失范与群体行为失范的发生均无显著影响。在控制社区生存环境因素之前，"光棍"的聚集对社区安全的主观评价并没有显著影响，但在控制社区生存环境因素之后，"光棍"的聚集程度对社区安全的主观评价有显著影响："光棍"发生率越高的村的村干部对本地治安状况的评价越差，说明"光棍"的聚集程度是通过其他社区生存环境因素对社区安全的主观评价产生影响的。在社区生存环境因素中，地形与男性结婚困难程度显著影响对治安状况的评价：与地处平原的村的村干部相比，地处山地和高原的村的村干部对本地治安状况的评价较差；男性结婚困难程度越高的村的村干部对本地治安状况的评价越差。

表 12 - 4　"光棍"聚集对社区安全影响的 Binary Logistic 回归结果

项目	客观现实 Exp(β)				主观评价 Exp(β)	
	个体行为失范		群体行为失范		治安状况评价	
	模型 1	模型 2	模型 3	模型 4	模型 5	模型 6
"光棍"聚集程度	—	—	—	—	—	—
村"光棍"发生率	1.052	1.015	1.026	0.999	1.048	1.094 *
社区生存环境						
经济环境						
村平均年收入（对数）	—	1.071	—	0.965	—	1.212
自然环境						
主要地形（平原）						
丘陵盆地	—	0.805	—	0.837	—	1.523
山地高原	—	1.723	—	1.090	—	2.089 *
与县镇距离						
距县距离（公里）	—	1.004	—	1.002	—	0.996
距镇距离（公里）	—	1.005	—	1.008	—	1.017
人口环境						
村总人口性别比	—	1.192	—	1.812	—	0.839
男性外出打工比例	—	1.346	—	1.611	—	2.182
女性外出打工比例	—	0.628	—	1.542	—	1.032
女性婚姻流动比例	—	1.024	—	1.025	—	0.994
社会环境	—	—	—	—	—	—
男性花费/女性花费	—	0.983	—	0.987	—	1.002
男女理想婚龄差	—	0.964	—	1.199	—	1.139
男性结婚困难程度（不困难）						

续表

项目	客观现实 Exp(β)				主观评价 Exp(β)	
	个体行为失范		群体行为失范		治安状况评价	
	模型 1	模型 2	模型 3	模型 4	模型 5	模型 6
一般困难	—	1.639	—	1.509		0.595 +
很困难	—	0.896	—	1.007	—	0.255 ***
地区因素(东部)	—	—	—	—	—	—
中部	—	0.686	—	0.662	—	0.690
西部	—	0.816	—	0.778	—	0.502
–2LL	465.911	351.816	431.924	345.796	464.260	349.866 +
样本量(个)	357	326	357	327	360	329

第四节 结论与讨论

本节利用2009年"百村社区调查"数据从中观社区层次分析了中国农村大龄未婚男性的特征、农村社区的公共安全情况及其地区差异,探讨了"光棍"的聚集对农村社区公共安全的影响,获得以下重要发现和启示。

首先,性别失衡带来的农村婚姻挤压现象较为普遍,中国农村已存在一定规模的大龄未婚男性群体,"光棍"的聚集现象在西部农村地区更为明显。这种"光棍"向西部地区聚集的态势与自然、经济、人口及社会因素密不可分:被调查的西部村庄以山地为主、距离县镇较远、村民人均年收入仅为3000元左右、村民的男孩偏好较重、女性迁移频繁,而东部地区以平原为主、交通便利、经济较为发达、村民对待女孩的态度更宽容。近80%的农村大龄未婚男性身体健康,没有残疾,且西部地区农村大龄未婚男性的残疾比例最小,东部地区最大,从一个侧面说明其他社会经济因素是影响农村男性成婚的关键因素。

其次,农村男性普遍面临成婚压力,"买婚"等非正常婚姻模式日益涌现,"骗婚"和"逃婚"事件也时有发生,伤害了农村大龄未婚男性的基本权益,也进一步侵害了女性的合法权益,成为影响当地农村社会稳定的隐患。近70%的被访村干部认为本地存在男性成婚困难的问题。偏高的出生性别比和农村女性人口的外迁造成了当地农村地区可婚配女性人口的相对缺乏，导致了男方婚姻费用的不断攀升，婚姻费用已超过农民人均年收入的20倍，经济条件从而成为影响农村男性能否成婚的关键因素，婚姻对于普遍在贫困线上挣扎的农村大龄未婚男性而言已成为遥不可及的"奢侈品"。于是，经济成本较低的"买婚"日益流行，但在缓解当地农村男性成婚压力的同时滋生了"逃婚"和"骗婚"事件，也损害了男女双方及其家庭的基本权益。"买婚"事实上是把女性当成了某种稀缺"商品"，本质上是对女性的歧视，在一定程度上强化了男孩偏好，也不利于女性社会地位的提高。很多"买"来的"外来媳妇"结婚时未满法定婚龄，"低龄远嫁"对这些女性的身心造成了较大的伤害；在整个"买婚"过程中，女方家庭仅根据熟人的介绍或是根据大龄男性在女方家中几个月里在生产生活中的表现，在收到相应费用后，就会把女儿交给来人，而不管男方家庭情况如何，女儿基本上没有选择的权利；"外来媳妇"一般主要操持家务，很少出去打工，可以看出男方家庭对"外来媳妇"的戒心，女性的发展权也受到了伤害；个别"外来媳妇"选择逃跑，如果逃跑成功，势必漂流在外，如果逃跑失败，其人身自由会受到更多限制。"骗婚"和"逃婚"给"外来媳妇"与农村大龄未婚男性及其家庭都带来了严重伤害。

再次，男性婚姻挤压的累积将加快农村社会产生买卖妇女儿童的巨大需求并形成潜在市场，促使"光棍"及其他相关社会问题向最不发达地区集聚，有可能激化地区性社会矛盾，加大诱发群体性事件的风险。未婚男性的失婚现状及已婚男性的潜在失婚危机有可能引发拐卖妇女儿童案件：调查发现，当地近半数的农村大龄未婚男性对于"买婚"持理解的态度，近40%的未婚男性和60%以上的已婚男性能够接受收养孩子，意味着农村社会存在买卖妇女儿童的巨大需求和潜在市场。在"逃婚"发生频率最高的西部地区，169个西部村庄中新娘失踪或逃跑事件达136例。由于缺乏有效证据，当地公安机关很少立案，导致"骗婚"数量增加且很少有村民采取法律手段解决。近年来媒体对陕西镇安县农民"集体买老婆"事件、陕西米脂县"光棍村""娶老婆等于买老婆"以及贵州"光棍村"的"媳妇荒"等事件已多有报道。值得关注的是，这种"买婚"模式带来的是男性难以成婚的风险向更加贫困的新娘输出地转移，国家应加大对买卖妇女儿童和买卖婚姻的治理，关注最不发达地区男性婚姻挤压的累积和加剧问题。

最后，农村大龄未婚男性群体的存在对农村社区的社会治安产生了一定的负面影响，且西部地区更为严峻。农村大龄未婚男性群体中存在着终日游荡、赌博等个体行为失范现象，对婚姻的期待及性压抑滋生了部分人骚扰妇女、与已婚妇女私通、参与商业性性交易等行为，影响了当地的社会风气；一些群体性行为失范（如聚众赌博、聚众闹事、合伙偷窃等）在大龄未婚群体中也时有发生，影响了当地的社会治安，这些问题在西部地区尤为严重。然而，"光棍"的聚集目前仅对社区安全的主观评价有显著影响，对社区是否存在"光棍"的个体和群体行为失范的影响尚不显著，这可能与目前"光棍"的聚集程度还不够高有关，但其具体原因尚需进一步研究。

总之，农村大龄未婚男性是性别失衡的直接受害者之一，应该得到国家和政府的关注和关爱。尽管目前调查中的 30 岁以上的农村大龄未婚男性不是 1980 年后出生性别比偏高的产物，但随着 1980 年后出生的"过剩"男性人口逐渐进入婚龄，性别失衡导致的男性婚姻挤压现象便日益凸显和加剧。本次调查中的农村大龄未婚男性的特征及其对公共安全的影响是对不久的未来出现"光棍"问题的警示，解决以性别失衡为核心的公共安全与社会稳定问题必须未雨绸缪，将"改善农村大龄未婚男性的生存状况、解决与性别失衡有关的社会人口问题"纳入统筹解决人口问题的总体框架下，从国家政策与制度创新等层面关注农村大龄未婚男性问题。

本章在中观层次对中国农村大龄未婚男性的群体聚集及其对公共安全的影响进行了探索性研究。然而，受方便抽样的限制，本章所用数据可能存在一定抽样偏差，但仍然可以在一定程度上反映中国东、中、西部的农村大龄未婚男性的群体聚集特征、区域差异及其对农村社区公共安全的影响。要深入研究"光棍"的聚集对公共安全的影响，尚需利用覆盖全国的大规模社会调查数据、借助高级统计分析方法来进行。

第十三章　研究结论、对策建议与展望

本章主要包括三部分内容：首先，总结婚姻挤压背景下农村流动人口社会融合的现状、影响因素以及心理后果的相关研究结论；其次，根据本书的发现，提出加强农村流动人口的社会融合，提高其生活福利和心理福利的对策建议；最后，指出本书的局限性，并对未来的进一步研究进行展望。

第一节　主要结论

本书在对性别失衡、婚姻挤压、社会支持、社会融合、婚姻观念与行为、生育观念与行为、养老观念与行为、心理福利等国内外相关研究进行详细评述的基础上，引入性别、婚姻和流动的视角，利用厦门市"农村流动人口调查"数据，深入分析了农村大龄未婚男性群体的社会融合、婚姻、生育、养老、心理福利和安全感。通过对本书的研究分析进行总结，得出以下几个部分的结论。

一　农村男性流动人口的基本现状与特征

第一，就全国农村地区来看，男性婚姻挤压现象在农村普遍存在，西部尤为严重，而劳动力的外流与女性婚姻迁移加剧了婚姻挤压问题的严重性和复杂性。农村大龄未婚男性表现出年轻化、残疾比例高的特征，是婚姻挤压后果的主要承受者。他们具有沉默寡言、终日游荡等群体特征，这可能给自身福利、社区发展和稳定带来负面影响。

第二，基本人口特征方面，绝大多数农村流动人口身体健康，具有初中以上文化水平，新生代农民工已经成为农村流动人口的主体。农村流动人口表现出男性的年龄和受教育程度均高于女性的性别特征；男性流动人口表现出大龄未婚男性的年龄低于已婚男性而受教育程度略高于已婚男性的特征。相较于留守农村的大龄未婚男性，流动的大龄未婚男性表现出年龄较小、受教育程度较高的特征。

第三，流动特征方面，女性流动前务农时间少于男性，未婚男性流动前务农时间少于已婚男性，流动的农村大龄未婚男性表现出务农时间短、外出原因多元和单独流动等特征，而已婚男性与家人或配偶一起流动的比例较高，养家是他们流动的主要原因。

第四，就业方面，农村流动人口以受雇就业为主，大多在私营企业工作，职业类型主要包括产业工人、商业服务业劳动者和个体工商户三类。他们工作时间长、稳定性差、更换频率高。从职业类型来看，流动的农村大龄未婚男性从事受雇职业的比例较高，其社会经济地位低于已婚男性。

第五，收入支出方面，农村流动人口的平均月收入约为2100元，日常生活消费是其主要支出项目，居住方式以租住为主。就性别和婚姻差异来看，男性的收入和支出均高于女性，已婚男性流动人口的收入、支出以及住房条件等均好于流动的农村大龄未婚男性，未婚男性流动人口的生活状况较差。

二 婚姻挤压对社会支持的影响

第一，相较于女性，农村男性流动人口可获得社会支持的规模更大，质量也更高；友缘类型的关系已成为农村流动人口社会支持网关系构成的主体；流动的农村大龄未婚男性可获得社会支持的规模小于已婚男性流动人口，但其可获得社会支持的质量高于已婚男性流动人口。外出务工扩大了农村大龄未婚男性社会支持的规模以及人际交往的范围，社会支持网中亲缘关系的比重明显降低；但外出务工没有明显改善农村大龄未婚男性在情感支持方面的窘境，其依然缺乏情感沟通的渠道。

第二，婚姻状况对农村男性流动人口的可获得社会支持的规模具有显著影响，但对改善社会支持的网络质量无显著影响。流动的农村大龄未婚男性和已婚男性流动人口在社会支持规模和质量的影响因素方面存在较大差异。性格外向、散居的大龄未婚男性更容易获得大规模和高质量的社会支持，高收入有利于扩大大龄未婚男性社会支持的规模，但对提高其社会支持的质量无显著作用。职业阶层相对较高的农村大龄未婚男性获得高质量社会支持的可能性较大。相比之下，已婚男性流动人口社会支持的规模和质量主要受自身受教育程度和方言掌握程度的影响。

三　婚姻挤压对感知社会融合的影响

第一，与农村男性流动人口相比，女性对城市的归属感和"非农身份"的认同感更强。值得注意的是，与其他农村流动人群相比，流动的农村大龄未婚男性在对城市的归属感和情感方面都是最差的，其在城市中被"边缘化"的可能性最高。农村大龄未婚男性外出务工对其社会融合产生较为复杂的影响。农村大龄未婚男性从"普婚文化"浓郁的农村地区流动到城市以后，虽然其"大龄未婚"的特殊身份在城市得到弱化进而降低了遭受歧视的程度，但是其与周围人相处的状况并未得到改善，依然是被有意或无意排斥的人群。

第二，婚姻状况对农村流动人口的社会融合状况有着显著的影响。虽然大部分农村流动人口对城市产生了浓厚的感情，但对城市的归属感较弱，且仍然认可户籍制度所强加的"农民"身份。与已婚男性流动人口相比，流动的农村大龄未婚男性在对城市的归属感和情感方面都是最差的，并且从心理上更难跳出"农民"这一制度性身份的束缚。

第三，社会支持的规模和质量特征是影响农村男性流动人口在城市社会融合的重要因素，表现为网络规模大、网络质量好的农村男性流动人口的社会融合程度更高。这说明，结交社会阶层较高的人士对于促进农村流动人口的社会融合具有积极作用；网络成员职业类型的多样化有助于农村流动人口摆脱制度性身份的约束，从而在心理上更好地融入城市社会。

第四，情感支持对流动的农村大龄未婚男性的社会融合程度具有显著影响。情感支持网的规模越大，其对城市的归属感越强，对城市的感情也越深，并且更有可能摆脱"农民"这一制度性身份的束缚。能够听懂或会说当地方言也有助于促进他们在心理上融入生活和工作的城市。

四　婚姻挤压对婚姻的影响

第一，在农村流动人口中也存在婚姻挤压现象，大龄未婚男性仍是婚姻挤压的主要承担者。半数以上的流动的农村大龄未婚男性遭遇过成婚困难，这一比例高于其他农村流动男性，却远远低于留守农村的大龄未婚男性。这表明：在流动背景下，大龄未婚男性保持单身的原因更为复杂，既可能是由于成婚压力大而被迫单身，也可能是主动推迟初婚时间。流动的大龄未婚男性成婚困难的影响因素既包括个人和家乡社区因素，也包括流动因素。流动对婚姻挤压的影响是双向的：一方面，与流动相伴随的行业和社会隔离使得农村流动人口在城市的社会交往范围变窄，与异性结识的机会变少，一定程度上限制了他们的择偶和婚配；另一方面，流动本身在一定程度上起到推迟初婚年龄和弱化婚姻挤压影响的作用。

第二，农村外来流动人口的婚恋途径和通婚圈表现出更注重独立和感情因素的特点。"自己认识"已经替代"别人介绍"成为主流的婚姻认识途径，理想和实际通婚圈都表现出明显的向外扩散的趋势，其中女性的通婚半径大于男性。流动的农村大龄未婚男性对理想的择偶途径和通婚圈的态度明显有别于其他男性——他们更不在乎婚姻认识途径和通婚距离，但与留守农村的大龄未婚男性相比，关于理想的婚姻认识途径他们更强调自己认识和感情因素，也更能接受同非本地异性缔结婚姻。

第三，与其他农村男性流动人口相比，大龄未婚男性更倾向于降低择偶标准，接受宽松、灵活多样的婚姻策略，如接受有婚史女性、残疾女性以及做上门女婿。但与留守农村的大龄未婚男性相比，流动的农村大龄未婚男性却保持着较高的择偶标准，对婚娶再婚女性、招赘婚姻等持较不宽容的态度。这可能是由于外出流动和打工经历改善了流动的农村大龄未婚男性的经济状况，从而在一定程度上改善了他们在婚姻市场中的地位。

第四，个人在婚姻市场中的劣势地位越明显，其婚姻花费就越高，具体表现为男性的花费高于女性，有成婚困难经历的已婚男性的花费高于无成婚困难的男性，流动到城市的已婚男性的花费低于留守在农村的男性。

第五，男性婚姻挤压明显降低了农村流动人口的婚姻质量。与1980年以前出生的农村流动人口相比，虽然 1980 年以后出生的农村流动人口的婚姻质量没有表现出明显变化，但在婚姻市场中遭受到婚姻挤压的农村男性流动人口的婚姻质量明显低于没有遭受婚姻挤压的男性，且其婚姻的稳定性更差、婚姻暴力的发生率更高。流动有利于缓解婚姻挤压对其婚姻质量造成的负面影响。

五　婚姻挤压对生育观念与行为的影响

第一，婚姻挤压对农村流动人口的生育性别偏好的影响具有复杂性。婚姻挤压因素对男孩偏好观念同时起到强化和弱化作用，这种双向效应有可能彼此消解，最终表现为对生育性别偏好的影响不显著，婚姻挤压对生育性别偏好的影响效应有可能通过性别、受教育程度、已有子女性别结构、社区因素等其他因素发生作用。

第二，流动和社区因素对农村流动人口的生育偏好有显著影响。流动因素对农村流动人口的生育观念与生育行为产生了积极的影响，起到弱化性别偏好的作用。流动的农村已婚男性的性别偏好明显弱于留守农村的已婚男性，其生育水平也保持在较低水平，二胎的性别结构也更趋于正常。社区因素对农村流动人口的生育观念有着显著的影响，但对生育行为的影响并不显著。农村流动人口进入城市之后依然倾向于遵从农村习俗，保留着较强的男孩偏好特征。其中，来自较发达地区的农村流动人口有着更强烈的子女性别偏好，农村流动人口在外出之前所处的社区环境尤其是文化环境对他们的生育观念有着显著的影响。

第三，相对剥夺感对农村流动人口的生育性别偏好和生育行为具有显著的影响。受城乡二元户籍制度等一系列社会制度性因素和城乡经济社会文化差异等非制度性因素的影响，农村流动人口在就业和社会保障等多个方面均处于被剥夺状态；同时，经济与社会地位处于弱势的农村流动人口更可能成为婚姻挤压的直接受害者，这有可能进一步加剧他们在经济和社交方面的相对剥夺感，使他们在心理上处于压抑或扭曲状态，从而刺激和加强其固有的男孩偏好。社交相对剥夺感对农村流动人口的子女性别偏好、生育二孩的可能性和二孩生育男孩的可能性均有显著影响。社交相对剥夺感越强，其子女性别偏好也越强，社会交往（尤其是与异性交往）的成功与否会对农村流动人口的心理产生影响，诱发相对剥夺感的产生，进而影响他们的生育观念。

第四，已有子女的性别结构是影响农村流动人口生育偏好的重要因素。家庭因素中已有子女的性别结构对农村流动人口的生育观念和生育行为都存在显著的影响，儿女双全家庭的子女性别偏好更为突出，家庭中如果第一个孩子是女孩，则这个家庭生育二孩的可能性就很大，并且二孩为男孩的概率也大于第一个孩子为男孩的家庭。与无生育史的群体相比，有生育史的更能理解性别选择性人工流产行为。

六　婚姻挤压对养老观念与行为的影响

第一，理想养老模式方面，传统的依靠子女或与子女同住的养老方式受到了极大的削弱，现代化的社会养老保险方式受到流动人口的青睐，自立养老已经成为农村流动人口的主流养老思想，但敬老院的养老居住模式仍然难以为农村流动人口所接受。农村男性流动人口的养老观念更趋于传统和保守，而流动的农村大龄未婚男性的主导养老观念则为自我养老，但相较于留守农村的大龄未婚男性，由于流动的大龄未婚男性结婚的可能性较高，因此他们对传统的养老方式仍寄予希望。

第二，理想居住模式方面，虽然婚姻挤压状态对男性流动人口理想的养老模式并无显著影响，但客观婚姻状况却显著影响男性流动人口的居住意愿。这表明养老方式与居住意愿并不矛盾，虽然多数已婚男性流动人口有着自立养老意识，但这并不妨碍他们选择与子女同住的意愿。

第三，对父母养老支持方面，流动显著提高了农村人口对父母的代际支持水平，较好的经济支持水平也带来父母与子女间更好的情感关系。男性尤其是已婚男性仍是对父母进行养老的主力军，给予父母更多的经济支持；女性流动人口则给予父母更多的情感支持。流动的农村大龄未婚男性给予父母的支持水平并不低于已婚男性流动人口，其对父母的经济支持水平还显著高于留守农村的大龄未婚男性。总之，流动改善了个人经济状况，进而提高了大龄未婚男性的自我养老能力，而且大幅度提高了他们赡养父母的能力。

第四，男性流动人口的客观婚姻状况显著影响其对父母的经济支持，而主观的婚姻挤压程度则显著影响其对父母的情感支持。未婚状态反而提升了流动的农村大龄未婚男性给予父母的经济支持水平，这可能是由于他们没有养家的压力。曾经遭遇婚姻挤压对儿子与父母之间的情感产生了负向影响，这可能是由于在农村帮助儿子顺利成婚历来被视为父母的责任，而遭遇婚姻挤压的男性认为父母没有尽到责任。

七　婚姻挤压对心理福利的影响

第一，农村男性流动人口的心理福利水平低于女性农村流动人口，流动的农村大龄未婚男性的心理福利水平显著低于已婚男性流动人口，外出务工有助于改善农村大龄未婚男性的心理福利。

第二，婚姻状况对流动的农村大龄未婚男性心理福利具有显著的影响：流动的农村大龄未婚男性的心理福利较低。与已婚男性流动人口相比，流动的农村大龄未婚男性具有较高的抑郁度和较低的生活满意度。在中国的传统文化习俗中，男性负有为家族传宗接代的重任，长时间不能成婚给流动的农村大龄未婚男性的心理健康带来了极为不利的影响，这直接影响着他们的心理福利。

第三，社会支持对农村男性流动人口的抑郁度有显著的影响，且其作用模式因婚姻状态的不同而存在显著的差异。对农村男性流动人口而言，一方面，情感支持网的规模越大，其抑郁度越高，社会交往网的规模越大，其抑郁度越低；另一方面，社会交往网的规模仅对流动的农村大龄未婚男性的抑郁度有显著的影响，情感支持网的规模仅对流动的已婚农村男性的抑郁度有显著的影响。另外，社会支持网的关系构成对个体的抑郁度没有显著影响。

第四，社会支持对农村男性流动人口的生活满意度有显著的影响，并且其作用模式因婚姻状态的不同存在显著的差异。一方面，农村男性流动人口的情感支持网和社会交往网的规模对其生活满意度有显著的正向影响，情感支持网中有弱关系支持的个体的生活满意度显著低于没有弱关系支持的个体。另一方面，对于流动的农村大龄未婚男性而言，实际支持网的规模和关系构成、社会交往网的关系构成对个体的生活满意度有显著的影响，而情感支持网的规模和关系构成对个体的生活满意度没有明显的影响。由于婚姻缺失给流动的农村大龄未婚男性的心理带来严重的自卑感和挫败感，他们在内心倾向于远离和躲避人群，不愿与人进行过多的心灵交流，相对弱化了情感支持的影响。对于已婚男性流动人口而言，情感支持网和社会交往网的规模对其生活满意度有显著的影响，而实际支持网的规模和关系构成对其生活满意度没有明显的影响。

八 婚姻挤压对安全感的影响

安全感是体现个人生存质量的重要指标。通过本书的分析可以发现，性别失衡、婚姻挤压已经较严重地影响到了农村各类群体的安全感，尤其对遭受婚姻挤压的农村大龄未婚男性的安全感所产生的负面影响更为突出。由于缺少家庭的温暖和支持，农村大龄未婚男性的心理更为脆弱，生活中所要面对的困境也更多，整体情绪上表现出对生存环境强烈的不安全感和恐惧感。由此可见，婚姻挤压不仅对人的行为产生影响，而且对人的心理产生负面影响。

婚姻挤压对农村男性安全感的影响具有时代及地域特征。婚姻挤压对生于 1960～1976 年的大龄未婚男性安全感的影响较为突出，他们生于社会较动荡时期，家庭经济水平较低、财富积累较少，到达适婚年龄时正逢改革开放伊始，农村女性人口由内陆向沿海的大规模流动进一步加剧了对这一年龄段男性的婚姻挤压。在经济相对落后、婚姻挤压更为严重的中部和西部地区，大龄未婚男性的安全感受婚姻挤压的影响也较为严重。

九 "光棍"聚集与社区安全

首先，性别失衡带来的农村婚姻挤压现象较为普遍，中国农村已存在一定规模的大龄未婚男性群体，"光棍"的聚集现象在西部农村地区更为突出。这与自然、经济、人口及社会因素密不可分：在交通不便利、村庄经济水平较差、男孩偏好文化强烈、女性迁移频繁的西部村庄，"光棍"聚集现象更为突出。因此，实现西部经济腾飞，提升农村大龄未婚男性的致富能力和成婚概率有望缓解农村大龄未婚男性群体向西部地区的聚集态势。

其次，农村男性普遍面临着成婚压力，"买婚"等非正常婚姻模式日益涌现，"骗婚"和"逃婚"等风险事件时有发生，这既侵害了农村大龄未婚男性的基本权益，又进一步侵害了女性的合法权益，成为当地农村社会稳定的隐患。偏高的出生性别比和农村女性人口的外迁造成当地农村地区可婚配女性人口的相对缺乏，使经济条件成为农村男性能否成婚的关键因素，导致男方婚姻费用不断攀升，并进一步导致经济成本较低的"买婚"模式日益流行。虽然"买婚"在一定程度上缓解了当地农村男性的成婚压力，但是它同时滋生了"逃婚"和"骗婚"等事件，损害了男女双方及其家庭的基本权益。

再次，男性婚姻挤压的累积将加剧农村社会形成买卖妇女儿童的巨大需求和潜在市场，并促使"光棍"及其相关社会问题向最不发达地区集聚，这有可能激化地区性社会矛盾，加大诱发群体性事件的风险。未婚男性的失婚现状及已婚男性的潜在失婚危机有可能引发拐卖妇女和儿童的案件，使妇女和儿童的人身安全受到侵害。值得关注的是，这种"买婚"模式带来的是男性难以成婚的风险向更加贫困的新娘输出地转移，国家应加大对买卖妇女儿童和买卖婚姻的治理，关注最不发达地区男性婚姻挤压问题的累积和程度加剧。

最后，农村大龄未婚男性群体的存在对农村社区的社会治安产生了一定的负面影响，特别在西部地区更为严峻。农村大龄未婚男性群体中存在个体行为失范，如终日游荡、赌博等；对婚姻的期待及性压抑滋生了部分人骚扰妇女、与已婚妇女私通、参与商业性性交易的行为，影响了当地的社会风气；聚众赌博、聚众闹事、合伙偷窃等群体性行为失范在农村大龄未婚男性群体中也时有发生，影响了当地的社会治安，这些问题在西部地区尤为严重。然而，"光棍"的聚集目前仅对社区安全的主观评价有显著影响，对社区是否存在"光棍"个体和群体行为失范的影响尚不显著，这可能与目前"光棍"的聚集程度还不够高有关，但其具体原因尚有待于进一步研究。

十　多视角综合分析：性别、婚姻和流动的影响

本书基于性别、婚姻和流动的视角，从广义社会融合的概念出发，通过对"厦门市农村流动人口调查"数据的分析，揭示了农村流动人口的社会融合现状及其微观心理后果。

1. 性别视角

农村流动人口在社会生活的各个方面均表现出显著的性别差异，主要有以下几点。

主、客观社会融合方面，虽然男性拥有的社会支持网络的规模和质量均优于女性，但他们感知的社会融合程度和心理福利水平反而较低；女性对城市有更高的归属感，对"非农身份"的认同感也更强。

婚姻缔结方面，两性的理想通婚圈都表现出明显的向外扩散的趋势，其中女性的通婚圈外扩趋势更明显；婚姻花费也表现出明显的性别差异，男性的婚姻花费远远高于女性，表明男性是婚姻花费的主要承担者。

生育观念方面，已婚男性拥有更强烈的男孩偏好，他们对性别选择性人工流产也持更理解和更宽容的态度。

养老意愿和行为方面，女性较少考虑和关注未来的养老问题，而男性的养老观念更为传统，更期望以子女养老为主的家庭养老方式；男性和女性在对父母的养老支持方面都发挥着重要作用，其中男性提供的经济支持更多，而女性提供的感情支持更好。

2. 婚姻视角

婚姻状况是影响男性流动人口生活状况的重要因素，农村大龄未婚男性在各方面较已婚男性均处于相对劣势，主要表现在以下几点。

社会融合方面，流动的农村大龄未婚男性的实际和感知的社会融合均差于已婚男性流动人口，其社会支持网的规模小于已婚男性流动人口，对城市的归属感和情感也最低，不过他们社会支持网的质量却高于已婚男性流动人口。

婚姻方面，婚姻挤压也存在于农村流动人口中，部分流动的农村大龄未婚男性和已婚男性流动人口曾遭遇过成婚困难，其中流动的农村大龄未婚男性中遭遇成婚困难的比例更高，表明他们是流动人口中婚姻挤压的主要承担者。遭受婚姻挤压对流动的农村大龄未婚男性的择偶观念产生了显著的影响：他们的择偶态度更为宽松和灵活，他们更不在乎婚姻认识途径和通婚距离，对婚娶有婚史女性、残疾女性以及做上门女婿也持更为接受和宽容的态度。成婚困难经历也影响到已婚男性流动人口的婚姻质量，遭遇过成婚困难的已婚男性流动人口的婚姻质量明显更低、婚姻稳定性更差、婚姻暴力的发生率更高。

生育方面，婚姻挤压对男孩偏好观念同时存在强化和弱化作用，这种双向效应有可能彼此消解，最终表现为对生育偏好观念的影响不显著，并对生育偏好行为也不具有显著影响，表现出婚姻挤压对生育性别偏好影响效应的复杂性。

心理福利方面，流动的农村大龄未婚男性的心理福利现状显著差于已婚男性流动人口，前者具有较高的抑郁度和较低的生活满意度。

3. 流动视角

流动显著改善了农村大龄未婚男性的生活状况，主要表现在以下几点。

社会融合方面，外出务工扩大了农村大龄未婚男性社会支持的规模以及人际交往的范围，改善了大龄未婚男性的感知社会融合，他们在城市遭受市民歧视的程度显著低于留守农村的大龄未婚男性。

婚姻方面，流动改善了农村大龄未婚男性在婚姻市场中的地位，流动的农村大龄未婚男性中遭遇成婚困难者的比例远低于留守农村的大龄未婚男性，前者也表现出较高的择偶标准，对婚娶再婚女性和招赘婚姻等持较不宽容的态度。流动也降低了已婚男性实施或遭受家庭暴力的比例，有利于婚姻质量的提高。

生育方面，流动起到弱化农村已婚男性的生育性别偏好和降低生育率的作用。与留守农村的已婚男性相比，已婚男性流动人口的子女性别偏好较弱，对选择性人工流产也持更不理解和不宽容的态度；他们生育二孩及二孩性别为男孩的比例均低于留守农村的已婚男性。

心理福利方面，外出务工有助于改善农村大龄未婚男性的心理福利。与留守农村的大龄未婚男性相比，流动的农村大龄未婚男性具有较低的抑郁度和较高的生活满意度。

第二节　对策建议

流动的农村大龄未婚男性群体的出现是性别失衡、婚姻挤压和劳动力迁移等因素综合作用的结果。新的历史时期出现农村大龄未婚男性群体是一个较新的社会现象，目前尚缺乏有效的针对性治理措施。关注农村流动人口中的大龄未婚男性这一新的弱势群体，改善他们的生活福利和社会融合状况，对应对和缓解农村流动人口内部婚姻市场的挤压状况，推动城乡经济、社会和人口的可持续发展有重要的意义。

为了改善流动的农村大龄未婚男性的生活福利与婚姻状况，提高他们的社会融合水平，促进农村流动人口更好地融入城市，本书提出了以下对策建议。

第一，引导和加强社区交流，丰富社区生活，鼓励流动的农村大龄未婚男性参与各种集体活动。首先，形式多样的集体活动有利于丰富农村大龄未婚男性的业余生活，缓解伴侣缺失带来的孤独和寂寞感，对他们的身心健康有积极的促进作用。其次，集体活动和社区交流也有利于促进流动的农村大龄未婚男性与社区其他人的互动交流，扩大流动的农村大龄未婚男性的社会支持网络规模和范围，改善他们的社会支持状况。最后，丰富多彩的活动为适婚男女提供了结识和交流的平台，有利于打破流动人口交往范围狭窄、难以结识异性的困境，有助于可婚配资源的有效组合。

第二，针对流动的农村大龄未婚男性，以社区为单位成立社会支持帮扶小组，由政府和社会组织提供实质性的支持和帮助。成婚困难带来了社会关系资源的匮乏，流动的农村大龄未婚男性无法获得与流动的农村已婚男性同样的社会支持，政府可以整合并调节资源，主动为流动的农村大龄未婚男性提供必要的社会支持。尤其要发挥社区管理站工作人员的作用，与流动的农村大龄未婚男性及家庭结成对子，切实关注他们的需求，及时为他们提供生活上的帮助以及工作和职业发展方面的咨询和建议。

第三，政府和用人单位需共同努力，改善农村流动人口的社会支持网络结构，为农村流动人口创收增收和职业发展保驾护航。政府与企业之间、输出地和输入地政府之间要通力合作。一方面，积极构建畅通的信息交流平台，加强信息交流，及时公布用人单位人才需求信息和农村劳动力供给信息，加快农村流动人口求职和就业支持网络的建设步伐，从而扩大农村流动人口初次流动前社会网络的规模、减小网络的趋同性、增加网络弱关系的比重，促进农村流动人口顺利就业和收入增加；另一方面，加强对农村流动人口流入城市前及流入后的职业培训，提高农村流动人口的人力资本，以提高农村流动人口的职业发展能力。此外，城市政府应尽快完善各种相关措施，保证有留城意愿的农村流动人口能继续在城市打工，不断提高其经济收入。

第四，限制流动人口的聚居规模，鼓励混合居住，打造有利于城乡人口交流与融合的居住环境。农村流动人口的生活圈子基本局限于相对封闭的"城中村"或工厂宿舍，聚居的居住模式是造成其难以融入城市社会的环境因素。建议政府将农村流动人口纳入保障性住房政策的适用人群，鼓励农村流动人口购买限价房或租住廉租房，降低农村流动人口的混居成本。

第五，营造有利于农村流动人口融入城市的氛围。针对二元社会结构中城乡不平等意识对农村流动人口社会融合的影响，建议通过在宣传教育和政策实施中肯定农村流动人口的贡献、强调权利均等化来提高城市人口对农村流动人口的接纳度，消除农村流动人口中普遍存在的城市"边缘人"心态，创造农村流动人口与城市居民和睦相处、互相理解的环境，促进农村流动人口与城市社会的持久融合。

第六，继续深入推进国家"关爱女孩行动"，经济导向和宣传教育相结合，增加对纯女户和双女户的帮扶力度，以利于"无偏好"生育文化的形成与发展。婚姻挤压现象和大龄未婚男性群体的出现是男孩偏好和性别选择的严重后果，促进出生性别比恢复到正常水平是未来婚姻市场上性别结构实现平衡的保障。全国性"关爱女孩行动"应该在生育观念的转变中发挥更重要的作用，而强化经济导向的作用，使纯女户和双女户家庭获得实惠，是提升政策效力的重要保证。

第七，进一步完善社会保障制度。目前，国家社会发展制度主要面向以夫妻为对象的核心家庭，特别是养老与社会保障等制度均未考虑流动的农村大龄未婚男性群体及其家庭。因此，有必要从国家制度层面关注流动的农村大龄未婚男性问题，将其纳入统筹解决性别失衡问题的政策与制度创新框架中，在加快农村社会保障制度特别是新型农村养老保险制度的实施步伐过程中，充分考虑流动的农村大龄未婚男性群体及其家庭的现实需求，依据其年龄、能力、流动经历及父母健康状况等个人和家庭特征制定有针对性的政策，按区域、分层次、多阶段地鼓励经济条件较好的农村大龄未婚男性参加社会养老保险，帮助经济状况较差的流动的农村大龄未婚男性参加农村社会养老保险，给予贫困的农村老年未婚男性低保户的待遇以保障农村未婚男性群体的生存与发展。

第三节　研究展望

本书基于社会资本、社会网络与社会融合等理论，深入探讨了在男性婚姻挤压日益严重和城乡流动规模不断扩大的背景下，婚姻状况不同的农村流动人口的生活状况、影响因素和心理后果等，并提出了促进流动的农村大龄未婚男性社会融合、推动城乡人口与社会可持续发展的政策建议。本研究所分析的大部分大龄未婚男性虽然并非20世纪80年代以来持续偏高的出生性别比导致女性缺失的直接后果，但大龄未婚男性群体的存在已不容忽视，男性婚姻挤压现象在广大农村地区已普遍出现，西部地区尤为严重。随着

1980 年后出生的"过剩"男性人口逐渐进入婚龄,性别失衡导致的婚姻挤压问题将日益凸显和加剧,大龄未婚男性的脆弱性及其对公共安全等方面的影响是对未来大规模出现"光棍"问题的重要警示。本研究结果代表了乡城流动进程中性别失衡所带来男性婚姻挤压问题的初期影响和后果,其影响范围还比较小、程度比较轻,其内部机理也许还不够稳定,需要在后续研究中持续关注。

本研究存在一些局限性,后续研究可以在以下七个方面有所突破。

第一,在本书的基础上,进一步扩展农村流动人口社会融合研究的框架,将农村流动人口返乡后的社会再融合纳入分析框架中。农村流动人口虽然常年在外务工,远离家乡,但与家乡有着割舍不断的联系,相当数量的农村流动人口未来会返乡生活。因此,完整的农村流动人口社会融合的研究框架应该同时包括在城市时的社会融合和返乡后的再融合。

第二,丰富社会融合尤其是感知的社会融合的测量指标。本书仅用城市归属感、对城市的感情以及"非农身份"认同 3 个指标对流动的农村大龄未婚男性感知的社会融合进行了分析,除了这 3 个指标,可能还存在着其他度量农村流动人口心理融合及社会融合过程的指标。因此,未来的研究需要进一步丰富社会融合的测量指标,以系统、全面地揭示农村流动人口的社会融合状况。

第三,继续深化对社会支持网络的研究。受问卷长度的限制,本书只获取了流动人口社会支持网络的规模和成员关系,而网络成员并未提供更详细的个人信息,因此难以对社会支持网络的趋同性、异质性、互惠性、亲密程度等特征展开进一步的分析。

第四,进一步揭示婚姻现象与后果的影响因素和作用机制。本书侧重于系统揭示婚姻挤压下农村流动人口的婚姻缔结和婚姻质量现状,之后的研究应在此基础上,进一步揭示这些婚姻现象与后果的影响因素和作用机制,为针对性地提出减少婚姻挤压的负面影响、促进婚姻与家庭和谐稳定的政策建议提供数据支持。

第五,加强对养老意愿和代际支持"双向性"的研究。本书主要从子女的视角分析了农村流动人口的养老观念和对父母的养老支持,但并未从代际互动的视角考虑父母对子女的支持。把握农村流动人口的养老意愿现状和代际互动规律,有助于国家建立有层次、分重点的养老保障体系,对有效应对人口老龄化的挑战和提高老年人的生活福利有着重要的现实意义。

第六，拓展研究对象。本书的调查地福建省厦门市经济发达，流动人口众多，流动人口的来源地广泛，针对流动人口的服务和管理也较完善。这可能使得本书的结果只能代表生活和工作在经济较发达的东部沿海城市的农村流动人口。本书的结论是否也适用于中、西部城市的农村流动人口，还有待于进一步的研究验证。

第七，揭示流动的农村大龄未婚男性内部的多样性与差异性。研究发现，流动背景下农村大龄未婚男性单身的原因更为复杂，既包括被动失婚也包括主动选择。本书将流动的农村大龄未婚男性群体作为一个整体来研究，侧重揭示该群体的一般性特征，但并未关注被动失婚者和主动单身者之间的差异，未来可以在本研究的基础上对流动的农村大龄未婚男性群体进行深入研究，揭示该群体内部的多样性与差异性。

参考文献

边燕杰：《城市居民社会资本的来源及作用：网络观点与调查发现》，《中国社会科学》2004 年第 3 期。

陈彩霞、张纯元：《当代农村女性生育行为和生育意愿的实证研究》，《人口与经济》2003 年第 5 期。

陈友华：《中国和欧盟婚姻市场透视》，南京大学出版社，2004。

陈友华、米勒·乌尔里希：《中国的男性人口过剩——规模、结构、影响因素及其发展趋势分析》，《市场与人口分析》2001 年第 3 期。

迟秀玲，王永胜、丛培云等：《提高计划免疫工作质量与加强流动人口管理》，《中国计划免疫》1995 年第 2 期。

丛中、安莉娟：《安全感量表的初步编制及信度、效度检验》，《中国心理卫生杂志》2004 年第 2 期。

崔丽娟、秦茵：《养老院老人社会支持网络和生活满意度研究》，《心理科学》1997 年第 20 期。

邓大才：《农民生育偏好与行为：社会解构模型——对当今部分农民生育偏好及行为逆变的一个解释》，《社会科学研究》2008 年第 5 期。

邓东蕙、黄茵：《社会转型期中国民众的相对剥夺感调查》，《苏州大学学报》1999 年第 3 期。

邓国胜：《中国生育率下降的代价：婚姻拥挤》，《社会科学》2000 年第 7 期。

杜鹏，李一男、王澎湖等：《流动人口外出对其家庭的影响》，《人口学刊》2007 年第 1 期。

范为桥：《心理福利的概念与范畴——关于福利的心理学思考》，《社会科学》2000 年第 2 期。

范为桥：《心理福利的结构研究》，《应用心理学》1999 年第 5 期。

费孝通：《乡土中国》，上海世纪出版集团，2005。

风笑天、张青松：《二十年城乡居民生育意愿变迁研究》，《市场与人口分析》2002 年第 5 期。

冯立天、马瀛通：《北京郊区回龙观乡婚姻家庭生育入户调查报告》，《人口与经济》1996 年第 3 期。

高尔生、顾杏元：《上海市区三十年来生育率的变化及其影响因素》，《人口研究》1984 年第 1 期，第 26～33 页。

公安部"公众安全感指标研究与评价"课题组：《中国公众安全感现状调查及分析》，《社会学研究》1989 年第 6 期。

宫宇轩：《社会支持与健康关系研究概述》，《心理学动态》1994 年第 2 期。

桂世勋：《关于切实加强流动人口计划生育管理的几个问题》，国家计划生育委员会政策法规司编《人口与计划生育课题研究成果汇编》，1992。

郭继：《农村发达地区中青年女性的养老意愿与养老方式——以浙江省为例》，《人口与经济》2002 年第 6 期。

郭秋菊、靳小怡：《婚姻状况对农村男性养老意愿的影响研究——基于安徽乙县的调查分析》，《人口与发展》2011 年第 1 期。

郭少华：《风险社会背景下城市居民安全感提升研究》，《国家行政学院学报》2013 年第 5 期。

郭未、解韬：《中国听力残疾人口的婚姻状况及其影响因素分析》，《中国人口科学》2009 年第 3 期。

郭显超：《中国婚姻挤压研究的回顾与评述》，《西北人口》2008 年第 1 期。

郭星华：《城市居民相对剥夺感的实证研究》，《中国人民大学学报》2001 年第 3 期。

郭志刚、邓国胜:《中国婚姻拥挤研究》,《市场与人口分析》2000 年第 3 期。

郝虹生、金敏子、王丰:《性别与其它因素对中国儿童早期死亡率的影响》,《中国人口科学》1994 年第 1 期。

贺寨平:《国外社会支持网研究综述》,《国外社会科学》2001 年第 1 期。

贺寨平:《社会经济地位、社会支持网与农村老年人身心状况》,《中国社会科学》2002 年第 3 期。

赫剑梅:《保安族乡村场域里的婚姻策略》,硕士学位论文,西北民族大学,2008。

赫剑梅:《风险社会与和谐校园:大学生社会安全感的量化分析——一项关于兰州高校大学生的抽样调查》,《社科纵横》(新理论版)2007 年第 2 期。

红旺全:《深圳市流动人口生育行为影响因素调查及对策研究》,《中国计划生育学杂志》2005 年第 3 期。

黄洪琳、刘锁群:《文化适应——研究流动人口生育行为的新视角》,《社会科学》2004 年第 5 期。

吉登斯:《社会的构成》,三联书店,1998。

贾志科:《20 世纪 50 年代后我国居民生育意愿的变化》,《人口与经济》2009 年第 4 期。

"江苏生育意愿和生育行为研究"课题组:《低生育水平下的生育意愿研究》,《江苏社会科学》2008 年第 2 期。

江亦曼、张世琨:《世界若干国家(地区)的妇女教育指数与婴儿死亡率和总和生育率》,《人口与计划生育》1994 年第 3 期。

姜全保,果臻、李树茁:《中国未来婚姻挤压研究》,《人口与发展》2010 年第 3 期。

姜全保,李树茁、费尔德曼:《20 世纪中国"失踪女性"数量的估计》,《中国人口科学》2005 年第 9 期。

姜全保、李树茁:《女性缺失与社会安全》,社会科学文献出版社,2009。

靳小怡、郭秋菊、刘利鸽等:《中国的性别失衡与公共安全——百村调查及主要发现》,《青年研究》2010 年第 5 期。

靳小怡,彭希哲、李树茁等:《社会网络与社会融合对农村流动妇女初婚的影响——来自上海浦东的调查发现》,《人口与经济》2005 年第 5 期。

靳小怡、刘利鸽:《性别失衡背景下的社会风险与行为失范研究》,《西安交通大学学报》2009 年第 11 期。

柯兰君、李汉林主编《都市里的村民——中国大城市的流动人口》,中央编译出版社,2001。

匡立波:《分家:权威、血缘和利益的博弈——以湖南省 M 村为例》,《湖南文理学院学报》(社会科学版)2009 年第 1 期。

李德:《转型期城市农民工的婚姻策略》,博士学位论文,上海大学,2008。

李汉林,渠敬东、夏传玲等:《组织变迁的社会过程》,东方出版中心,2006。

李汉林:《中国单位社会:议论思考与研究》,上海人民出版社,2004。

李汉林、李路路:《单位成员的满意度和相对剥夺感——单位组织中依赖结构的主观层面》,《社会学研究》2002 年第 2 期。

李建新,于学军、王广州等:《中国农村养老意愿和养老方式的研究》,《人口与经济》2004 年第 5 期。

李梅:《家庭和谐的隐形杀手——家庭"冷暴力"探析》,《东岳论丛》2009 年第 9 期。

李培林:《流动民工的社会网络和社会地位》,《社会学研究》1996 年第 4 期。

李强:《关于当前我国流动人口的思考》,《中山大学研究生学刊》(自然科学版)1997 年第 2 期。

李强:《社会学的"剥夺"理论与我国农民工问题》,《学术界》2004 年第 4 期。

李树茁,陈盈晖、杜海峰:《中国的性别失衡与社会可持续发展——一个跨学科的研究范式与框架》,《西安交通大学学报》(社会科学版)2009 年第 6 期。

李树茁,杜海峰、杨绪松:《农民工的社会支持网络》,社会科学文献出版社,2008。

李树茁，费尔德曼：《中国婴幼儿死亡水平的性别差异：水平、趋势与变化》，《中国人口科学》1996 年第 1 期。

李树茁，费尔德曼、勒小怡：《儿子与女儿：中国农村的婚姻形式和老年支持》，《人口研究》2003 年第 1 期。

李树茁，姜全保、费尔德曼：《性别歧视与人口发展》，社会科学文献出版社，2006a。

李树茁，任义科、靳小怡等：《中国农民工的社会融合及其影响因素研究——基于社会支持网络的分析》，《人口与经济》2008 年第 2 期。

李树茁，伍海霞、靳小怡等：《中国农民工的社会网络与性别偏好——基于深圳调查的研究》，《人口研究》2006b 年第 6 期。

李树茁、费尔德曼、朱楚珠：《中国农村妇女就业与生育行为比较研究》，《人口与经济》1998 年第 1 期，第 3～14 页。

李树茁、莫尼卡·达·古普塔：《家庭资源约束、性别歧视和女孩生存——中国、韩国和印度的比较研究》，《人口与经济》1999 年第 3 期。

李树茁、杨绪松、悦中山等：《农民工社会支持网络的现状及其影响因素研究》，《西安交通大学学报》（社会科学版）2007 年第 1 期。

李艳，李树茁、罗之兰：《大龄未婚男性的生理与心理福利》，《人口学刊》2009a 年第 4 期。

李艳、李树茁、彭邕：《农村大龄未婚男性与已婚男性心理福利的比较研究》，《人口与发展》2009b 年第 4 期。

李艳，李树茁、韦艳、蒋丹妮：《农村男性的婚姻状况与社会支持网络》，《西安交通大学学报》（社会科学版）2010 年第 3 期。

李艳、李树茁：《农村大龄未婚男性的社会支持网络》，社会科学文献出版社，2011。

李艳、李树茁：《中国农村大龄未婚男青年的压力与应对——河南 YC 区的探索性研究》，《青年研究》2008 年第 11 期。

李中清、王丰：《人类的四分之一：马尔萨斯的神话与中国的现实》，三联书店，2000。

林南：《社会资本——关于社会结构与行动的理论》，上海人民出版社，2005。

林南、俞弘强：《社会网络与地位获得》，《马克思主义与现实》2003

年第 2 期。

刘爱玉：《流动人口生育意愿的变迁及其影响》，《江苏行政学院学报》2008 年第 5 期。

刘传江、程建林：《第二代农民工市民化：现状分析与进程测度》，《人口研究》2008 年第 5 期。

刘慧君：《婚姻与心理福利的性别差异性分析》，《中国人口科学》2011 年第 4 期。

刘慧君、李树茁：《性别失衡背景下的社会风险放大及其治理——基于群体性事件的案例分析》，《中国软科学》2010 年第 5 期。

刘利鸽，靳小怡、姜全保、李树茁：《明清时期男性失婚问题及其治理》，《浙江社会科学》2009 年第 12 期。

刘利鸽、靳小怡：《社会网络视角下中国农村成年男性初婚风险的影响因素分析》，《人口学刊》2011 年第 2 期。

刘爽：《人口管理是典型的社会公共管理》，《人口研究》2003 年第 6 期。

刘爽、郭志刚：《北京市大龄未婚问题的研究》，《人口与经济》1999 年第 4 期。

刘威、周业兵：《农民相对剥夺感的疏导》，《沈阳大学学报》2006 年第 3 期。

刘中一：《大龄未婚男性与农村社会稳定——出生性别比升高的社会后果预测性分析之一》，《青少年犯罪问题》2005a 年第 5 期。

刘中一：《婚龄性别比失衡对社会运行和发展的影响——来自吉林省延边朝鲜族自治州农村地区的调查分析》，《东疆学刊》2005b 年第 10 期。

陆杰华，傅崇辉、张金辉等：《结构方程模型在妇女生育行为研究中的应用：以深圳市为例》，《人口研究》2005 年第 2 期。

陆学艺：《当代中国社会流动》，社会科学文献出版社，2004。

吕峻涛：《中国西部农村性贫困调查》，《中国作家》2006 年第 19 期。

马红霞：《婚姻挤压形成的原因分析及其影响》，《科技信息》2009 年第 30 期。

马健雄：《性别比、婚姻挤压与妇女迁移——以拉祜族和佤族之例看少数民族妇女的婚姻迁移问题》，《广西民族学院学报》（哲学社会科学版）

2004 年第 4 期。

马九杰、孟凡友：《农民工迁移非持久性的影响因素分析——基于深圳市的实证研究》，《农村改革》2003 年第 4 期。

马西恒、童星：《敦睦他者：城市新移民的社会融合之路——对上海市 Y 社区的个案考察》，《学海》2008 年第 2 期。

马小红：《趋同的城乡生育意愿及生育政策调整的启示》，《人口与发展》2011 年第 6 期。

茅倬彦：《生育意愿与生育行为差异的实证分析》，《人口与经济》2009 年第 2 期，第 16～22 页。

莫里斯·弗里德曼：《中国东南的宗族组织》，上海人民出版社，2000。

莫丽霞：《出生人口性别比升高的后果研究》，中国人口出版社，2005。

聂焱：《农村劳动力外流背景下女儿养老与儿子养老的比较分析》，《贵州社会科学》2008 年第 8 期。

聂焱：《农村劳动力外流对家庭代际交换失衡的影响分析》，《财经理论与实践》2011b 年第 4 期。

聂焱：《农村劳动力外流对女儿养老的影响》，《当代经济》2011a 年第 1 期。

潘贵玉：《中华生育文化导论》，中国人口出版社，2001。

彭庆恩：《关系资本和地位获得——以北京市建筑行业农民包工头的个案为例》，《社会学研究》1996 年第 4 期。

彭远春：《贫困地区大龄未婚青年婚姻失配现象探析》，《青年探索》2004 年第 6 期。

任强、郑维东：《我国婚姻市场挤压的决定因素》，《人口学刊》1998 年第 5 期。

商俊峰：《加强流动人口的宏观调控充分发挥流动人口在城市化中的作用》，《中国人口科学》1996 年第 2 期。

沈安安：《试论性别文化的生育效应》，《上海社会科学院学术季刊》1995 年第 3 期。

师保国、徐玲、许晶：《流动儿童幸福感、安全感及其与社会排斥的关系》，《心理科学》2009 年第 6 期，第 1452～1454 页。

石人炳：《婚姻挤压和婚姻梯度对湖北省初婚市场的影响》，《华中科技大学学报》2005 年第 4 期。

石人炳：《青年人口迁出对农村婚姻的影响》，《人口学刊》2006 年第 1 期。

石人炳：《性别比失调的社会后果及其特点——来自对台湾人口的观察》，《人口研究》2002 年第 2 期。

宋健：《农村养老问题研究评述》，《人口研究》2001 年第 6 期。

宋璐、李树茁：《劳动力外流下农村家庭代际支持性别分工研究》，《人口学刊》2008 年第 3 期。

孙江辉：《男女性别比失衡与违法犯罪问题研究》，硕士学位论文，中国政法大学，2006。

孙倩，吴平、封明川：《农民工参与城镇养老保险意愿的影响因素分析——基于浙江省奉化市的实证研究》，《四川农业大学学报》2010 年第 1 期。

田凯：《关于农民工的城市适应性的调查分析与思考》，《社会科学研究》1995 年第 5 期。

田心源：《早婚复燃隐因窥探》，《中国人口科学》1991 年第 5 期。

汪海彬，方双虎、姚本先：《芜湖市城市居民心理安全感的调查》，《卫生软科学》2009 年第 4 期。

王春光：《农村流动人口的"半城市化"问题研究》，《社会学研究》2006 年第 5 期。

王春光：《新生代农村流动人口的社会认同与城乡融合的关系》，《社会学研究》2001 年第 20 期。

王大为，张潘仕、王俊秀：《中国居民社会安全感调查》，《统计研究》2002 年第 9 期。

王桂新，陈冠春、魏星：《城市农民工市民化意愿影响因素考察——以上海市为例》，《人口与发展》2010 年第 2 期。

王桂新，沈建法、刘建波：《中国城市农民工市民化研究——以上海为例》，《人口与发展》2008 年第 1 期。

王海霞：《农村维吾尔族家庭生育选择成因试析——库车县牙哈乡调查》，《人口与经济》2001 年第 3 期。

王金营，徐蕾、杨江澜等：《中国农村生育意愿和生育水平转变的考察——

基于对河北承德、邯郸两地区实地调查的比较》,《人口研究》2008 年第 5 期。

王俊秀:《面对风险:公众安全感研究》,《社会》2008 年第 4 期。

王磊:《农村大龄未婚男性的生活质量及其影响因素分析——以冀北地区调查为基础》,《人口学刊》2012 年第 2 期。

王礼鑫:《"干部"群体相对剥夺感现象及实证》,《社会经纬》2000 年第 11 期。

王全胜:《农村留守老人问题初探》,《学习论坛》2007 年第 1 期。

王卫东:《中国城市居民的社会网络资本与个人资本》,《社会学研究》2006 年第 3 期。

王学义、王春蕊:《禀赋、场域与中国妇女生育意愿研究》,《人口学刊》2011 年第 1 期。

王艳芝,王欣、孟海英:《收入状况对幼儿教师安全感、社会支持生存质量及幸福感的影响》,《中国行为医学科学》2006 年第 2 期。

王毅杰、高燕:《社会经济地位、社会支持与流动农民身份意识》,《市场与人口分析》2004 年第 2 期。

王毅杰、童星:《流动农民社会支持网探析》,《社会学研究》2004 年第 2 期。

王毅杰、童星:《流动农民职业获得途径及其影响因素》,《江苏社会科学》2003 年第 5 期。

韦艳,靳小怡、李树茁:《农村大龄未婚男性家庭压力和应对策略研究——基于 YC 县访谈的发现》,《人口与发展》2008 年第 5 期。

韦艳,李树茁、费尔德曼:《中国农村的男孩偏好与人工流产》,《中国人口科学》2005 年第 2 期。

韦艳、张力:《农村大龄未婚男性的婚姻困境:基于性别不平等视角的认识》,《人口研究》2011 年第 5 期。

温颖,李人龙、师保国:《北京市流动儿童安全感和学校归属感研究》,《首都师范大学学报》(社会科学版)2009 年第 S4 期。

吴彩霞,李艳、靳小怡:《农村大龄未婚男性社会资本研究——基于借贷网络的视角》,《人口与经济》2012 年第 1 期。

吴帆:《新一代乡城流动人口生育意愿探析》,《南方人口》2009 年第 1 期。

吴海盛、江巍:《中青年农民养老模式选择意愿的实证分析——以江苏省为例》,《中国农村经济》2008 年第 11 期。

伍海霞,李树茁、悦中山:《城镇外来农村流动人口的生育观念与行为分析——来自深圳调查的发现》,《人口研究》2006 年第 1 期。

伍海霞、李树茁:《社会网络对农民工生育观念的影响——来自深圳调查的发现》,《人口与发展》2008 年第 6 期。

伍俊青,凌建春、陈建萍等:《上海市闵行区流动人口生育状况调查分析》,《中国计划生育学杂志》2009 年第 3 期。

西安交通大学人口与发展研究所:《全国百村调查报告》,内部资料,2010。

谢安国,许先云、杨映池:《流动人口生育的地区差异分析》,《南方人口》2005 年第 4 期。

辛自强、池丽萍:《快乐感与社会支持的关系》,《心理学报》2001 年第 5 期。

邢春冰:《农民工与城镇职工的收入差距》,《管理世界》2008 年第 5 期。

徐安琪、叶文振:《中国婚姻质量研究》,中国社会科学出版社,1999。

徐晓红:《乡城流动人口生育行为的经济分析》,《人口学刊》2004 年第 3 期。

薛芳:《庇古福利经济伦理思想探析》,硕士学位论文,江西师范大学,2005。

严标宾:《社会支持对大学生主观幸福感的影响研究》,硕士学位论文,华南师范大学,2003。

杨菊华:《从隔离、选择融入到融合:流动人口社会融入问题的理论思考》,《人口研究》2009 年第 1 期。

杨筠:《西南少数民族婚姻迁移问题研究》,《新疆农垦经济》2008 年第 2 期。

杨云彦:《农民工:一个跨越城乡的新兴群体》,《人口研究》2005 年第 4 期。

姚本先,汪海彬、王道阳:《1987～2008 年我国安全感研究现状的文献计量学分析》,《心理学探新》2009 年第 4 期。

姚远:《中国家庭养老研究述评》,《人口与经济》2001 年第 1 期。

叶敬忠、吴惠芳:《阡陌独舞:中国农村留守妇女》,社会科学文献出版社,2008。

叶俊杰:《领悟社会支持、实际社会支持与大学生抑郁》,《心理科学》2006 年第 5 期。

叶文振、林擎国:《中国大龄未婚人口现象存在的原因及对策分析》,《中国人口科学》1998 年第 4 期。

叶文振、徐安琪:《婚姻质量:西方学者的研究成果及其学术启示》,《人口研究》2000 年第 4 期。

尹文耀:《浙江未来人口变动与可持续发展问题》,《浙江大学学报(人文社会科学版)》2000 年第 6 期,第 142~148 页。

于淑清、宋健、林祎等:《市场经济与婚育意愿》,《人口研究》1994 年第 1 期。

悦中山、李树茁、费尔德曼:《农民工的社会融合研究:现状、影响因素与后果》,社会科学文献出版社,2012。

张春汉、钟涨宝:《农村大龄未婚青年成因分析——来自湖北潜江 Z 镇 Y 村的个案分析》,《青年探索》2005 年第 1 期。

张俊飙、丁士军:《子女婚姻安排与农村老年人口保障》,《华中农业大学学报》2001 年第 1 期。

张俊良:《论生育行为》,《社会科学研究》1995 年第 6 期,第 62~66 页。

张伟:《多角审视性别失衡与"缺失的女性"》,《河北法学》2008 年第 1 期。

张文宏、阮丹青、潘允康:《天津农村居民的社会网》,《社会学研究》1999 年第 2 期。

张文宏:《城市居民社会网络资本的阶层差异》,《社会学研究》2005 年第 4 期。

张文宏、雷开春:《城市新移民社会融合的结构现状与影响因素分析》,《社会学研究》2008 年第 5 期。

张文宏、阮丹青:《城乡居民的社会支持网》,《社会学研究》1999 年第 3 期。

张文娟、李树茁：《劳动力外流对农村家庭养老的影响分析》，《中国软科学》2004 年第 8 期。

张文娟、李树茁：《子女的代际支持行为对农村老年人生活满意度的影响研究》，《人口研究》2005 年第 29 期。

张晓辉，马国中、戴维 W. 休斯等：《社区发展对中国农村生育率的影响》，《人口与经济》1995 年第 2 期。

张一兵，辛湲、邵志杰：《农村城市化中的夫妻关系》，《学术交流》2003 年第 1 期。

张羽、邢占军：《社会支持与主观幸福感关系研究综述》，《心理科学》2007 年第 6 期。

张子毅等：《中国青年的生育意愿》，天津人民出版社，1982 年。

章元、陆铭：《社会网络是否有助于提高农民工的工资水平？》，《管理世界》2009 年第 3 期。

赵景辉：《中国城市人口生育意愿——对哈尔滨市已婚在业人口的调查》，《人口研究》1997 年第 3 期。

赵文琛：《论生育文化》，《人口研究》2001 年第 6 期。

赵晓歌：《俄罗斯人口性别比失调问题探析》，《西北人口》2006 年第 1 期。

郑晓丽：《贫困山区大龄青年成家难现象探析》，《中国青年研究》2008 年第 1 期。

郑真真：《关于人口流动对农村妇女的影响研究》，《妇女研究论丛》2001 年第 6 期。

中国社会科学院"农村社会保障制度研究"课题组：《积极稳妥地推进农村社会养老保险》，《人民论坛》2000 年第 6 期。

钟声：《安徽滁县农村妇女的生育意愿的调查》，《西北人口》1986 年第 2 期。

周长城、刘蒙：《社会网络视野下的择偶行为》，《探索与争鸣》2007 年第 9 期。

周厚生：《农村留守妇女心理研究综述》，《濮阳职业技术学院学报》2010 年第 2 期。

周丽娜：《婚姻性别比失调的男性选择》，《中国社会导刊》2008 年第 4 期。

周祖根:《人口迁移流动与生育》,《人口与计划生育》1995 年第 5 期。

朱丹:《初中阶段留守儿童安全感的特点及弹性发展研究》,《中国特殊教育》2009 年第 2 期。

朱力:《论农民工阶层的城市适应》,《江海学刊》2002 年第 6 期。

庄亚儿,姜玉、王志理等:《当前我国城乡居民的生育意愿》,《人口研究》2014 年第 3 期。

卓瑛:《农村留守老人问题刍议》,《农业考古》2006 年第 6 期。

Adams R. E. 1992. "Is Happiness a Home in the Suburbs?: The Influence of Urban Versus Suburban Neighborhoods on Psychological Health. " *Journal of Community Psychology*, 20 (4): 353 – 372.

Adams R. E. , Serpe R. T. 2000. "Social Integration, Fear of Crime, and Life Satisfaction. " *Sociological Perspectives* , 43 (4): 605 – 629.

Adler A. 1930. *Problems of Neurosis*. Philippe Marrit. New York: Cosmopolitan Book Co.

Airport G. W. 1954. *The Nature of Prejudice*. Cambidge, MA: Addison-Wesley.

Alba R. 1985. *Italian Americans: Into the Twilight of Ethnicity*. Englewood Cliffs: Prentice Hall.

Arnold F. , E. C. Y. Kuo. 1984. "The Value of Daughters and Sons: A Comparative Study of the Genderperferences of parents. " *East-West Center*, *Honolulu*, *Hawaii*, *U. S. A*.

B. S. Lee, S. C. Farber. 1984. "Fertility Adaptation by Rural-urban Migrants in Developing Countries: The Case of Korea. " *Population Investigation Committee*, 38 (1): 141 – 155.

Bairagi R. 2001. "Effects of Sex Preference on Contraceptive Use, Abortion and Fertility in Matlab, Bangladesh. " *International Family Planning Perspective*, 27 (3): 137 – 142.

Barrett A. 1999. "Social Support and Life Satisfaction Among the Never Married: Examining the Effects of Age. " *Research on Aging*, 21 (1): 46 – 72.

Barstad A. 2008. "Explaining Changing Suicide Rates in Norway 1948 – 2004: The Role of Social Integration. " *Social Indicators Research*, 87 (1): 47 – 64.

Baumer T. L. 1985. "Testing a General Model of Fear of Crime: Data From a National Sample." *The Journal of Research in Crime and Delinquency*, 22: 239 – 255.

Beiser M. 1974. "Components and Correlates of Mental Well-being." *Journal of Health and Social Behavior*, (15): 320 – 327.

Berscheid E. 1994. "Interpersonal Relationships." *Annual Review of Psychology*, 45: 79 – 129.

Bolger N, Eckenrode J. 1991. "Social Relationships, Personality, and Anxiety During a Major Stressful Event." *Journal of Personality and Social Psychology*, 61 (3): 440 – 449.

Bollen K., Hoyle R. 1990. "Perceived Cohesion: A Conceptual and Empirical Examination." *Social Forces* 69 (2): 479 – 504.

Booth A., Johnson D., and Edwards N. J. 1983. "Measuring Marital Instability", *Journal of Marriage and Family*, 45 (2): 387 – 394.

Bossen L. 2007. "Village to Distant Village: The Opportunities and Risks of Long-distance Marriage Migration in Rural China." *Journal of Contemporary China*, 16 (50): 97 – 116.

Box S., Hale C., and Andrews G. 1988. "Explaining Fear of Crime." *The British Journal of Criminology*, 28 (3): 340 – 356.

Bradburn Norman M., Caplovitz David. 1965. *Reports on Happiness: A Pilot Study of Behavior Related to Mental Health*. Chicago: Aldine.

Bun Song Lee. 1992. "The Influence of Rural-urban Migration on Migrant's Fertility Behavior in Cameroon." *International Migration Review*, 26 (4): 1416 – 1447.

Cai Y., W. Lavely. 2003. "China's Missing Girls: Numerical Estimates and Effects on Population Growth." *The China Review*, 3 (2): 13 – 29.

Cain M., Kaufmann J. 1994. "Patriarchal Structure and Demographic Change." *Population*, 49 (4 – 5): 19 – 41.

Cameron W. B., T. C. McCormick. 1954. "Concepts of Security and Insecurity." *American Journal of Sociology*, 59 (6): 556 – 564.

Chandola T. 2001. "The Fear of Crime and Area Differences in Health."

Health & Place, 7 (2): 105 – 116.

Charles F. Westoff. 1990. "Reproductive Intentions and Fertility Rates." *International Family Planning Perspectives*, 16 (3): 84 – 89.

Chiswick B. 1977. "Sons of Immigrants: Are They at an Earnings Disadvantage?" *The American Economic Review*, 67 (1): 376 – 380.

Cicirelli V. G., Raymond T. C., and Jeffrey W. D. 1992. "Siblings as Caregivers for Impaired Elders." *Research on Aging*, 14 (3): 331 – 350.

Coale A. J., J. Banister. 1994. "Five Decades of Missing Females in China." *Demography*, 31 (3): 459 – 479.

Cobb S. 1976. "Social Support as a Moderator of Life Stress." *Psychosomatic Medicine*, 38 (5): 300 – 314.

Conchita, D. Ambrosio, and Joachim R. Frick. 2007. "Income Satisfaction and Relative Deprivation: An Empirical Link." *Social Indicators Research*, 81 (3): 497 – 519.

Coombs R. 1991. "Marital Status and Personal Well-being: A Literature Review." *Family Relations*, 40 (1): 97 – 102.

Cowgill D. O. 1986. *Aging Around the World*. Belmont, CA: Wadsworth.

Cramer D. 2006. "Living Alone, Marital Status, Gender and Health." *Journal of Community and Applied Social Psychology*, 3 (1): 1 – 15.

Crosby, Faye. 1976. "A Model of Egoistical Relative Deprivation." *Psychological Review*, 83 (2): 85 – 113.

Crowder K. D., S. E. Tolnay. 2000. "A New Marriage Squeeze for Black Women: The Role of Racial Intermarriage by Black Men." *Journal of Marriage and the Family*, 62 (3): 792 – 807.

Das Gupta M., B. Hwa-Ok, Z. Jiang, and Z. Xie. 2003. "Why Is Son Preference So Persistent in East and South Asia? A Cross-Country Study of China, India and the Republic of Korea." *Journal of Development Studies*, 40 (2): 153 – 187.

Das Gupta M., A. Ebenstein, and E. J. Sharygin. 2010. "China's Marriage Market and Upcoming Challenges for Elderly Men." *Policy Research Working Paper*.

Davin D. 2005. "Marriage Migration in China. " *Indian Journal of Gender Studies*, 12 (2 – 3): 173 – 188.

Davin D. 2007. "Marriage Migration in China and East Asia. " *Journal of Contemporary China*, 16 (50): 83 – 95.

Davis K. , P. van den Oever. 1982. "Demographic Foundations of New Sex Roles. " *Population and Development Review*, 8 (3): 495 – 511.

Dena H. Jaffe, Zvi Eisenbach, Yehuda D. Neumark et al. 2005. "Individual, Household and Neighborhood Socioeconomic Statusand Mortality: A Study of Absolute and Relative Deprivation. " *Social Science & Medicine*, 60 (5): 989 – 997.

Doraid M. 1997. "Analytical Tools for Human Development. " *Human Development Report Office*, United Nations Development Programme (http: // www. undp. org/ hdro/ anatools. htm).

Du P. , P. Tu. 2000. "Population Ageing and Old Age Security. " In *The Changing Population of China*. edited by X. Peng. Oxford: Blackwell Publishers.

Ebenstein A, E. , Sharygin. 2009. "The Consequences of the ' Missing Girls' of China. " *The World Bank Economic Review*, 23 (3): 399 – 425.

Eckenrode J. 1983. "The Mobilization of Social Supports: Some Individual Constraints. " *American Journal of Community Psychology*, 11 (5): 509 – 528.

Edlund L. , H. Li, J. Yi et al. 2008. "More Men, More Crime: Evidence from China's One-child Policy. " *Working Paper*.

Fan, C. Cindy, and Youqin Huang. 1998. "Waves of Rural Brides: Female Marriage Migration in China. " *Annals of the Association of American Geographers*, 88 (2): 227 – 251.

Fengler A. , N. Danigelis, and A. Grams. 1982. "Marital Status and Life Satisfaction Among the Elderly. " *International Journal of Sociology of the Family*, 12: 63 – 76.

Ferguson K. M. , Mindel C. H. 2007. "Modeling Fear of Crime in Dallas Neighborhoods a Test of Social Capital Theory. " *Crime & Delinquency*, 53 (2): 322 – 349.

Fischer C. 1982. *To Dwell Among Friends: Personal Networks in Town and*

City. University of Chicago Press.

Forsyth C. , E. Johnson. 1995. "A Sociological View of the Never Married. " *International Journal of Sociology of the Family*, 25: 91 – 104.

Gans H. 1992a. "Second-generation Decline: Scenarios for the Economic and Ethnic Futures of the Post – 1965 American Immigrants. " *Ethnic and Racial Studies*, 15 (2): 173 – 192.

Gans H. 1992b. "Comment: Ethnic Invention and Acculturation, a Bumpy-line Approach. " *Journal of American Ethnic History*, 12 (1): 42 – 52.

Ganster D. C. , M. R. Fusilier, and B. T. Mayes. 1986. "Role of Social Support in the Experience of Stress at Work. " *Journal of Applied Psychology*, 71 (1): 102 – 110.

Garofalo J. , J. Laub. 1978. "The Fear of Crime: Broadening Our Perspective. " *Victimology*, 3 (3 – 4): 53 – 242.

Gartrell C. D. 1987. "Network Approaches to Social Evaluation. " *Annual Review of Sociology* (13) 1: 49 – 66.

Gencoz T. , Y. Ozlale. 2004. "Direct and Indirect Effects of Social Support on Psychological Well-being. " *Social Behavior and Personality*, 32 (5): 449 – 458.

Gerin W. , Pieper C. , Levy R. , and T. G. Pickering. 1992. "Social Support in Social Interaction: A Moderator of Cardiovascular Reactivity. " *Psychosomatic Medicine*, 54 (3): 324 – 336.

Gerstel N. 1988. "Divorce, Gender, and Social Integration. " *Gender and Society*, 2 (3): 343 – 367.

Goldstein A. , M. White, S. Goldstein. 1997. "Migration and Fertility in Hubei Province, China. " *Demography*, 34 (4): 481 – 491.

Goldstein S. , Goldstein A. 1983. *Migration and Fertility in Peninsular Malaysia: An Analysis Using Life History Data.* Santa Monica, CA: RAND Corporation.

Goldstein, Sidney, Penporn Tirasawat. 1977. *The Fertility of Migrants to Urban Places in Thailand.* No. 43. East-West Center.

Goodkind D. 1997. "The Vietnamesedouble Marriage Squeeze. " *International Migration Review*, 31 (1): 108 – 127.

Gordon M. M. 1964. *Assimilation in American Life: The Role of Race,*

Religion, *and National Origins*. New York: Oxford University Press.

Granovetter M. 1995. *Getting a Job*: *A Study of Contacts and Careers*. Chicago: University of Chicago Press.

Greeley A. 1976. "The Ethnic Miracle." *Public Interest*, 45: 20 – 36.

Gubrium J. 1975. "Being Single in Old Age." *The International Journal of Aging and Human Development*, 6 (1): 29 – 41.

Guenter L. 1978. *America in Vietnam*. New York: Oxford University Press.

Hewitt B., G. Turrell. 2011. "Short-term Functional Health and Well-being After Marital Separation: Does Initiator Status Make a Difference?" *American Journal of Epidemiology*, 173 (11): 1308 – 1318.

Hill K., D. M. Upchurch. 1995. "Gender Differences in Child Health: Evidence from the Demographic and Heath Surveys." *Population and Development Review*, 21 (1): 127 – 151.

Hirschman C., S. Preston, and M. L. Vu. 1995. "Vietnamese Casualties During the American war: A New Estimate." *Population and Development Review*, 21 (4): 783 – 812.

Hoang V. M., L. H. Dao, W. Stig, T. C. Nguyen, and B. Peter. 2010. "Multilevel Analysis of Co-variation in Socioeconomic Predictors of Physical Functioning and Psychological Well-being Among Older People in Rural Vietnam." *Van Minh et al. BMC Geriatrics*, 10 (1): 7.

Hudson V. M., A. Den Boer. 2002. "A Surplus of Men, a Deficit of Peace: Security and Sex Ratios in Asia's Largest States ." *International Security*, 26: 5 – 38.

Hudson V. M., A. Den Boer. *Bare Branches*: *The Security Implications of Asia's Surplus Male Population*. MIT Press, 2004.

Ikels C. 1991. "Delayed Reciprocity and the Support Networks of the Childless Elderly." In *Growing old in America*. edited by Beth B. Hess. 441 – 456.

Jacoby S. 1975. "Million Singles Can't All Be Right." *The New York Times Magazine*, 13: 41 – 46.

Jampaklay A. 2006. "How Does Leaving Home Affect Marital Timing? An Event-history Analysis of Migration and Marriage in Nang Rong, Thailand."

Demography, 43 (4): 711 - 725.

Jason Schnittker. 2002. "Acculturation in Context: The Self-esteem of Chinese Immigrants. " *Social Psychology Quarterly*, 65 (1): 56 - 76.

Johansson S. , O. Nygren. 1991. "The Missing Girls of China: A New Demographic Account. " *Population and Development Review*, 17 (1): 35 - 51.

Julie, Vullnetari, and Russell King. 2008. " 'Does Your Granny Eat Grass?' On Mass Migration, Care Drain and the Fate of Older People in Rural Albania . " *Global Networks*, 8 (2): 139 - 171.

Kalish, Y. , Robins G. 2006. "Psychological Predispositions and Network Structure: The Relationship between Individual Predispositions, Structural Holes and Network Closure. " *Social Networks*, 28 (1): 56 - 84.

Karen, S. , and Masako I. 1994. "Gender and Social Relationships Among the Never-married. " *Sex Roles*, 30 (7/8): 585 - 603.

Kawachi, Ichiro, Bruce P. Kennedy, and Richard G. Wilkinson. 1999. "Crime: Social Disorganization and Relative Deprivation. " *Social Science & Medicine*, 48 (6): 719 - 731.

Keith P. 1986a. "Isolation of the Unmarried in Later Life. " *Family Relations*, 35 (3): 389 - 395.

Keith P. 1986b. "The Social Context and Resources of the Unmarried in Old Age. " *International Journal of Aging and Human Development*, 23 (2): 81 - 96.

Keith P. 1988. "Old and Single in the City and in the Country: Activities of the Unmarried. " *Family Relations*, 37 (1): 79 - 83.

Keith P. , S. Kim, and R. Schafer. 2000. "Informal Ties of the Unmarried in Middle and Later Life: Who Has Them and Who Does Not? " *Sociological Spectrum*, 20 (2): 221 - 238.

Keyes C. L. M. 1998. "Social Well - being. " *Social Psychology Quarterly*, 61 (2): 121 - 140.

Khan M. A. , P. A. Khanum. 2000. "Influence of Son Preference on Contraceptive Use in Bangladesh. " *Asia-Pacific Population Journal*, 15 (3): 43 - 56.

Kim H. 1997. "Determinants of Sex-Selective Induced Abortion Among Married Women: A Comparative Study between Tadege and Bay Area in California." *Association's* "*Workshop on Population*", *Beijing*, *China*.

Lamanna M. A., A. Riedmann. 2006. *Marriages and Families.* Thomson: Thomson Higher Education.

Lee Y. J., W. L. Parish, and R. J. Willis. 1994. "Sons, Daughters, and Intergenerational Support for the Elderly in Taiwan." *American Journal of Sociology*, 99 (4): 1010 – 1041.

Leone T., Z. Matthews, and G. D. Zuanna. 2003. "Impact and Determinants of Sex Preference in Nepal." *International Family Planning Perspectivers*, 29 (2): 69 – 75.

Lewandowski, J., B. D. Rosenberg, P. M. Jordan, and T. S. Jason. 2011. "The Effect of Informal Social Support: Face-to-face Versus Computer-mediated Communication." *Computers in Human Behavior*, 27: 1806 – 1814.

Lewis D. A., M. G. Maxfield. 1980. "Fear in the Neighborhoods: An Investigation of the Impact of Crime." *Journal of Research in Crime & Delinquency*, 17 (7): 89 – 160.

Lewis D. A., Salem, G. 1986. *Fear of Crime: Incivility and the Production of a Social Problem.* New Brunswick, NJ: Transaction Books.

Li S., M. W. Feldman, and X. Jin. 2004. "Children, Marriage form and Family Support for the Elderly in Contemporary Rural China." *Research on Aging*, 26 (3): 352 – 384.

Li, X. 2006. "Intra-family Gender Relations, Women's Well-being, and Access to Resources: the Case of a Northern Chinese village." Ph. D. Thesis. University of Western Ontario, Canada.

Lieberson S., M. Waters. 1988. *From Many Strands: Ethnic and Racial Groups in Contemporary America.* New York: Russell Sage Foundation.

Lin N. 2001. *Social Capital: A Theory of Social Structure and Action.* Cambridge: Cambridge University Press.

Lin N., and M. Dumin. 1986. "Access to Occupations Through Social Ties." *Social Networks*, 8 (4): 365 – 385.

Lin, Nan, Mary W. Woelfel, and Stephen C. Light. 1985. "The Buffering Effect of Social Support Subsequent to an Important Life Event. " *Journal of Health and Social Behavior* 26: 247 – 263.

Liu J. , Messner S. F. , Zhang L. , and Zhuo Y. 2009. "Socio-demographic Correlates of Fear of Crime and the Social Context of Contemporary Urban China. " American Journal of Community Psychology, 44 (1 – 2): 93 – 108.

Lubbers M. J. , J. L. Molina, and C. McCarty. 2007. "Personal Networks and Ethnic Identifications: The Case of Migrants in Spain . " *International Sociology*, 22 (6): 721 – 741.

Magnus Bygren. 2004. "Pay Reference Standards and Pay Satisfaction. What Do Workers Evaluate Their Pay Against?" *Social Science Research*, 33 (2): 206 – 224.

Marsden P. 1987. "Core Discussion Networks of Americans. " *American Sociological Review*, 52 (1): 122 – 131.

Martin, L. Lalumiere, Lori J. Chalmers, Vernon L. Quinsey et al. 1996. "A Test of the Mate Deprivation Hypothesis of Sexual Coercion. " *Ethology & Sociobiology* 17 (5): 299 – 318.

Maxfield M. G. 1984. "The Limits of Vulnerability in Explaining Fear of Crime: A Comparative Neighborhood Analysis. " *Journal of Research in Crime & Delinquency*, 21 (3): 233 – 250.

Mayer J. , Riphahn R. T. 2000. "Fertility Assimilation of Immigrant: Evidence from Count Data Models. " *Journal of Population Economics*, 13 (2): 241 – 261.

McFarland D. , H. Pals. 2005. "Motives and Contexts of Identity Change: A Case For Network Effects. " *Social Psychology Quarterly*, 68 (4): 289 – 315.

Mead T. C. 1993. *Patriarchal Structure and Demographic Change, Women's Position and Demographic Change*. Oxford: Clearendon Press.

Michale A. 2006. "Quinn. Relative Deprivation, Wage Differentials and Mexican Migration. " *Review of Development Economics*, 10 (1): 135 – 153.

Min, Han, and J. S. Eades. 1995. "Brides, Bachelors and Brokers: The

Marriage Market in Rural Anhui in an Era of Economic Reform. " *Modern Asian Studies*, 29 (4): 841 – 869.

Monica Aberg Yngwe, Johan Fritzell, Olle Lundberg et al. 2003. "Exploring Relative Deprivation: Is Social Comparison a Mechanism in the Relation between Income and Health?" *Social Science & Medicine* 57 (8): 1463 – 1473.

Monroe S. , S. Steiner. 1986. "Social Support and Psychopathology: Interrelations with Preexisting Disorder, Stress, and Personality. " *Journal of Abnormal Psychology*, 95 (1): 29 – 39.

Moore, Dahlia. 1990b. "Discrimination and Deprivation: The Effects of Social Comparison. " *Social Justice Research* , 4 (1): 49 – 64.

Moore G. 1990a. "Structural Determinants of Men's and Women's Personal Networks. " *American Sociological Review*, 55 (5): 726 – 735.

Mutharayappa R. , M. K. Choe, F. Arnold, and T. K. Roy. 1997. "Son Preference and Its Effect on Fertility in India. " *National Family Health Survey Subject Reports* , (3).

Myers D. , X. Gao, and A. Emeka. 2009. "The Gradient of Immigrant Age-at-arrival Effects on Socioeconomic Outcomes in the U. S. " *International Migration Review*, 43 (1): 205 – 229.

Myers S. M. 1999. "Childhood Migration and Social Integration in Adulthood. " *Journal of Marriage and the Family*, 61 (3): 774 – 778.

Nielsen I. , R. Smyth. "Effects of Intergroup Friendship and Non-friendship Contact on Chinese Off-farm Migrants' Attitudes to and Interaction with Urban Locals. " *Academy of Management*, 2007 (1): 1 – 6.

Park R. 1928. "Human Migration and the Marginal Man. " *American Journal of Sociology*, 33 (6): 881 – 893.

Paxton P. , and J. Moody. 2003. "Structure and Sentiment: Explaining Emotional Attachment to Group. " *Social Psychology Quarterly*, 66 (1): 34 – 47.

Pei X. M. , V. K. Pillai. 1999. "Old Age Support in China: The Role of the State and the Family. " *The International Journal of Aging and Human Development*, 49 (3): 197 – 212.

Perlmann J. , R. Waldinger. 1997. "Second Generation Decline? Children of Immigrants, Past and Present: A Reconsideration. " *International Migration Review*, 31 (4): 893 – 922.

Pinquart M. 2003. "Loneliness in Married, Widowed, Divorced, and Never-married Older Adults. " *Journal of Social and Personal Relationships*, 20 (1): 31 – 53.

Piore M. 1979. *Birds of Passage*: *Migrant Labor and Industrial Societies.* Cambridge: Cambridge University Press.

Poston D. L. , K. S. Glover. 2005. "Too Many Males: Marriage Market Implications of Gender Imbalances in China. " *Genus*, 61 (2): 119 – 140.

Prem Bhandari. 2004. "Relative Deprivation and Migration in an Agricultural Setting of Nepal. " *Population and Environment*, 25 (5): 475 – 499.

Quinn, Michale A. 2006. "Relative Deprivation, Wage Differentials and Mexican Migration. " *Review of Development Economics*, 10 (1): 135 – 153.

Randy Gainey, Mariel Alper, Allison T. C. Happell. 2010. "Fear of Crime Revisited: Examining the Direct and Indirect Effects of Disorder, Risk Perception, and Social Capital. " *Southern Criminal Justice Association*, 4: 120 – 138.

Reiss A. J. 1985. *Policing a City's Central District*: *The Oakland Story.* Washington D. C. : U. S. Department of Justice, National Institute of Justice.

Reneflot A. , S. E. Mamelund. 2011. "The Association Between Marital Status and Psychological Well-being in Norway. " *European Sociological Review*, 1 – 11.

Ribe H. , T. P. Schultz. 1980. "Migrant and Native Fertility at Destination in Colombia in 1973: Are Migrants SelectedAccording to Their Reproductive Preferences?" Unpublished monograph.

Richard, A. Sundeen, and James T. Mathieu. 1976. "The Fear of Crime and Its Consequence Among Elderly in Three Urban Communities . " *The Gerontologist*, 16 (3): 211 – 219.

Robert L. Bach. 1981. "Migration and Fertility in Malaysia: A Tale of Two Hypotheses. " *Intenational Migration Review*, 15 (3): 502 – 521.

Rook K. S. 1987. "Social Support Versus Companionship: Effects on Life Stress, Loneliness, and Evaluations by Others." *Journal of Personality and Social Psychology*, 52 (6): 1132 – 1147.

Roos P. E., and L. H. Cohen. 1987. "Sex Roles and Social Support As Moderators of Life Stress Adjustment." *Journal of Personality and Social Psychology*, 52 (3): 576 – 585.

Rubinstein R. 1987. "Never Married Elderly As a Social Type: Re-evaluating Some Images." *The Gerontologist*, 27 (1): 108 – 113.

Rumbaut, R. 1994. "The Crucible Within: Ethnic Identity, Self-esteem, and Segmented Assimilation Among Children of Immigrants." *International Migration Review*, 28 (4): 748 – 794.

Russell D., B. Booth, D. Reed et al. 2006. "Personality, Social Networks, and Perceived Social Support Among Alcoholics: A Structural Equation Analysis." *Journal of Personality*, 65 (3): 649 – 692.

Ryff C. D., L. M. Keyes C. 1995. "The Structure of Psychological Well-being Revisited." *Journal of Personality and Social Psychology*, 69 (4): 719 – 727.

Sampson R. J., Raudenbush, S. W. 2004. "Seeing Disorder: Neighborhood Stigma and the Social Construction of 'Broken Windows'". *Social Psychology Quarterly*, 67 (4): 319 – 342.

Sandberg N. 1974. *Ethnic Identity and Assimilation: The Polish-American Community*. New York Praeger Publishers.

Satya Paul. 1991. "An Index of Relative Deprivation." *Economics Letter*, 36 (3): 337 – 341.

Schumm, Walter R., Lois A. Paff-Bergen, Ruth C. Hatch, Felix C. Obiorah, Janette M. Copeland, Lori D. Meens, and Margaret A. Bugaighis. 1986. "Concurrent and Discriminant Validity of the Kansas Marital Satisfaction Scale." *Journal of Marriage and Family*, 48 (2): 381 – 387.

Seccombe K., M. Ishii-Kuntz. 1994. "Gender and Social Relationships Among the Never-married." *Sex Roles*, 30 (7): 585 – 603.

Seiger C. P., Wiese B. S. 2011. "Social Support, Unfulfilled Expectations, and Affective Well-being on Return to Employment." *Journal of

Marriage and Family, 73 (2): 446 – 458.

Sen A. 2010. "More than 100 Million Women Are Missing." In *Women's Global Health and Human Rights*, edited by Murthy, Padmini, and Clyde Smith. Jones & Bartlett Learning.

Shanas E. 1979. "The Family As a Social Support System in Old Age." *The Gerontologist*, 19 (2): 169 – 174.

Silverstein M. 1995. "Factors That Predispose Middle-Aged Sons and Daughters to Provide Social Support to Older Parents." *Journal of Marriage and the Family*, 57 (2): 465 – 475.

Skeldon R. 2001. "Ageing of Rural Populations in South-east and East Asia." In *The World Ageing Situation: Exploring a Society for All Ages*, edited by Department of Economic and Social Affairs United Nations. New York: United Nations Publication*s*.

Skinner G. W. 1997. "Family Systems and Demographic Processes." In *Anthropological Demography: Toward a New Synthesis.* edited by Kertzer David I. , and Thomas Earl Fricke, pp. 53 – 95. Chicago: University of Chicago Press.

South S. J. 1991. "Sociode Mographic Differentials in Mate Selection Preferences." *Journal of Marriage and the Family*, 53 (4): 928 – 940.

Spanier B. G. , C. P. Glick. 1980. "Mate Selection Differentials between Whites and Blacks in the Unites States." *Social Force*, 58 (3): 495 – 511.

Straus M. A. , Hamby S. L. , Boney-McCoy S. , and Sugarman D. B. 1996. "The Revised Conflict Tactics Scales (CTS 2) Development and Preliminary Psychometric Data." *Journal of Family Issues*, 17 (3): 283 – 316.

Straus M. A. , L. H. Sherry, B. M. Sue, and B. S. David. 1996. "The Revised Conflict Tactics Scales (CTS 2): Development and Preliminary Psychometric Data." *Journal of family issues*, 17 (3): 283 – 316.

Stull D. E. , A. Scarisbrick-Hauser. 1989. "Never-married Elderly: A Reassessment with Implications for Long-term Care Policy." *Research on Aging*, 11 (1): 124 – 139.

Swickert R. , C. Rosentreter, J. Hittner et al. 2002. "Extraversion, Social Support Processes, and Stress." *Personality and Individual Differences*, 32

(5)：877 – 891.

Taylor, Ralph B. , and M. Hale. 1986. "Testing Alternative Models of Fear of Crime. " *The Journal of Criminal Law and Criminology* (*1973 –*), *77* (*1*)： *151 – 189.*

Thomas, F. Pettigrew, Oliver Christ, Ulrich Wagner et al. *2008.* "Relative Deprivation and Intergroup Prejudice. " *Journal of Social Issues*, *64* (*2*)： *385 – 401.*

Thompson M. P. , Norris F. H. *1992.* " Crime, Social Status, and Alienation. " *American Journal of Community Psychology*, *20* (*1*)： *97 – 119.*

Tivers J. *1988.* "Women with Young Children： Constraints on Activities in the urban environment. " In *Women in Cities： Gender and the Urban Environment.* edited by Little J. , L. Peake, and P. Richardson, pp. *84 – 97.* New York Univeristy Press.

Tropp, Linda R. , and Wright Stephen C. *1999.* "Ingroup Identification and Relative Deprivation： An Examination Across Multiple Social Comparisons. " *European Journal of Social Psychology*, *29* (*5 – 6*)： *707 – 724.*

Tsay, Ching-lung. *2004.* "Marriage Migration of Women from China and Southeast Asia to Taiwan. " In (*Un*) *Tying the Knot： Ideal and Reality in Asian Marriage.* edited by Gavin W. Jones, Kamalini Ramdas. Singapore： Asia Research Institute, National University of Singapore.

Tuljapurkar S. , N. Li, and M. W. Feldman. *1995.* "High Sex Ratios in China's Future. " *Science*, *267* (*5199*)： *874 – 876.*

Turley, Ruth N. Lopez. *2002.* "Is Relative Deprivation Beneficial? The Effects of Richer and Poorer Neighbors on Children's Outcomes. " *Journal of Community Psychology* , *30* (*6*)： *671 – 686.*

Van der Poel, M. G. M. *1993.* " Delineating Personal Support Networks. " *Social Networks*, *15* (*1*)： *49 – 70.*

Vandervoort, D. *1999.* "Quality of Social Support in Menial and Physical Health. " *Current Psychology*, *18* (*2*)： *205 – 222.*

Waite L. J. , Y. Luo, and A. C. Lewin. *2009.* "Marital Happiness and Marital Stability： Consequences for Psychological Well-being. " *Social Science*

Research, *38 (1)*: *201 - 212.*

Walker A. , T. Maltby. *1996. Ageing Europe.* Buckingham: Open University Press.

Wang H. , S. Chang 2002. " The Commodification of International Marriages: Cross-border Marriage Business in Taiwan and Viet Nam. " *International Migration, 40 (6)*: *93 - 116.*

Ward R. *1979.* " The Never-married in Later Life. " *The Journal of Gerontology, 34 (6)*: *861 - 869.*

Warr M. *1984.* " Fear of Victimization: Why Are Women and the Elderly More Afraid?" *Social Science Quarterly, 65*: *681 - 702.*

Wei Shangjin, Xiaobo Zhang. 2011. " The Competitive Saving Motive: Evidence from Rising Sex Ratios and Savings rates in China. " *Journal of Political Economy, 119 (3)*: *511 - 564.*

Weiss R. *1981.* " The Emotional Impact of Marital Separation. " In *Single Life: Unmarried Adults in Social Context.* edited by Stein, Peter J. New York: St. Martin's Press, *1981*: *152 -* l64.

Whitley R. , Prince M. 2005. " Fear of Crime, Mobility and Mental Health in Inner-city London, UK. " *Social Science & Medicine, 61 (8)*: *1678 - 1688.*

Whyte, M. K. , and Q. Xu. 2003. " Support for Aging Parents from Daughters Versus Sons. " In *China's Revolutions and Intergenerational Relations.* edited by Whyte M. K. Ann Arbor, pp. *167 - 196.* Michigan: Center for Chinese Studies, The University of Michigan.

Wytrwal J. *1961. America's Polish Heritage: A Social History of the Poles in America.* Detroit: Endurance Press.

Yutani, Jeanine Emiko. 2007. "International Brides: Cross-border Marriage Migration in China and Japan Through a Feminist Lens. " ProQuest.

Zeng Y. , P. Tu, B. Gu, Y. Xu, B. Li , and Y. Li. *1993.* " An Analysis of the Cause and Implications of Recent Increase in the Sex Ratio at Birth in China. " *Population and Development Review, 19 (2)*: *283 - 302.*

Zhang Z. , M. D. Hayward. *2001.* " Childlessness and the Psychological

Well-being of Older Persons. " *The Journals of Gerontology Series B*: *Psychological Sciences and Social Sciences*, 56 (5): *S311 – S320*.

Han, M, Eades, J. S. *1995*. "Brides Bachelors and Brokers: the Marriage Market in Rural Anhui in an Era of Economic Reform," *Modern Asian Studies*, 29 (4): *841 – 869*.

Chu, J. *2001*. "Prenatal Sex Determination and Sex-selective Abortion in Rural Central China. " *RPopulation and Development Review 27 (2): 259 – 281*.

Gu, B., and Roy, K. *1995*. "Sex Ratio at Birth in China with Reference to Other Areas in East Asia: What We Know," *RAsia-Pacific Population Journal 10 (3): 17 – 42*.

Croll, E. J. *2001*. "Amartya Sen's *100* Million Missing Women," *ROxford Development Studies 29 (3): 225 – 244*.

Lee, B. S. and Farber, S. C. *1984*. "Fertility Adaptation by Rural-Urban Migrants in Developing Countries: The Case of Korea," *RPopulation Investigation Committee 38 (1): 141 – 155*.

Christine, Eibner and William N. Evans. *2005*. "Relative Deprivation, Poor Health Habits, and Mortality," *The Journal of Human Resources 40 (3): 591 – 620*.

Wilkinson, R. G., and Pickett, K. E. *2007*. "The Problems of Relative Deprivation: Why Some Societies Do Better than Others," *Social science & medicine 65 (9)*: 1965 – 1978.

Kawachi, I., Kennedy, B. P., & Wilkinson, R. G. 1999. "Crime: Social Disorganization and Relative Deprivation," *Social Science & Medicine* 48 (6): 719 – 731.

Vullnetari, J., & King, R. 2008. " 'Does Your Granny Eat Grass?' On Mass Migration, Care Drain and the Fate of Older People in Rural Albania," *Global Networks* 8 (2): 139 – 171.

Hesketh, T., and Xing, Z. W. 2006. "Abnormal Sex Ratios in Human Populations: Causes and Consequences. " *Proceedings of the National Academy of Sciences* 103 (36): 13271 – 13275.

Wilkinson, R. G., and Pickett, K. E. 2007. "The Problems of Relative

Deprivation: Why Some Societies Do Better than Others," *Social science & medicine* 65 (9): 1965 – 1978.

Sarason, I. G. 1981. "Test Anxiety, Stress, and Social Support." *Journal of Personality*, 49 (1): 101 – 114.

附　录

附录1：厦门市农村流动人口调查问卷

根据《中华人民共和国统计法》第三章第十四条，本资料"属于私人、家庭的单项调查资料，非经本人同意，不得泄露"。

厦门市外来农村流动人口调查问卷（A）

被访人编码□□□□□□□

被访人姓名＿＿＿＿＿＿＿＿＿

被访人住址＿＿＿＿＿＿　街道（镇）　＿＿＿＿＿＿居委会

＿＿＿＿＿＿＿门牌号

或＿＿＿＿＿＿＿街道（镇）　＿＿＿＿＿＿＿公司

	月	日	时	分如果调查未完成，原因是：
第一次访问从	□□	□□	□□	□□　＿＿＿＿＿＿＿
到	□□	□□	□□	□□　＿＿＿＿＿＿＿
第二次访问从	□□	□□	□□	□□　＿＿＿＿＿＿＿
到	□□	□□	□□	□□　＿＿＿＿＿＿＿

访问员姓名＿＿＿＿＿＿＿＿＿

核对人姓名＿＿＿＿＿＿＿＿＿

核对人的检查结果　　　　　　合格（　　）　不合格（　　）

请把下面的这段话读给被访问人：

您好！厦门市外来流动人口课题组正在做一项有关农村外来流动人口的社会调查，特邀请您参加本次调查，谢谢您的支持和合作！

调查中将询问一些有关您目前日常生活状况的问题，包括您的工作、生活状况、婚姻家庭、生育、养老和社会交往等。整个调查大约需要 50 分钟，课题组不会对您参加本次调查支付报酬，但会送给您一份礼品表示对您的感谢。本次调查收集到的信息将严格保密，除了合格的研究人员外，任何人不会接触到这些资料。这些资料将会在课题组保存 5 年。您的回答不会和任何能够表明您身份的信息产生联系，只有一些经过我们汇总后的结果被公布。

再次感谢您的合作！

厦门市外来流动人口课题组
2009 年 11 月

第一部分　个体基本情况

101. 您的性别：　　　　　　　　　　　　　　　　　□
　　　（1）男　　　　　（2）女

102. 您是什么时候出生的？　　　　　阳历：□□□□年□□月

103. 您是哪个民族？（请注明）_____　　　　□
　　　（1）汉族　　　　（2）少数民族

104. 您的户籍所在地：_____省（直辖市、自治区）_____（市）_____县（区）

105. 您的受教育程度是：　　　　　　　　　　　　　□
　　　（1）不识字或很少识字　　　　（2）小学
　　　（3）初中　　　　　　　　　　（4）高中（含中专、技校）
　　　（5）大专及以上

106. 您是否患有慢性疾病？　　　　　　　　　　　　□
　　　（1）无　　　　　　　　　　　（2）有，但不影响干活
　　　（3）有，但不影响生活　　　　（4）有，且影响生活

107. 您认为您健康状况如何？　　　　　　　　　　　　　　　　　□

　　（1）非常好　　　（2）较好　　　（3）一般

　　（4）较差　　　　（5）非常差

108. 您觉得自己是个外向的人吗？　　　　　　　　　　　　　　　□

　　（1）非常外向　　（2）外向　　　（3）一般

　　（4）内向　　　　（5）非常内向

109. 您第一次外出务工是什么时候？

　　　　　　　　　　　　　　　　　　　　　　　□□□□年□□月

110. 在离开家乡外出打工以前，您干过多长时间的农活？　　　　　□

　　（1）从来没干过　　　　　　（2）几个月不到 1 年

　　（3）几年不到 5 年　　　　　（4）5 年及以上

111. 第一次外出务工以前，您在家乡的职业是：　　　　　　　　　□

　　（1）务农　　　（2）本地企业的工人

　　（3）学生　　　（4）待业或家务　　　　　（5）个体

　　（6）参军　　　（7）其他（请注明）_____

112. 在来 X 市之前，您是否到过其他县城或城市打工？　　　　　□

　　（1）是　　　　　　　　　（2）否（跳问 115）

113. 在来 X 市之前，您在其他县城或城市打工的最后职业是：　　□□

　　（1）非技术工人　　　　　（2）技术工人

　　（3）商业、服务业劳动者　（4）个体户

　　（5）私营企业主　　　　　（6）办事人员

　　（7）专业技术人员　　　（8）企业或商业负责人（如经理、厂长等）

　　（9）军人　　　　　　　（10）党政机关、事业单位负责人

　　（11）城乡无业失业半失业者　（12）离退休人员

　　（13）学生　　　　　　　（14）农林牧渔人员

　　（15）其他（请注明）_____

114. 您初次来 X 市是什么时候？　　　　　　　　　　　□□□□年□□月

115. 您最初是和谁一起来 X 市的？　　　　　　　　　　　　　　□

　　（1）自己单独来　　　　　（2）随配偶/男（女）朋友来

　　（3）随家人来　　　　　　（4）随老乡来

　　（5）其他（请注明）_____

116. 您来 X 市打工的主要原因是：　　　　　　　　　　　　　□

    （1）求学、学手艺　　　　　　（2）挣钱养家

    （3）挣钱结婚　　　　　　　　（4）结婚

    （5）照顾家人　　　　　　　　（6）见世面/向往城里的生活

    （7）其他（请注明）_____

117. 来 X 市后，您做过几份工作？（一直没工作的填 00，并且跳问 123）□□

118. 目前，您具体的职业是_____

119. 您目前的职业属于以下哪种类型：　　　　　　　　　　□□

    （1）非技术工人　　　　　　　（2）技术工人

    （3）商业、服务业劳动者　　　（4）个体户

    （5）私营企业主　　　　　　　（6）办事人员

    （7）专业技术人员　　　　（8）企业或商业负责人（如经理、厂长等）

    （9）军人　　　　　　　　　　（10）党政机关、事业单位负责人

    （11）城乡无业失业半失业者　（12）离退休人员

    （13）学生　　　　　　　　　（14）农林牧渔人员

    （15）其他（请注明）_____

120. 您目前工作单位的性质是什么？　　　　　　　　　　　□

    （1）党政机关　　（2）国营企业　　（3）国营事业

    （4）集体企业（含乡镇企业）　　（5）外商独资或合资企业

    （6）私营企业（8 人及以上）　　（7）个体工商户（8 人以下）

    （8）无单位（如居民家庭中的保姆，打零工的或摆摊者）（跳问 122）

    （9）其他（请注明）_____

121. 您是否与单位签订了书面劳动合同？　　　　　　　　　□

    （1）是　　　　　　（2）否

122. 您来 X 市的第一份工作（没换过工作不答此题，跳问 123）　　□□

    （1）非技术工人　（2）技术工人　（3）商业、服务业劳动者

    （4）个体户　　（5）私营企业主（6）办事人员　（7）专业技术人员

    （8）企业或商业负责人（如经理、厂长等）　　　（9）军人

    （10）党政机关、事业单位负责人　（11）城乡无业失业半失业者

    （12）离退休人员（13）学生　　（14）农林牧渔人员

    （15）其他（请注明）_____

123. 您找工作有没有遇到过困难？　　　　　　　　　　　　　□

    （1）有过　　　　　（2）没有

124. 您是否参加过职业培训：　　　　　　　　　　　　　　　□

    （1）是　　　　　　（2）否（跳问 125）

    124.1 该培训是否免费？　　　　　　　　　　　　　　　□

        （1）是　　　　（2）否

    124.2 该培训的组织者是：　　　　　　　　　　　　　　□

        （1）自己　　　　（2）家乡政府　　　　（3）城市政府

        （4）企业或事业单位　　　（5）民间组织

        （6）其他（请注明）＿＿＿＿＿＿

125. 在过去的 12 个月里，您打工时间合计几个月？（不足一个月的按一个

    月计）　　　　　　　　　　　　　　　　　　　　　□□月

126. 您目前平均每周工作＿＿＿＿天，每天工作＿＿＿＿小时。　□天□□小时

127. 您经常回老家吗？（刚来不足半年者问打算）　　　　　　　□

    （1）每月都回去　（2）一年四至六次　　　　（3）一年两三次

    （4）一年一次　　（5）几乎不回去

128. 您在 X 市的居住环境：　　　　　　　　　　　　　　　　□

    （1）周围是 X 市市民的居住小区　（2）相对独立的外来人口聚居地

    （3）X 市市民与外地人的混合居住区　（4）其他（请注明）＿＿＿＿＿＿

129. 您在 X 市的住房（或住处）是：　　　　　　　　　　　　□

    （1）自己买的房子（2）租的房子　（3）借住在亲戚朋友家

    （4）单位宿舍　　（5）自己搭的房子、简易棚　　（6）雇主家

    （7）露宿　　　　（8）其他（请注明）＿＿＿＿＿＿

130. 您在 X 市的住房（或住处）的设施情况：

    130.1 通电（没有 = 0，有 = 1）　　　　　　　　　　　□

    130.2 通自来水（没有 = 0，有 = 1）　　　　　　　　　□

    130.3 煤气/液化气（没有 = 0，有 = 1）　　　　　　　　□

    130.4 厨房（没有 = 0，合用 = 1，独用 = 2）（包括室外合用）　□

    130.5 厕所（没有 = 0，合用 = 1，独用 = 2）（包括室外合用）　□

    130.6 洗澡设施（没有 = 0，合用 = 1，独用 = 2）（包括室外合用）　□

    130.7 住房用途（居住兼工作或他用 = 0，纯居住 = 1）　　□

130.8 现住所的邻居（多为外地人 = 0，外地人和 X 市人各占一半 = 1，多为 X 市人 = 2）☐

131. 目前您个人月平均收入大约为多少？ ☐☐☐☐☐☐元

132. 在您的收入中，平均每月以下支出分别有多少？

132.1 自己日常花费（衣食住行等） ☐☐☐☐☐元

132.2 自己社会交往（应酬、娱乐等） ☐☐☐☐☐元

132.3 自己存起来 ☐☐☐☐☐元

132.4 寄回老家 ☐☐☐☐☐元

133. 您觉得每月最少需要多少钱才可以维持您在 X 市的基本生活？ ☐☐☐☐☐元

134. 您 20 岁左右时，您父母的家庭经济状况在村里处在何种位置？ ☐

(1) 高于平均水平 (2) 平均水平 (3) 低于平均水平

135. (16 ~ 24 岁者不答此题，跳问 136) 您 20 岁左右时，从事什么职业？

☐☐

(1) 非技术工人 (2) 技术工人 (3) 商业、服务业劳动者

(4) 个体户 (5) 私营企业主 (6) 办事人员

(7) 专业技术人员 (8) 企业或商业负责人（如经理、厂长等）

(9) 军 (10) 党政机关、事业单位负责人

(11) 城乡无业失业半失业者 (12) 离退休人员 (13) 学生

(14) 农林牧渔人员 (15) 其他（请注明）_____

136. 您以后准备在哪里长期发展或者定居？ ☐

(1) 赚钱回家，继续务农 (2) 学门手艺或技术，回去找个好工作

(3) 回家干个体 (4) 回去办企业，当老板

(5) 在 X 市安家立业 (6) 到其他城市安家立业

(7) 不打算回去，在这里干什么都行 (8) 没考虑过，还没想法

(9) 其他（请注明）_____

137. 您家属于村里的大家族吗？ ☐

(1) 是 (2) 否

138. 除了您本人，您的兄弟姐妹的数量：

138.1 您兄弟的数量 ☐

138.2 您姐妹的数量 ☐

138.3 您 28 岁及以上未结过婚的兄弟的数量？ ☐

139. 您的父亲是否健在？　　　　　　　　　　　　　　　□

    （1）是_____您父亲的年龄□□岁

    （2）否_____您父亲去世的时间是阳历：□□□□年（跳问141）

140. 您父亲的身体状况属于以下哪种类型？　　　　　　　□

    （1）完全不能自理　　　　　（2）部分不能自理

    （3）基本自理　　　　　　　（4）完全自理

141. 您的母亲是否健在？　　　　　　　　　　　　　　　□

    （1）是_____您母亲的年龄□□岁

    （2）否_____您母亲去世的时间是阳历：□□□□年（跳问143）

142. 您母亲的身体状况属于以下哪种类型？　　　　　　　□

    （1）完全不能自理　　　　　（2）部分不能自理

    （3）基本自理　　　　　　　（4）完全自理

父母双方目前都不健在的不答143～147，请跳问态度和心理部分。

143. 您的父母现在的生活来源主要靠什么？　　　　　　　□

    （1）子女供给　　　　　　　（2）父母自己的收入

    （3）集体和政府补贴　　　　（4）其他（请注明）_____

144. 在过去的 12 个月中，您给父母的经济资助（含现金与实物）共

    □□□□□元

145. 在过去的 12 个月中，父母给您的经济资助（含现金与实物）共

    □□□□□元

146. 您现在与您的父母联系频率是？　　　　　　　　　　□

    （1）天天联系　　（2）经常　　　（3）有时

    （4）很少　　　　（5）从未联系过

147. 您觉得您跟您的父母亲近吗？　　　　　　　　　　　□

    （1）不亲近　　（2）有点亲近　（3）很亲近

第二部分　社会融合

201. 您会说 X 市本地话（闽南话）吗？　　　　　　　　　□

    （1）会说　　　（2）仅能听懂　（3）听不懂

202. 在 X 市，是否参加了以下组织：

    （1）是　　　　（2）否

202.1 党团组织　　　☐　　　202.2 工会　　　☐

202.3 老（同）乡会　☐　　　202.4 其他（请注明）_____

203. 在 X 市，您是否参加过社区或单位组织的活动？　　　　　☐

　　　（1）从未组织过　（2）经常参加　（3）偶尔参加　（4）从未参加过

204. 在工作和生活中，您是否受到过市民的歧视（被市民看不起）？　☐

　　　（1）有过，且经常发生　　（2）有过，但次数不多　　（3）几乎没有

205. 您经常从报纸或互联网上获得新闻和信息吗？　　　　　　☐

　　　（1）经常　　　　　（2）偶尔（很少）　　　　　（3）从不

206. 您觉得自己是不是农民？　　　　　　　　　　　　　　☐

　　　（1）是　　　　　（2）不是

207. 与市民共同生活在一个城市，您与市民相处得如何？　　　☐

　　　（1）非常不好　（2）不好　　（3）一般

　　　（4）好　　　　（5）非常好

208. 您对市民的整体印象如何？　　　　　　　　　　　　　☐

　　　（1）非常讨厌　（2）有点讨厌　（3）一般

　　　（4）有点喜欢　（5）非常喜欢

209. 有人说"与女孩相比，应该让男孩多读些书"，您对此有什么看法？☐

　　　（1）非常反对　（2）有点反对　（3）无所谓

　　　（4）有点赞成　（5）非常赞成

210. 您认为一个人的成功主要靠什么？　　　　　　　　　　☐

　　　（1）主要靠自身努力　　　　（2）一半努力一半运气

　　　（3）主要靠运气

211. 您在多大程度上愿意提前安排自己在工作和生活上的事情？　☐

　　　（1）大多数事情都事先仔细地安排

　　　（2）仅在很少几件事情上做事先计划

　　　（3）让事情来到后再说，不必事先考虑（太多）

212. 假如您和一位朋友约好中午 12：00 见面，他/她却没有按时出现。您
　　　认为，多少分钟后他/她还没出现就迟到了？　　　　　☐

　　　（1）一分钟以内也算迟到　　　（2）一分钟到五分钟

　　　（3）五分钟到十分钟　　　　　（4）十分钟到半小时

　　　（5）半小时以上

213. 您在过去一周里有下面的感觉吗?

　　　(1) 没有或几乎没有　　　　　(2) 有时　　　(3) 经常

　　　213.1 (过去一周里) 我觉得自己心情很好　　　　　　　　　□

　　　213.2 (过去一周里) 我觉得寂寞 (孤单)　　　　　　　　　□

　　　213.3 (过去一周里) 我觉得心里很难过　　　　　　　　　□

　　　213.4 (过去一周里) 我觉得自己的日子过得很不错　　　　□

　　　213.5 (过去一周里) 我有时会睡不好觉 (失眠)　　　　　□

　　　213.6 (过去一周里) 我觉得人们对我是友好的　　　　　　□

　　　213.7 (过去一周里) 我觉得自己是个有用的人　　　　　　□

　　　213.8 (过去一周里) 我觉得自己和其他人过得一样好　　　□

　　　213.9 (过去一周里) 我觉得生活中有着很多的乐趣 (有意思的事情)　□

214. 您是否同意以下观点?

　　　(1) 非常同意　　　(2) 同意　　　(3) 既不同意也不反对

　　　(4) 不同意　　　　(5) 非常不同意

　　　214.1 我现在的生活基本上和我理想的生活一致　　　　　□

　　　214.2 我的生活条件很好　　　　　　　　　　　　　　　□

　　　214.3 我对我现在的生活很满意　　　　　　　　　　　　□

　　　214.4 到现在为止, 我已经得到了生活中我想要的东西　　□

　　　214.5 如果可以再活一次, 我基本上不会改变我的人生　　□

215. 在过去的几个月里面, 由于私事而不是工作的原因与您经常联系 (通过见面、电话、短信或邮件) 的下面各类人的数目是多少?

　　　215.1 家人或亲属　　　　　　　□□人, 其中 X 市市民□□人。

　　　215.2 老乡　　　　　　　　　　□□人。

　　　215.3 关系较好的朋友　　　　　□□人, 其中 X 市市民□□人。

　　　215.4 关系一般的熟人　　　　　□□人, 其中 X 市市民□□人。

216. 您如果要借东西 (如借钱、白糖、钳子), 或请人帮助做些屋里屋外的小事 (如搬东西、买日常用品), 下面的几类人群中分别有多少人帮助您?

　　　家人或亲属□□人, 老乡□□人, 朋友□□人, 相识□□人

217. 您如果为某些问题心情不好时, 比如跟别人吵架、工作上不愉快、生活不如意等, 下面的几类人群中, 您分别会跟多少人诉说?

　　　家人或亲属□□人, 老乡□□人, 朋友□□人, 相识□□人

218. 如果您要串门聊天、打牌、喝酒、看戏、看电影等，您通常会找的各类人的个数：

家人或亲属□□人，老乡□□人，朋友□□人，相识□□人

219. 在与您经常发生联系的各类人中，28 岁以上未婚男性分别有多少？

家人或亲戚□□人，老乡□□人，朋友□□人，相识□□人

220. 在 X 市，您的亲属、朋友和熟人中有没有下列职业的人（有的话在①、②、③列相应位置打√）？他们中间有没有 X 市户口的人（有的话就在④列打√）？

职业名称	亲属①	朋友②	熟人③	X 市人④	职业名称	亲属①	朋友②	熟人③	X 市人④
01 厨师、炊事员					10 民警/警察				
02 饭店餐馆服务员					11 营销人员				
03 家庭保姆计时工					12 科学研究人员				
04 产业工人					13 法律工作人员				
05 中小学教师					14 经济业务人员				
06 大学教师					15 行政办事人员				
07 医生					16 工程技术人员				
08 护士					17 政府机关负责人				
09 司机					18 企事业负责人				

第三部分　婚姻家庭信息

301. 您的婚姻状况是：　　　　　　　　　　　　　　　　　　□

（1）初婚　　　　　（2）再婚　　　　（3）丧偶（跳问 302）

（4）离异（跳问 302）　　　　（5）从未结过婚（跳问 302）

301.1 您配偶的婚姻状况为：　　　　　　　　　　　□

（1）初婚　　　　（2）再婚

302. 您认为以下哪种成婚方式比较好？　　　　　　　　　□

（1）自己认识　　（2）别人介绍　（3）父母安排

（4）方式不重要　（5）其他（请注明）＿＿＿＿＿

303. 您认为男性和女性的理想结婚年龄分别是多少？（填写年龄区间的中值并四舍五入）

303.1 您认为男性最合适的结婚年龄是：　　　　　　□□岁

303.2 您认为女性最合适的结婚年龄是：　　　　　　□□岁

304. 你是否觉得自己曾经或正在遭遇成婚困难？　　　　　　□

　　（1）是　　　　　　（2）否（跳问 305）

　　304.1 请选择以下您认为使自己成婚困难的因素：

　　　　　（1）是　　　　　（2）否

　　304.1.1 个人长相、身高、性格、年龄等　　　　　□

　　304.1.2 个人和家庭经济条件　　　　　　　　　□

　　304.1.3 家里兄弟数量太多　　　　　　　　　　□

　　304.1.4 家乡交通不便、经济落后　　　　　　　□

　　304.1.5 留在家乡的同年龄适婚异性太少　　　　□

　　304.1.6 没有时间认识或交往异性　　　　　　　□

　　304.1.7 让自己满意的异性太少　　　　　　　　□

　　304.1.8 其他（请注明）_____

305. 在您老的时候，您打算依靠哪种方式来养老？　　　　　□

　　（1）依靠社会养老保险　　　　（2）购买商业性的养老保险

　　（3）自己多赚钱储蓄　　　　　（4）依靠儿子

　　（5）依靠女儿　　　　　　　　（6）儿子女儿无所谓

　　（7）还没考虑过　　　　　　　（8）政府救济或补助

　　（9）其他（请注明）_____

306. 在您老的时候，您想和谁住在一起？　　　　　　　　　□

　　（1）儿子和儿媳　　　　　　　（2）女儿和女婿

　　（3）儿子女儿无所谓　　　　　（4）自己（和配偶）住

　　（5）去敬老院　　　　　　　　（6）没有任何准备

　　（7）其他（请注明）_____

307. 在您找对象的过程中下面的几类人群中分别有多少人帮助过您？

　　家人或亲属□□人，　　　　　老乡□□人

　　朋友□□人，　　　　　　　　相识□□人

308. 现在，当您需要借一大笔钱，您可以向谁借？您通常会找的各类人的个数：

　　家人或亲属□□人，老乡□□人，朋友□□人，相识□□人

题项 U309 ~ U320 请单身者（包括从未结过婚，丧偶或离异者）回答。

U309 您和您最近一次的恋爱对象是怎么认识的？ ☐

　　1 从没恋爱过（跳问 U311）　　2．自己认识

　　3．别人介绍　　　　　　　　　4．父母安排

　　5．其他（请注明）_____

U310 您现在有男/女朋友吗？ ☐

　　1．有　　　　　　　2．没有（跳问 U311）

　　U310.1 您现在的男/女朋友目前在哪里生活？ ☐

　　　　1．自己的家乡

　　　　2．男/女朋友的家乡

　　　　3．在 X 市和自己一起住（跳问 U311）

　　　　4．在 X 市但不和自己一起住

　　　　5．其他城市（请注明）_____

　　U310.2 您们近期有搬到一起的打算吗？ ☐

　　　　1．有　　　2．没有

U311 与您的家乡相比，您希望您的配偶是什么地方的人？ ☐

　　1．同村　　　2．同镇（乡）　3．同县　　　4．同市

　　5．同省　　　6．外省　　　7．国外　　　8．地方不重要

U312 您目前有结婚的打算吗？ ☐

　　1．迫切希望赶快结婚　　　2．有结婚的想法，但不着急

　　3．暂时没有结婚的打算　　　4．根本不想结婚

　　5．绝望了，不再想结婚

U313 您希望婚后，下面这些事情主要由谁决定： ☐

　　1．丈夫拿主意　　　　　　2．妻子拿主意

　　3．老人拿主意　　　　　　4．夫妻共同商量

　　5．不适用

　　U313.1 孩子教育　　　　☐　　U313.2 买大件　　☐

　　U313.3 投资或贷款、借钱　☐　　U313.4 妇女外出打工　☐

U314 您为找对象共花了多少钱？ ☐☐☐☐☐元

　　U314.1 这部分花费来自 ☐

　　　　1．父母　　2．自己和父母　　3．自己

　　　　4．家里储蓄和借贷　　5．全部借贷　　6．不适用

U315 请回答您所知道的同您年龄差不多的一个家乡朋友或亲戚在老家的婚
姻花费：

U315.1 彩礼（现金和实物）大约多少钱？　　　　□□□□□□元

U315.2 嫁妆（现金和实物）大约多少钱？　　　　□□□□□□元

U315.3 准备新房（盖新房或装修新房）大约多少钱？□□□□□□元

题项 U316～U317 仅需有男（女）朋友者回答，其他人请跳问到 201 题。

U316 近一年，当您与配偶/男（女）朋友发生争吵或产生矛盾后，您有没
有采用过下列行为？

1. 有　　　　　　2. 没有

U316.1 讲道理　□　U316.2 讽刺挖苦或辱骂　□

U316.3 长时间不和对方说话　□　U316.4 推搡　□

U316.5 打耳光　□　U316.6 拳打脚踢　□

U316.7 用棍棒等器械殴打　□

U317 近一年，当您与配偶/男（女）朋友发生争吵或产生矛盾后，您有没
有遭受过下列情况？

1. 有　　　　　　2. 没有

U317.1 讲道理　□　U317.2 讽刺挖苦或辱骂　□

U317.3 长时间不和对方说话　□　U317.4 推搡　□

U317.5 打耳光　□　U317.6 拳打脚踢　□

U317.7 用棍棒等器械殴打　□

题项 U318～U320 请男性回答，女性跳问第三部分。

U318 如果将来难以找到未结过婚的女性，您是否愿意与以下几种类型女性
结婚？

1. 愿意　　　　2. 不愿意

U318.1 结过婚没有孩子的女性　　　　　　　　　　　　　　□

U318.2 结过婚且带有女孩的女性　　　　　　　　　　　　　□

U318.3 结过婚且带有男孩的女性　　　　　　　　　　　　　□

U319 如果将来难以找到未结过婚的女性，您能够接受与条件比较差的女性
结婚吗？（如身体有点残疾或者智力不太好的女性）　　　　　□

1. 完全可以接受　　　　　　　2. 可以接受

3. 无所谓　　　4. 不能接受　　5. 完全不能接受

U320 如果女方要求您做上门女婿，您能接受吗？ □

    1. 完全可以接受   2. 可以接受

    3. 无所谓   4. 不能接受   5. 完全不能接受

题项 M309～M332 请在婚者（包括初婚者和再婚者）回答。

M309 初婚前，当您需要借一大笔钱，您可以向谁借？您通常会找的各类人的个数：

    家人或亲属□□人，老乡□□人，朋友□□人，相识□□人

M310 初婚前，如果您要串门聊天、赶集（会）、逛商店、看戏、看电影等，您通常会找的各类人的个数：

    家人或亲属□□人，老乡□□人，朋友□□人，相识□□人

M311 您最近一次结婚的时间是：   □□□□年□□月

M312 您现在的配偶的出生日期：   □□□□年□月

M313 您和您现在的配偶是怎么认识的？ □

    1. 自己认识   2. 别人介绍

    3. 父母安排   4. 其他（请注明）_____

M314 第一次结婚前，您为找对象花了多少钱？ □元

    M314.1 这部分花费来自 □

    1. 父母   2. 自己和父母   3. 自己

    4. 家里储蓄和借贷   5. 全部借贷   6. 不适用

M315 下面询问一下您的第一次结婚时的花费情况（夫妻俩结婚共同的费用）：

    M315.1 彩礼（现金和实物）大约多少钱？   □□□□□□元

    M315.2 嫁妆（现金和实物）大约多少钱？   □□□□□□元

    M315.3 准备新房（盖新房或装修新房）大约多少钱？ □□□□□□元

    M315.4 在所有花费中，您和您父母这边共花了多少钱？ □□□□□□元

M316 您现在的配偶目前在哪里生活？ □

    1. 自己的家乡   2. 配偶的家乡

    3. 在 X 市和自己一起住（跳问 M317）

    4. 在 X 市但不和自己一起住   5. 其他城市（请注明）_____

    M316.1 您们近期有搬到一起的打算吗？ □

        1. 有   2. 没有

M317 您现在的配偶是什么地方人？他/她与您 □

    1. 同村   2. 同镇（乡） 3. 同县   4. 同市   5. 同省

    6. 外省（请注明）_____   7. 国外（请注明）_____

M318 您现在的配偶的受教育程度： □

    1. 不识字或识字不多   2. 小学   3. 初中

    4. 高中（含中专、技校）   5. 大专   6. 本科及以上

M319 您现在的配偶目前的职业（若兼职，则只需填写主要收入来源的职

    业）： □

    1. 非技术工人   2. 技术工人

    3. 商业、服务业劳动者   4. 个体户

    5. 私营企业主   6. 办事人员   7. 专业技术人员

    8. 企业或商业负责人（如经理、厂长等）

    9. 军人   10. 党政机关、事业单位负责人

    11. 城乡无业失业半失业者   12. 离退休人员

    13. 学生   14. 农林牧渔人员

    15. 其他（请注明）_____

M320 您现在的配偶近半年的平均月收入：   □□□□□元

M321 您现在经常和您的配偶联系吗（包括见面、打电话、发短信或上网）？ □

    1. 天天联系   2. 经常   3. 有时

    4. 很少   5. 从未联系过

M322 当您遇到拿不定主意的事情时，您是否经常与配偶商量？ □

    1. 从没商量过   2. 很少商量

    3. 有时商量   4. 经常商量   5. 总是商量

M323 在您的家庭中，下面这些事情通常主要是谁决定：

    1. 丈夫拿主意   2. 妻子拿主意

    3. 老人拿主意   4. 夫妻共同商量 5. 不适用

    M323.1 孩子教育   □   M323.2 买大件   □

    M323.3 投资或贷款、借钱   □   M323.4 妇女外出打工   □

M324 请您根据自己的实际情况填写对下面情况的评价。

    1. 很不满意   2. 不满意   3. 一般

    4. 较满意   5. 很满意

M324.1 您对您婚姻的满意程度有多少？ □

M324.2 您的丈夫/妻子作为一个配偶，您对他/她的满意程度有多少？ □

M324.3 您对你们夫妻之间关系的满意程度有多少？ □

M325 请您根据自己的实际情况填写对下面情况的评价？ □

　　1. 从来没有　　2. 很少　　3. 有时

　　4. 经常　　　5. 总是

　　M325.1 近一年，您或您的配偶是否正式提出过离婚的问题？ □

　　M325.2 近一年，您是否和您的好朋友讨论过你打算离婚的事情？ □

　　M325.3 近一年，您是否曾想过你们的婚姻可能会出现问题？ □

　　M325.4 近一年，您是否有过离婚的念头？ □

M326 在您老家所在的村子，纯女户家庭是否会被村民看不起？ □

　　1. 没有　　　2. 偶尔　　　3. 经常

M327 您目前共有几个孩子？（包括收养、自己及配偶前次婚姻的子女；不包括已死亡和抱养出去的子女）（生育数为 0 的跳问 M328） □

孩次（请按排行顺序填写）	A. 出生时间（阳历）	B. 性别 1. 男孩 2. 女孩	C. 这个孩子是: 1. 夫妻双方亲生 2. 自己亲生 3. 配偶亲生 4. 收养	D. 是否在上学? 1. 是 2. 否	E. 目前和谁住（最多选三项）1. 孩子自己（或与配偶、伴侣单住）　2. 您的配偶 3. 您 4. 您的父母 5. 配偶父母 6. 其他（请注明）
1	□□□□年□□月	□	□	□	□□□
2	□□□□年□□月	□	□	□	□□□
3	□□□□年□□月	□	□	□	□□□
4	□□□□年□□月	□	□	□	□□□
5	□□□□年□□月	□	□	□	□□□
6	□□□□年□□月	□	□	□	□□□

M328 如果政策允许，假如您第一个孩子是女孩，您想怎么做？ □

　　1. 停止生育　　　　　　　　2. 再要一个，不管男女

　　3. 不管怎样，直到有一个儿子为止

M329 您或您的配偶是否做过人工流产或引产？ □

　　1. 有　　　　　2. 没有（跳问 B 卷）

　　M329.1 一共人工流产或引产过几次？ □

M330 您或您的配偶最后一次人工流产或引产的主要原因是什么？　　　　□

1. 意外怀孕　　　2. 不符合计划生育规定

3. 胎儿性别不理想

4. 孕期发生某些情况，怕影响孩子健康

5. 不想在这时候要孩子

M330.1 您或您的配偶做这次人工流产或引产时，已经怀孕几个月了？　□□

M331 近一年，当您与配偶发生争吵或产生矛盾后，您有没有采用过下列行为？

1. 有　　　　　　　2. 没有

M331.1 讲道理 □　M331.2 讽刺挖苦或辱骂　□

M331.3 长时间不和对方说话 □　M331.4 推搡　□

M331.5 打耳光 □　M331.6 拳打脚踢　□

M331.7 用棍棒等器械殴打　□

M332 近一年，当您与配偶发生争吵或产生矛盾后，您有没有遭受过下列情况？

1. 有　　　　　　　2. 没有

M332.1 讲道理 □　M332.2 讽刺挖苦或辱骂　□

M332.3 长时间不和对方说话 □　M332.4 推搡　□

M332.5 打耳光 □　M332.6 拳打脚踢　□

M332.7 用棍棒等器械殴打　□

态度和心理

1. 您是否同意以下观点？

（1）非常同意　　（2）同意　　（3）既不同意也不反对

（4）不同意　　　（5）非常不同意

1.1 我感觉自己是属于城市的　　　　　　　　　　　　　　□

1.2 我觉得我是城市的成员　　　　　　　　　　　　　　　□

1.3 我把自己看作是城市的一部分　　　　　　　　　　　　□

1.4 我对城市充满感情　　　　　　　　　　　　　　　　　□

1.5 居住在城市令我感到高兴　　　　　　　　　　　　　　□

1.6 与农村相比，我更喜欢生活在城市　　　　　　　　　　□

2. 您是否同意以下观点？

    （1）非常同意   （2）同意   （3）既不同意也不反对

    （4）不同意   （5）非常不同意

    2.1 遵守家乡的风俗（比如婚、丧、嫁、娶的风俗）对我来说比较重要　□

    2.2 按照家乡的习惯办事对我来说比较重要　□

    2.3 我的孩子应该学会说家乡话　□

    2.4 保持家乡的生活方式（如饮食习惯）对我来说比较重要　□

    2.5 交一些市民朋友对我来说比较重要　□

    2.6 多与市民进行交往和交流对我来说比较重要　□

    2.7 我们不应该只与老乡和外地务工者交往　□

3. 根据您的第一反应，回答下面的问题：如果您可以自愿选择的话

    （1）非常同意   （2）同意   （3）既不同意也不反对

    （4）不同意   （5）非常不同意

    3.1 我愿意与市民共同居住在一个街区（社区）　□

    3.2 我愿意市民做我的同事　□

    3.3 我愿意市民做我的邻居　□

    3.4 我愿意市民做我的朋友　□

    3.5 我愿意市民做我（或我子女）的配偶　□

4. 您是否同意以下观点？

    （1）非常同意   （2）同意   （3）既不同意也不反对

    （4）不同意   （5）非常不同意

    4.1 我做事情经常是一时兴起，想做就做　□

    4.2 对于将来，我没有过多的考虑和准备　□

    4.3 只要是开心的事我就做，以后的事我不管　□

    4.4 与将来相比，我更关注眼前的事　□

    4.5 我喜欢做有点冒险的事儿来证明自己　□

    4.6 有时候为了好玩，我会做些冒险的事　□

    4.7 与安全相比，我更喜欢刺激和冒险　□

    4.8 我发现有时做一些可能会惹来麻烦的事情很刺激　□

    4.9 我很容易发脾气　□

    4.10 当我生别人的气时，我通常会反击而不是告诉对方我为什么生气　□

4.11 当我生气或发脾气时，别人最好离我远点　　　　　　　☐

4.12 当我和别人发生重大分歧时，我很难心平气和地说话　☐

5. 您在最近一段时间里有下面的感觉吗？您可以从下面五个答案中进行选择：

(1) 非常同意　　　(2) 同意　　　(3) 既不同意也不反对

(4) 不同意　　　　(5) 非常不同意

5.1 最近我觉得很孤单　　　　　　　　　　　　　　　　　☐

5.2 我经常觉得自己被别人看不起　　　　　　　　　　　　☐

5.3 我找不到真正关心我的人　　　　　　　　　　　　　　☐

5.4 我不愿意被社会的各种规则所约束　　　　　　　　　　☐

5.5 这段时间我很难分清是非　　　　　　　　　　　　　　☐

5.6 我觉得自己最近一切都很顺利　　　　　　　　　　　　☐

5.7 我希望自己是重要的人　　　　　　　　　　　　　　　☐

6. 请根据您的实际情况，分别从下面五个答案中选择合适的答案填在后面的方格内：

6.1 和周围的同龄打工者相比，我觉得同异性约会（或交往）是一件

　　_____的事情：　　　　　　　　　　　　　　　　　　☐

　　(1) 非常困难　　(2) 有些困难　　(3) 一般

　　(4) 比较容易　　(5) 非常容易

6.2 和周围的同龄打工者相比，我认为自己对异性的吸引力：　☐

　　(1) 非常大　　　(2) 比较大　　　(3) 一般

　　(4) 比较小　　　(5) 非常小

6.3 和周围的同龄打工者相比，我的收入和经济状况：　　　☐

　　(1) 非常差　　　(2) 比较差　　　(3) 差不多

　　(4) 比较好　　　(5) 非常好

6.4 和周围的同龄打工者相比，我父母的经济状况：　　　　☐

　　(1) 非常差　　　(2) 比较差　　　(3) 差不多

　　(4) 比较好　　　(5) 非常好

7. 请您按照您真实的想法回答您是否同意下面描述。您可以从下面五个答案中进行选择：

(1) 非常同意　　　(2) 同意　　　(3) 既不同意也不反对

(4) 不同意　　　　(5) 非常不同意

7.1 人们说我是一个害羞和退缩的人 ☐

7.2 我从来不敢主动说出自己的看法 ☐

7.3 遇到不开心的事，我总是独自生闷气或者痛哭 ☐

7.4 我习惯于放弃自己的愿望和要求 ☐

7.5 对领导我一般是敬而远之 ☐

7.6 我总是"万事不求人" ☐

7.7 无论别人怎么说，我都觉得自己很没用 ☐

7.8 我害怕与他人建立并保持亲近关系 ☐

7.9 我总是担心自己的生活会变得一团糟 ☐

7.10 我常常担心自己的思维或情感会失去控制 ☐

7.11 我总是担心太好的朋友关系以后会变坏 ☐

7.12 我感到生活总是充满不确定性和不可预测性 ☐

7.13 我一直觉得自己挺倒霉的 ☐

7.14 我总是担心会发生什么不测 ☐

7.15 我感到自己无力应对和处理生活中突如其来的危险 ☐

7.16 我从不敢拒绝朋友的请求 ☐

附录2：百村社区调查问卷（节选）

村子的背景调查问卷

问卷编码：☐☐☐☐☐

_____省（自治区）_____市（地区）_____县（区）

_____乡（镇）_____行政村

调查员信息：专业_____年级_____姓名_____

调查协调员信息：学校_____姓名_____

问卷是否合格（在方格内打"√"）：　合格☐　　不合格☐

您好！受国家社科基金重大项目委托，我们正在做一项有关性别平等与农村人口生活福利的社会调查，需要了解一些您所在村子的情况。您提供的信息将严格保密，您的支持和参与将为国家制定相关政策提供重要依据，从而促进地区经济社会发展、提高农村人口的生活福利。感谢您的合作！

西安交通大学人口与发展研究所

2009 年 7 月

一、基本信息（本部分由村干部回答）

1. 本村的大龄未婚男性在村里的表现是否与其他已婚人群有所不同？　　□
   ［1］是　　　　　　　　［2］否

2. 在本村，大多数的大龄未婚男性是否有以下习惯或行为：
   ［1］是　　　　　　　　［2］否

23.01	助人为乐	□	23.07	吵架、乱发脾气	□
23.02	沉默寡言	□	23.08	终日在外游荡	□
23.03	勤俭节约	□	23.09	赌博	□
23.04	打架	□	23.10	偷盗、抢劫	□
23.05	孝顺父母	□	23.11	与已婚妇女私通	□
23.06	骚扰妇女	□	23.12	找小姐	□

二、农村 28 岁及以上大龄未婚男性人口基本信息调查表

	姓名	年龄	自然村	村民小组	是否残疾，"是"的打√	是否属于以下类型残疾，"是"的打√	
						聋哑	智力/精神
1.							
2.							
3.							
4.							
5.							
6.							
7.							
8.							
9.							
10.							
11.							
12.							
13.							
14.							
15.							

续表

	姓名	年龄	自然村	村民小组	是否残疾，"是"的打√	是否属于以下类型残疾，"是"的打√	
						聋哑	智力/精神
16.							
17.							
18.							
19.							
20.							
21.							
22.							
23.							
24.							
25.							
26.							
27.							
28.							
29.							
30.							
31.							
32.							

（可续页）

附录3：百村个人调查问卷（节选）

根据《中华人民共和国统计法》第三章第十四条，本资料"属于私人、家庭的单项调查资料，非经本人同意，不得泄露"。

百村个人调查问卷

问卷编码：□□□□□□□

被访人姓名＿＿＿＿＿＿＿＿　被访人联系电话：＿＿＿＿＿＿＿＿

被访人住址＿＿＿＿＿省（市、自治区）＿＿＿＿＿市（地区）

＿＿＿＿县（市、区）＿＿＿＿乡（镇）＿＿＿＿村

访问时间　　□□月　□□日＿＿＿＿如果调查未完成，原因

是：＿＿＿＿＿

访问员信息：学校＿＿＿＿＿＿＿＿＿　　姓名＿＿＿＿＿＿＿＿＿

问卷是否合格（在方格内打"√"）：　　合格□　　　　不合格□

您好！西安交通大学人口与发展研究所正在做一项有关农村人口生活状况与性别平等的社会调查，特邀请您参加本次调查，谢谢您的合作！如果您接受我们的访问，我们会问您一些有关您现在生活的问题，包括您及您家庭的基本情况、您的生活状况、社会关系、婚姻、生育和养老等问题。整个调查大约需要 30 分钟，本次调查收集到的信息将严格保密，谢谢您的支持和合作！

西安交通大学人口与发展研究所

2010 年 1 月

第一部　分基本信息

101. 您的性别：　　　　　　　　　　　　　　　　　　　　　□

　　（1）男　　　　　（2）女

102. 您是什么时候出生的？　　　　　　　阳历：□□□□年□□月

103. 您是否曾经（或正在）打工？　　　　　　　　　　　　　□

　　（1）是　　　　　（2）否（跳问 111）

　　103.1 您第一次外出打工是什么时候？　　　□□□□年□□月

　　103.2 在过去的 12 个月，您打工时间合计几个月？（不足一个月按一个

　　　　　月计）　　　　　　　　　　　　　　　　　　　□□月

第二部　分婚姻生育和养老

（以 U 开头的题项请未婚者回答，以 M 开头的题项请已婚者回答）

201. 您的婚姻状况是：　　　　　　　　　　　　　　　　　　□

　　（1）初婚（头婚）　　　　　（2）再婚　　　（3）从未结过婚

202. 您认为以下哪种成婚方式比较好？　　　　　　　　　　　□

　　（1）自己认识　　（2）别人介绍　　（3）父母安排

　　（4）方式不重要　　　　　　（5）其他（请注明）＿＿＿＿＿＿＿

203. 您觉得配偶来自什么地方比较好？ □

    （1）本村   （2）本镇（乡）（3）本县   （4）本市

    （5）本省   （6）外省   （7）国外   （8）无所谓

204. 您认为男性和女性的理想结婚年龄分别是多少？（如回答的是年龄区间，取中值并四舍五入）

    204.1 男性最合适的结婚年龄是：   □□岁

    204.2 女性最合适的结婚年龄是：   □□岁

205. 如果政策允许，假如您第一个孩子是女孩，您想怎么做？ □

    （1）停止生育   （2）再要一个，不管男女

    （3）不管怎样，直到有一个儿子为止

206. 你是否觉得自己曾经遭遇过成婚困难？ □

    （1）是   （2）否

207. 您觉得以下哪些因素曾经造成您成婚困难？

    编码：（1）是   （2）否

    207.1 父母健康状况不好或不健在 □ 207.2 父母及家庭在村里声望 □

    207.3 家里兄弟数量太多 □   207.4 个人和家庭经济状况 □

    207.5 个人长相、身高、性格、年龄等 □ 207.6 个人健康状况 □

    207.7 家乡交通不便、经济落后 □

    207.8 留在家乡的同年龄适婚异性太少 □

    207.9 其他（请注明）_____

U201 近一年，当您与女朋友发生争吵或产生矛盾后，您有没有采用过下列行为？

    1. 有   2. 没有

    U201.1 讲道理 □ U201.2 讽刺挖苦或辱骂 □

    U201.3 长时间不和对方说话 □ U201.4 推搡 □ U201.5 打耳光 □

U202 近一年，当您与女朋友发生争吵或产生矛盾后，您有没有遭受过下列情况？

    1. 有   2. 没有

    U202.1 讽刺挖苦或辱骂 □ U202.2 对方长时间不和自己说话 □

    U202.3 推搡 □ U202.4 打耳光 □

U203 到目前为止，您为找对象所花费用大约   □□□□□□元

U203.1 这部分花费来自 □

1. 父母　　　　　2. 自己和父母

3. 自己　　　　　4. 家里储蓄和借贷

5. 全部借贷　　　6. 不适用

U204 您目前有结婚的打算吗？ □

1. 迫切希望赶快结婚　　　　2. 有结婚的想法，但不着急

3. 暂时没有结婚的打算　　　4. 根本不想结婚

5. 绝望了，不再想结婚

U205 如果将来难以找到未结过婚的女性，您是否愿意与以下几种类型女性
结婚？

1. 愿意　　　　　2. 不愿意

U205.1 结过婚没有孩子的女性 □

U205.2 结过婚且带有女孩的女性 □

U205.3 结过婚且带有男孩的女性 □

U206 您能够接受与条件比较差的女性结婚吗？如身体有点残疾或者智力不
太好的女性。 □

1. 完全可以接受　　　　　　2. 可以接受

3. 无所谓　　4. 不能接受　　5. 完全不能接受

U207 如果女方要求您做上门女婿，您能接受吗？ □

1. 完全可以接受　　　　　　2. 可以接受

3. 无所谓　　4. 不能接受　　5. 完全不能接受

M201 您现在的配偶来自什么地方？ □

1. 本村　　　2. 本镇（乡）　3. 本县　　　4. 本市

5. 本省　　　6. 外省（请注明）＿＿＿＿＿＿

7. 国外（请注明）＿＿＿＿＿＿

M202 您和您现在的配偶是怎么认识的？ □

1. 自己认识　　　　　　　　2. 别人介绍

3. 父母安排　　　　　　　　4. 其他（请注明）＿＿＿＿＿＿

M203 在您初婚时的所有花费中（如彩礼、嫁妆、买家具、谢媒人、办酒席
等），您和您父母这边共花了多少钱？ □□□□□□元

M204 您目前共有（　　）个孩子（生育数为 0 的跳问 M213）。

孩次	A 性别 1. 男孩 2. 女孩	B 出生时间(阳历)	孩次	A 性别 1. 男孩 2. 女孩	B 出生时间(阳历)
1	☐	☐☐☐☐年☐☐月	2	☐	☐☐☐☐年☐☐月
3	☐	☐☐☐☐年☐☐月	4	☐	☐☐☐☐年☐☐月

M205 近一年,当您与妻子发生争吵或产生矛盾后,您有没有采用过下列行为?

    1. 有   2. 没有

    M205.1 讲道理 ☐   M205.2 讽刺挖苦或辱骂   ☐

    M205.3 长时间不和对方说话 ☐   M205.4 推搡☐

    M205.5 打耳光 ☐   M205.6 拳打脚踢   ☐

M206 近一年,当您与妻子发生争吵或产生矛盾后,您有没有遭受过下列情况?

    1. 有   2. 没有

    M206.1 讽刺挖苦或辱骂 ☐   M206.2 对方长时间不和自己说话   ☐

    M206.3 推搡 ☐   M206.4 打耳光 ☐   M206.5 拳打脚踢 ☐

208. 您打算在您老的时候依靠哪种方式来养老?   ☐

    (1)养老保险   (2)自己多赚钱储蓄

    (3)儿子   (4)女儿

    (5)儿子女儿无所谓   (6)还没考虑过

    (7)政府救济或补助   (8)其他(请注明)_____

(如果父母均不健在,跳问到第三部分)

209. 您的父母现在的生活来源主要靠什么?   ☐

    (1)子女供给   (2)父母自己的收入

    (3)集体和政府补贴   (4)其他(请注明)_____

210. 在过去的 12 个月中,您给父母的经济资助(含现金与实物)共 ☐☐☐☐☐元

第三部分 社会支持与融合

301. 您有没有感到被村里人看不起?   ☐

    (1)经常   (2)很少   (3)没有

302. 您如果要借东西（如借白糖、钳子），或请人帮助做些屋里屋外的小事（如搬东西、买日常用品），下面的几类人群中分别有多少人帮助您？

　　家人（包括父母、兄弟姐妹和子女）和亲戚□□人，

　　非亲戚（包括邻居、朋友和同学）□□人。

303. 您如果为某些问题心情不好时，比如跟别人吵架、工作上不愉快、生活不如意等，下面的几类人群中，您分别会跟多少人诉说？

　　家人（包括父母、兄弟姐妹和子女）和亲戚□□人，

　　非亲戚（包括邻居、朋友和同学）□□人。

304. 如果您要串门聊天、打牌、喝酒、看戏、看电影等，您通常会找的各类人的个数：

　　家人（包括父母、兄弟姐妹和子女）和亲戚□□人，

　　非亲戚（包括邻居、朋友和同学）□□人。

第四部分　态度

1. 您在过去一周里有下面的感觉吗？

　　（1）没有　　　　　（2）有时　　　（3）经常

1.1（过去一周里）您觉得自己心情很好吗？	□
1.2（过去一周里）您觉得寂寞（孤单）吗？	□
1.3（过去一周里）您觉得心里很难过吗？	□
1.4（过去一周里）您觉得自己的日子过得很不错吗？	□
1.5（过去一周里）您觉得胃口不好吗？	□
1.6（过去一周里）您睡不好觉（失眠）吗？	□
1.7（过去一周里）您觉得自己是有用的人吗？	□
1.8（过去一周里）您觉得自己没事可做吗？	□
1.9（过去一周里）您觉得生活中有很多乐趣（有意思的事情）吗？	□

2. 接下来的五句话是关于您生活状况的一些描述，请您按照您真实的想法回答您是否同意这种描述。

　　（1）非常同意　　　（2）同意　　　（3）既不同意也不反对

（4）不同意　　　　（5）非常不同意

2.1 您现在的生活基本上和您理想的生活一致。	☐
2.2 您的生活条件很好。	☐
2.3 您对您现在的生活很满意。	☐
2.4 到现在为止,您已经得到了生活中您想要的东西。	☐
2.5 如果可以再活一次,您基本上不会改变您的人生。	☐

后　记

　　20 世纪 80 年代中期以来，中国经历了近 30 年持续升高的出生性别比水平，当前中国已经成为出生性别比最高的国家。长期持续偏高的出生性别比使得 80 年代以来各出生队列的人口性别结构均表现为男性过剩，在当前婚姻市场则表现为婚龄男性的过剩和男性婚姻挤压。2000 年以来，随着"80 后"逐步进入婚姻和到达生育年龄，男性婚姻挤压问题在农村地区逐步出现，并日益引起社会各界的广泛关注。

　　西安交通大学人口与发展研究所从 2007 年就开始对农村男性婚姻挤压现象及其后果进行系统研究，是国内较早关注这一问题的研究团队。2007 年 10 月，西安交通大学人口所教授李树茁和靳小怡带领课题组成员在河南省 Y 区率先开展了农村大龄未婚男性生存状况的前瞻性质性调查以获取农村大龄未婚男性的一手数据，同时也为深入了解这一群体的生存状况提供丰富的素材。这一调查得到了美国斯坦福大学"校长国际研究创新基金"的资助。

　　基于河南省 Y 区调查的分析成果，课题组按照由点及面，从农村到城市的持续推进的思路实施了三次大规模的问卷调查。2008 年 8 月，在安徽省 X 县农村的调查是国内第一次针对大龄未婚男性群体的专项问卷调查，也是较早关注我国中部地区婚姻挤压的调查，弥补了之前研究定量数据的缺失。2009 年 11 月在福建省厦门市实施的农村流动人口调查，探讨了流动人口中大龄未婚男性的生存现状，使得对农村男性婚姻挤压的研究突破了城乡的限制；2009年和2010年实施的百村系列调查涉及全国28个省份，获取了社区和个人两个层次的定量数据，弥补了之前研究中观数据的缺乏。

通过这些调查，西安交通大学建立了较完善的农村大龄未婚男性研究的数据库，弥补了微观数据不足的缺憾，较深入地了解了农村大龄未婚男性群体的生存现况和需求，促进了该领域研究的开展。依托这些数据，课题组发表多篇学术论文，其中2篇获省部级二等奖。在研究中，我们也同具有国际影响力的学者，如美国斯坦福大学的Marcus W. Feldman教授、哈佛大学的人类学家Melissa Brown建立了实质性的长期合作关系。

本书是在国家社科基金（项目号：09BRK009）结题报告的基础上进行扩充完善、几经修改完成的。本书所使用的数据主要来自2009年厦门市农村流动人口调查，并补充了部分百村系列调查数据以进行城乡对比分析。厦门市人口计生委对本次调查的组织工作给予大力支持。西安工程大学的李艳副教授、西安财经大学的韦艳教授、山西师范大学的郜秀军教授、西安理工大学的高建新老师为调查的顺利开展提供了便利，在此一并感谢。

课题组的多数成员参加了本书初稿的撰写工作。第一章和第十三章由靳小怡和刘利鸽撰写，第二章由全体课题组成员共同撰写，第三章和第四章由郭秋菊、惠娅婷撰写，第五章、第六章和第十章由彭邕和蒋丹妮撰写，第七章由刘利鸽、李成华和韩雪撰写，第八章由谢娅婷、李静和韩雪撰写，第九章由郭秋菊、刘蔚和惠娅婷撰写，第十一章和第十二章由谢娅婷、靳小怡、杜海峰等撰写。全书的总体设计和定稿由靳小怡教授负责，统稿、修改和校对工作由靳小怡、刘利鸽和刘红升共同完成，李树茁教授任总顾问，为本书的完成和修改给予诸多指导。本书的部分成果已经发表，如第七章和第九章的部分内容，第十一章和第十二章的内容，分别发表于《青年研究》《公共管理学报》《西安交通大学学报》和《西北农林科技大学学报》等期刊。

在本书写作和修改过程中，杜海峰教授、李艳教授、韦艳教授给予了大量的支持和帮助，在此一并感谢。社会科学文献出版社的编辑高雁、杨鑫磊老师，对文字修改付出了巨大努力，提出了许多宝贵和有价值的修改意见。

本书的前期研究及相关调查受到国家社科基金（项目号：09BRK009）、

国家社科基金重大项目（项目号：08&ZD048）、斯坦福大学国际合作校长基金的资助，本书的分析研究、整理和出版受到国家社科基金重大项目（项目号：13&ZD044）、"十二五"国家科技支撑计划项目（项目号：2012BAI32B07－02）和陕西省社科基金面向"十三五"重大理论与现实问题研究项目（项目号：2016ZDA05）的资助。

靳小怡　刘利鸽　刘红升

2017 年 2 月

图书在版编目（CIP）数据

乡城流动中的中国男性婚姻挤压/靳小怡等著 . --
北京：社会科学文献出版社，2017.6
（西安交通大学人口与发展研究所·学术文库）
ISBN 978 - 7 - 5201 - 0508 - 8

Ⅰ.①乡…　Ⅱ.①靳…　Ⅲ.①农村 - 男性 - 流动人口
- 婚姻问题 - 研究 - 中国　Ⅳ.①D669.1

中国版本图书馆 CIP 数据核字（2017）第 056652 号

西安交通大学人口与发展研究所·学术文库

乡城流动中的中国男性婚姻挤压

著　　者／靳小怡　刘利鸽　刘红升 等

出 版 人／谢寿光
项目统筹／周　丽　高　雁
责任编辑／高　雁　杨鑫磊

出　　版／社会科学文献出版社·经济与管理分社（010）59367226
　　　　　地址：北京市北三环中路甲 29 号院华龙大厦　邮编：100029
　　　　　网址：www.ssap.com.cn
发　　行／市场营销中心（010）59367081　59367018
印　　装／三河市尚艺印装有限公司

规　　格／开本：787mm × 1092mm　1/16
　　　　　印张：19.75　字数：334 千字
版　　次／2017 年 6 月第 1 版　2017 年 6 月第 1 次印刷
书　　号／ISBN 978 - 7 - 5201 - 0508 - 8
定　　价／89.00 元

本书如有印装质量问题，请与读者服务中心（010 - 59367028）联系